农产品营销

主　编　杨　辉　王腾宇

副主编　王世让　张芳瑜　赵宇昕

哈尔滨工程大学出版社
Harbin Engineering University Press

内容简介

本书以农产品营销为研究对象，借助农产品营销理论基础，结合我国现阶段农产品市场实际情况，融入与农产品市场营销相关的前沿研究与实践，深入分析农产品营销的特点与营销策略。首先，对农产品的分类、特性、农产品市场和消费者的购买分析进行详细介绍；其次，具体讲解农产品的产品策略、价格策略、渠道策略及促销策略等内容；最后，以黑龙江省主要农产品为例，将农产品市场营销的策略融入实际农产品营销过程中。

本书可作为农业推广人员、农民自学农产品营销知识的工具书，也可作为农业营销相关专业的教材。

图书在版编目（CIP）数据

农产品营销 / 杨辉等编. —哈尔滨：哈尔滨工程大学出版社，2020.2

ISBN 978-7-5661-2538-5

Ⅰ. ①农… Ⅱ. ①杨… Ⅲ. ①农产品－市场营销学 Ⅳ. ①F762

中国版本图书馆 CIP 数据核字（2019）第 250096 号

选题策划 姜 珊
责任编辑 王俊一 姜 珊
封面设计 李海波

出版发行 哈尔滨工程大学出版社
社　　址 哈尔滨市南岗区南通大街 145 号
邮政编码 150001
发行电话 0451-82519328
传　　真 0451-82519699
经　　销 新华书店
印　　刷 哈尔滨市石桥印务有限公司
开　　本 787 mm×1 092 mm 1/16
印　　张 15.5
字　　数 320 千字
版　　次 2020 年 2 月第 1 版
印　　次 2020 年 2 月第 1 次印刷
定　　价 48.00 元
http：//www. hrbeupress. com
E-mail：heupress@hrbeu. edu. cn

前　言

我国是农业大国，农业产业关系国计民生，因此农业产业是我国国民经济的支柱性产业。1995年，中国农业生产总值突破万亿元大关。21世纪以来，我国农业生产总值年均增长10%以上。2018年，国内生产总值为900 309亿元，按可比价格计算，比上年增长6.6%，实现了预期的发展目标。其中，农业作为我国第一产业，增加值为64 734亿元，比上年增长3.5%。2018年，全年全国粮食总产量为65 789万吨，是历史高产年，已连续4年保持在65 000万吨以上。

随着我国农产品产量的不断增加，“农产品怎么卖？”的问题逐渐凸显出来。玉米临储价格政策取消，农民怎么能卖个好价钱？水稻丰收了，农民怎么能把产量变成销量？猪肉涨价了，是什么原因导致涨价，农民怎么样才能抓住商机？大多数农民都会有一些问题，例如明年种什么，怎样多、快、好、省地销售自己的农产品，怎样提高产品附加值等。中央提出供给侧改革，就是引导农民要提高产品供给的数量和质量，根据市场需求生产农产品，要遵循市场规律，合理、有效地解决以上问题。

社会主义新农村建设的深入开展，对农民的知识储备要求越来越高。如今，越来越多的农民注重新知识的学习，他们学科学、搞技术，用先进的农业知识武装头脑，改变靠天吃饭的传统观念。他们充分运用新知识、新技能和新观念来进行生产和营销等实践活动。笔者结合黑龙江省农业经济现状，以农产品营销学为框架编写本书。本书具有针对性、实用性强等特点，深入浅出，理论联系实际，是便于农民学习与提高的培训参考书。

本书从农产品市场营销的原理和实践两方面出发，对农产品市场营销的理论、策略及方法技巧进行了较全面的介绍。具体内容包括导论、农产品市场、农产品消费者购买分析、农产品产品策略、农产品价格策略、农产品渠道策略、农产品促销及农产品市场营销。在此基础上，还列举了一些关于农产品营销的经典案例。

在本书的编写方面，具体分工如下。第一章由东北农业大学经济管理学院杨辉编写；第二章、第四章和第八章由黑龙江交通职业技术学院粮食工程学院王腾宇编写；第三章和第五章由黑龙江交通职业技术学院粮食工程学院王世让编写；第六章由黑龙江省蚕蜂业发展中心赵宇昕编写；第七章由东北农业大学艺术学院张芳瑜编写。杨辉作为本书第一主编，完成了该书的总体设计和统稿工作。在此期间，东北农业大学产业经济学研究生杨天、林嘉柏共同参加了本书的编写工作。

这是一本全新的、具有黑龙江地域特色的农产品营销辅导教材，能够为广大读者普及农产品营销知识，带来新观念、新想法，并且为农产品营销的方式提供新的思路。

由于作者时间、学识有限，编写过程中难免存在一些错误和纰漏，请各位读者批评指正，以便我们在今后的工作中精益求精，纠正或强化相关内容。

编　者

2019年9月

目　录

第一章 导 论

前导案例

擦亮孙吴特色农产品 “金字招牌”让绿色实起来

孙吴县生态资源良好、耕地质量标准相对较高，寒冷的气候极大降低了农作物病虫害的发生率，是典型无公害、绿色农业生产区。2018年，孙吴县坚定不移地实施乡村振兴战略，充分利用良好的生态资源和良好的产业基础优势，举全县之力、聚各方之智，抢抓黑河全域创建农业绿色发展示范区这一机遇，坚持质量兴农、绿色兴农，推动孙吴县农业实现历史性、突破性变革，加快“传统农业小县”向“特色农业强县”迈进。

大力推进绿色发展，抓试点抓突破，让绿色真正实起来。孙吴县结合县情，因地制宜，以农业供给侧结构性改革为主线，重点推进汉麻、食品大豆和安格斯牛种植、养殖，大力发展强筋小麦、鲜食玉米、寒地水稻、杂粮杂豆、大果沙棘、菌药、林果、冷水鱼和“两牛一马一猪”等产业。坚持绿色化、优质化、特色化、功能化、品牌化发展，大力发展“三品一标”农产品，依托北纬49“黑嫂子”、长乐山沙棘“长乐山”、桦林“昊北”等地方知名品牌，鼓励和扶持合作社、龙头企业和行业协会。在培育自主品牌的同时，整合同类产品，创建名优品牌、高端品牌，着力提升“中国大果沙棘之乡”“中国汉麻之乡”“中国安格斯肉牛之乡”的知名度和影响力，擦亮孙吴绿色特色农产品“金字招牌”，推动农业向质量提升转换。到2020年，孙吴县争取汉麻种植达到30万～50万亩[1]，安格斯牛养殖达到3万头，食品大豆标准化种植达到80万亩，以大果沙棘为主的林果达到5 000吨以上，以沙棘为原料的地栽木耳要达到1 000万袋，绿色有机功能性农产品产值实现30亿元。

政府引导、向绿向好、减肥增效、销售前景利好。孙吴县以“粮头食尾”“农头工尾”为抓手，围绕优势和特色种养业，用三年时间，打造了两

[1] 1 亩 =666.6 平方米

个以上全省知名品牌，为“黑河绿色有机功能性农产品”品牌建设提供有力支撑，强化招商引资，努力引进一批大项目、好项目，延伸产业链、提升价值链，用高品质绿色有机功能性农产品占领高端市场。加快培育农业经营新模式，助推线上线下融合发展，畅通农产品直销渠道，积极打造集特色农业、休闲农业、创意农业和乡村旅游、农村电商、民宿经济等新业态，创造新的农业经济增长点，使农业成为有奔头的产业、农民成为有吸引力的职业、农村成为安居乐业的美丽家园，让孙吴县的天更蓝、山更绿、水更清、生态环境更美好，为农业绿色发展打牢优良的环境基础。

来源：凤凰网黑龙江综合

知识要点

（1）了解农产品的概念和分类，掌握无公害农产品、绿色食品和有机食品的概念；

（2）了解农产品的一般特征、价格特性、促销特性、销售渠道特性和市场特性；

（3）掌握农产品市场营销的概念、功能与职能、流程、基本趋势和发展趋势。

第一节　农产品概述

一、农产品的概念和分类

（一）农产品的概念

目前，农产品的概念和分类较为混乱，国内各部门之间甚至各国之间关于农产品的分类方法较多且缺乏统一标准，这给农业相关工作的开展造成一定的困难。本书所言农产品是指来源于农业的初级产品，即在农业活动中获得的植物、动物、微生物及其产品。

（二）农产品的分类

国家规定农业的初级产品是指种植业、畜牧业和渔业未经过加工的各类产品。初级农产品包括谷物、油脂、农业原料、畜禽及产品、林产品、渔产品、海产品、蔬菜、瓜果和花卉等，其包括以下几种类型。

1.粮油作物

粮油是对谷类、豆类、油料及其初加工品的统称。粮油作物是指小麦、稻谷（例如粳谷、籼谷、元谷）、大豆、杂粮（例如玉米、绿豆、赤豆、豌豆、蚕豆、燕麦、荞麦、大麦、元麦、高粱、小米、米仁）、花生仁、芝麻、菜籽、棉籽、蓖麻籽、葵花籽、棕榈籽、鲜山芋、山芋干等。

粮油产品是关乎国计民生的农产品，它能够为人体提供主要的营养和能量，又能作为轻工业的主要原材料，还可作为畜牧业和饲养业的主要饲料。粮食是人类生存和发展最基本的生活物质。我国粮食有20多种，产地分布广泛。长江流域和长江以南是稻米主产区；黄河两岸是小麦主产区；东北、内蒙和华北地区盛产玉米、大豆和杂粮。东北的水稻、玉米和大豆誉满全国。我国植物种子可以作为油料的有大豆、芝麻、花生仁、棉籽、菜籽、葵花籽、玉米胚等，而芝麻油是一种香料油，又称为香油。按粮油植物学科属或主要性状、用途可将粮油分为原粮（禾谷类、豆类、薯类）、成品粮、油料（草本油料、木本油料及非食用油料、食用油料）、油脂（食用油脂、非食用油脂）、粮油加工副产品、粮食制品和综合利用产品，共七大类。粮油又可分为主粮、杂粮、粗粮、细粮、夏粮、秋粮、贸易粮、混合粮等。

据国家统计局于2018年12月14日发表的全国粮食种植、产量统计数据显示，2018年31省（自治区、直辖市）粮食种植面积排名如表1–1所示。从此排名情况可以看出，黑龙江省全年粮食种植面积位居全国31省（自治区、直辖市）粮食种植面积的榜首，黑龙江素有“中华大粮仓”的美誉，是我国粮食安全的“压舱石”。

表1–1 2018年31省（自治区、直辖市）粮食种植面积排名

排名	地区（省、自治区、直辖市）	种植面积（千公顷）	排名	地区（省、自治区、直辖市）	种植面积（千公顷）	排名	地区（省、自治区、直辖市）	种植面积（千公顷）
1	黑龙江	14 215	12	云南	4 175	23	浙江	976
2	河南	10 906	13	江西	3 721	24	福建	834
3	山东	8 405	14	辽宁	3 484	25	宁夏	736
4	安徽	7 316	15	山西	3 137	26	天津	350
5	内蒙古	6 790	16	陕西	3 006	27	海南	286
5	河北	6 539	17	广西	2 802	28	青海	281
7	四川	6 266	18	贵州	2 740	29	西藏	183
8	吉林	5 600	19	甘肃	2 645	30	上海	130
9	江苏	5 476	20	新疆	2 220	31	北京	56
10	湖北	4 847	21	广东	2 151			
11	湖南	4 748	22	重庆	2 018			

2018年全国粮食总产量排名如表1–2所示。在总产量方面，其与种植面积成正比，黑龙江省依然位居全国粮食总产量的榜首，连续七次荣登全国粮食总产量第一省的宝座，河南、山东、安徽、河北等省份紧随其后。

表1–2 2018年全国粮食总产量排名

排名	地区（省、自治区、直辖市）	总产量（万吨）	排名	地区（省、自治区、直辖市）	总产量（万吨）	排名	地区（省、自治区、直辖市）	总产量（万吨）
1	黑龙江	7 507	12	辽 宁	2 192	23	浙 江	599
2	河 南	6 649	13	江 西	2 191	24	福 建	499
3	山 东	5 320	14	云 南	1 861	25	宁 夏	393
4	安 徽	4 007	15	新 疆	1 504	26	天 津	210
5	河 北	3 701	16	陕 西	1 380	27	海 南	147
5	江 苏	3 660	17	广 西	1 373	28	上 海	104
7	吉 林	3 633	18	陕 西	1 226	29	西 藏	104
8	内蒙古	3 553	19	广 东	1 193	30	青 海	103
9	四 川	3 494	20	甘 肃	1 151	31	北 京	34
10	湖 南	3 023	21	重 庆	1 079			
11	湖 北	2 839	22	贵 州	1 060			

“国以民为本，民以食为天”，我国是世界上的粮食主产国，黑龙江省是我国粮食大省，其重要地位可见一斑。遵循习近平总书记“中国人要把饭碗端在自己手里，而且要装自己的粮食”的重要指示，我们要充分利用粮油原料及其产品，在工业和农业生产与人民的生活中发挥作用，大力发展机械化、信息化、智能化农业，这是我国经济建设的一项重要任务。

2.牲畜、禽、兽、昆虫、爬虫、两栖动物类

从广义上讲，畜禽产品主要是指肉、乳、蛋、禽、脂、皮张、绒毛、鬃尾、细尾毛、羽毛、骨、角、蹄壳及其初加工品等。从狭义上讲，肉、乳、蛋、禽、脂属于食品和副食品范畴，也就是畜禽类产品；皮张、绒毛、鬃尾、细尾毛、羽毛属于畜产品；而骨、角、蹄壳均属于废旧物资和中药材商品。

畜禽类产品是人体动物蛋白的主要来源，可以为人体提供大量、丰富的必需氨基酸，是人体膳食结构的重要组成部分。由于国民经济的迅猛发展，农业和运输业逐渐实现了机械化，促进了饲养业的发展，这为畜禽产品资源开辟了广阔的道路。随着生活水平的不断提高，人们对畜禽产品的需求量愈来愈大，对畜禽产

品的质量、食品安全的要求标准也越来越高。现阶段，我国在注重机械化、自动化生产的过程中，严把质量关，加强食品安全管理，为百姓提供优质产品是一项重要任务。

3.瓜、果、蔬菜

瓜、果、蔬菜是指自然生长和人工培植的瓜、果、蔬菜，包括农业生产者利用自己种植、采摘的产品进行连续简单加工的瓜、果干品和腌渍品等（以瓜、果、蔬菜为原料的蜜饯除外）。

果品和蔬菜，以下简称果蔬。在果蔬中，蔬菜是人们日常生活中不可缺少的副食品，它们所含有的营养成分对人类有特殊的食用意义。新鲜果蔬中含有多种维生素和矿物质，且含有大量膳食纤维，能够很好地促进胃肠蠕动，刺激消化液分泌。果蔬中含有的多酚类化合物能够调节人体生理机能，有抗癌、抗炎、降血脂、降血糖等作用，还能够起到辅助治疗疾病的作用。

我国地域辽阔，地跨寒带、温带、热带，其自然条件优越，气候、土壤和地形等自然环境条件适合果蔬的生长发育，其资源非常丰富，培育了许多优良品种，使我国果蔬因种类多、品种全、品质佳而闻名世界。近年来，我国培育和改良了很多果蔬品种，也引进了很多国外的果蔬品种，这不仅丰富了国内果蔬资源，还满足了市场需要。

按食用器官，蔬菜可分为根菜类，如萝卜、豆薯；茎菜类，如莴笋、竹笋、莲藕、芋头；叶菜类，如白菜、油菜、大葱；果菜类，如茄子、黄瓜、菜豆；花菜类，如黄花菜、菜花；食用菌类，如香菇、木耳。

按农业生物学，蔬菜可分为根茎类、白菜类、芥菜类、甘蓝类、绿叶菜类、葱蒜类、茄果类、瓜类、豆类、水生菜类、多年生菜类和食用菌类，共十二类。

按果实构造，果品可分为仁果类，如苹果、梨、山楂；核果类，如桃、枣；浆果类，如葡萄、香蕉；坚果类，如核桃、板栗；柑橘类，如柑、橘、甜橙、柚、柠檬；复果类，如菠萝、菠萝蜜、面包果；瓜类，如甜瓜、西瓜。

按商业经营习惯，果品可分为鲜果、干果、瓜类及它们的制品，共四类。鲜果是果品中种类最多且最重要的一类。

4.花卉、苗木

花卉、苗木是指自然生长和人工培植并保持天然生长状态的花卉、苗木。

花卉中的花和卉具有不同的含义。花是高等植物繁殖后代的器官，卉是百草的总称。花卉一词从字面上来讲，就是开花的植物。《辞海》中解释花卉是可供观赏的花草。随着科学技术的发展和人们审美意识的提高，欣赏已不仅限于花，因而花的概念也随之扩大。

按花卉的形态特征和生长习性可将其分为草本花卉、木本花卉、多肉类植物、水生类花卉和草坪类植物。草本花卉可分为一年生草花（如一串红、鸡冠花）、二年生草花（如金鱼草、石竹）、多年生草花（如菊花、荷花、大丽花）；木本花卉可分为乔木花卉（如梅花、白玉兰）、灌木花卉（如月季、牡丹）、藤本花卉（如凌霄、紫藤）；多肉类植物常见的有仙人掌科的昙花、令箭荷花、蟹爪兰，龙舌兰科的龙舌兰、虎尾兰，萝藦科的大花犀角、吊金钱，凤梨科的小雀舌兰等；水生类花卉常见的有荷花、睡莲、王莲、凤眼莲、水葱、菖蒲等；草坪类植物常见的有红顶草、早熟禾、野牛草等。

按花卉的观赏器官可将其分为观花类（如菊花、仙客来、月季）、观叶类（如文竹、常春藤、五针松）、观果类（如南天竹、佛手、石榴）、观茎类（如佛肚竹、光棍树、珊瑚树）、观芽类（如银柳）。

按花卉的经济用途可将其分为观赏花卉（如一串红、金盏菊、月季、菊花、百合、芍药、牡丹）、香料花卉（如白兰、水仙化、玫瑰花）、熏茶花卉（如茉莉花、珠兰花、桂花）、医药花卉（如芍药、牡丹、金银花）、环境保护花卉（如美人蕉、月季、罗汉松）、食品花卉（如菊花、桂花、兰花）。

5.林业产品

近代林业产品主要是指木材及其副产品。其大致可分为两大类，一类是木材及各种木材加工制品，另一类是经济林及森林副产品。近代林业产品将木材作为主产品，把其余作为副产品，这样势必会对其他林业产品产生强烈的排他性，使林业产品种类少、精品更少，进而使林业产业日趋萎缩。现代林业产品是指把开发森林资源变为经济形态的所有产品，在不同的时空条件下，并非固定不变的，这对林业产品的生产具有积极的作用。

林业产品包括原木、原竹子、原木和原竹下脚料、生漆和天然树脂，以及除上述以外的其他林业副产品。原木是指将伐倒的乔木去其枝丫、梢头或削皮后，按照规定的标准锯成的不同长度的木段。原竹是指将竹砍倒后，削去枝、梢、叶后的竹段。原木、原竹下脚料是指原木、原竹砍伐后的树皮、树根、枝丫、灌木条、梢、叶等。生漆是漆树的分泌物，包括从野生漆树上收集的大木漆和从种植漆树上收集的小木漆；天然树脂是指木本科植物的分泌物，包括松脂、虫胶、阿拉伯胶、古巴胶、丹麦胶、天然橡胶等。

中国经济林分布广泛，从南到北、从东到西，各处都有。其主要有乌桕、油桐、漆树、杜仲、毛竹、油棕、椰子、油橄榄、巴旦果、油楂果、香榧、油茶、山苍子、青檀、五倍子等。

经济林产品主要有木本油料，如核桃、茶油、橄榄油、文冠果油等木本食用油及桐油、乌桕油等工业用油；木本粮食，如板栗、柿子、枣、银杏及多种栎类树种的种子；特用经济林产品，如紫胶、橡胶、生漆、咖啡、金鸡纳等。

林化、林副产品种类更是繁多，如松香、栲胶、栓皮及各种药材、芳香油、纤维原料、编织原料、淀粉、食用菌等。此外林区丰富的野生动物资源所提供的动物蛋白质、毛皮、药材及观赏动植物等，都有着重要的经济意义和科研价值。

6.食用菌

食用菌是指自然生长和人工培植的具有显著肉质或胶质子实体，并可供人食用的大型真菌，包括鲜货、干货两类。

目前，全世界范围内可供人类食用的菌类有2 000多种，已知人工栽培的有50多种。食用菌营养丰富，价值高，可为人体提供大量蛋白质、维生素、核糖等必需的营养素，调节人体机能，并有药用价值。

我国是食用菌生产的第一大国，食用菌种类繁多，大型真菌有1 000多种，其中具有食用价值的有200多种。近年来我国不断地开发栽培新品种，并且从国外引进新品种，这使我国的食用菌种类更加丰富。广义的食用菌中，还包括食品加工行业中用于发酵的丝状真菌和酵母菌。按照我国的经营习惯，可将食用菌分为木耳类和蘑菇类。木耳类包括黑木耳、银耳、黄木耳、金耳等，蘑菇类包括除木耳类以外所有的大型食用菌类，如香菇、口蘑、猴头菌等。

7.药材

药材是指自然生长和人工培植的药材，其中不包括中药材或中成药生产企业经切、炒、烘、焙、熏、蒸、包装等工序处理过的加工品。

我国地大物博，自然条件优越，中药材资源非常丰富，是巨大的天然药库。已知可供药用的植物、动物和矿物药有5 000多种，其中植物药约占90%。中药材的用途广泛，除了医疗保健外，在食品、饮料、香料、化妆品、染料及农药等方面也广为应用。同时中药材又是重要的出口物质，全国可供出口的中药材近500种。

8.水产品

水产品是指水生的且具有一定食用价值的动植物及其腌制、干制的各种初加工品。水产品包括淡水产品、海水产品和滩涂养殖产品。淡水产品是淡水产动物和植物；海水产品是海水产动物和植物；滩涂养殖产品是利用滩涂养殖的各类动物和植物。水产品也包括农业生产者捕捞收获后连续进行简单冷冻、腌制和自然干制的产品。

按生物学分类法，水产品可分为藻类植物（如海带、紫菜等）、腔肠动物（如海蛰等）、软体动物（如扇贝、鲍鱼、鱿鱼等）、甲壳动物（如对虾、河蟹等）、棘皮动物（如海参、海胆等）、鱼类（如带鱼、鲅鱼、鲤鱼、鲫鱼等）、爬行类（如中华鳖等）。

按商业分类法，水产品可分为活水产品（如海水鱼、淡水鱼、元鱼、河蟹、贝类等）、鲜水产品（含冷冻品和冰鲜品，如海水鱼、淡水鱼、虾、蟹等）、水产加工品（按加工方法分为水产腌制品和水产干制品；按加工原料分为咸干鱼、虾蟹加工品、海藻加工品、其他水产加工品）。

水产品中，尤其是鱼、虾、贝类等，自古以来便是人们的重要食物。随着人们生活水平的不断提高和对蛋白质需求量的不断增长，水产品作为动物性蛋白质的来源，其重要性日益显著。

我国海洋鱼类约有1 700种，淡水鱼类约有800种，其中有经济价值的约有250种，体型较大、产量较高的约有50种。我国发展水产业的方针是以养殖为主，养殖、捕捞、加工并举，因地制宜，重在保护。近年来我国采取了积极有效的措施，严格执行休渔制度，使我国的海水、淡水捕捞和海水、淡水养殖业持续稳定且健康发展。

9.烟叶

烟叶是指将各种烟草的叶片进行加工制成的产品，它是制作卷烟、雪茄烟、斗丝、鼻烟和嚼烟等烟制品的主要原料。

因加工方法不同，又分为晒烟叶、晾烟叶和烤烟叶。晒烟叶是指利用太阳能露天晒制的烟叶（如晒黄烟、晒红烟、梧晒烟、香料烟、黄花烟），主要用于制作旱烟丝、水烟丝、雪茄烟、斗烟丝，其中香料烟主要用作晒烟卷烟的配料；晾烟叶是指在晾房内自然干燥而形成的烟叶（如白筋烟、武鸣整株晾烟、雪茄包中烟），主要用于生产混合型卷烟、雪茄烟、水烟丝和雪茄烟外包皮；烤烟叶（复烤烟叶除外）是指在烤房内烘烤而形成的烟叶（如初烤烟、复烤烟；清香型烟、浓香型烟、中间香型烟），主要用于制作烤烟型卷烟，少数用于制作混合型卷烟、斗烟丝和雪茄烟。

10.茶叶

茶叶是指从茶树上采摘下来的鲜叶和嫩芽（茶青），经吹干、揉拌、发酵、烘干等工序制成，可供人们饮用，具有色、香、味，但形状各异的成品茶。

鲜叶或嫩芽被采摘后，必须经过加工才能成为商品茶。通常茶叶经过各种技术处理促使叶内的有效成分发生变化，形成具有不同色、香、味、形的毛茶，此过程称为鲜叶加工或初制；毛茶经过筛分、拣剔、复火等技术处理后，分别被加工成符合商品茶规格的各种花色和等级的成品茶，此过程称为毛茶加工或精制；用毛茶加工成不同等级的茶坯，与各种鲜花配合通过窨制技术处理加工成为花茶。

茶叶中的许多物质对人体的健康都非常有益，因此常饮茶对人体能够起到营养保健的作用，例如可以止渴散热、清心明目、提神解乏、溶脂除腻、利尿排毒、杀菌消炎、强心降压、补充维生素及防预辐射伤害等。

11.其他植物

其他植物类产品包括棉花、麻、柳条、席草、蔺草等。棉花是指未经加工整理的皮棉、棉短绒、籽棉；麻是指未经加工整理的生麻、宁麻。

上述所列农产品还应包括种子、种苗、树苗、竹秧、种畜、种禽、种蛋、水产品的苗或种（秧）、食用菌的菌种、花籽等。

二、无公害农产品

（一）无公害农产品的概念

随着人们消费理念的不断转变，无公害农产品已经成为消费者的基本消费需求。无公害农产品是指产地环境符合无公害农产品的生态环境质量要求，生产过程符合规定的农产品质量标准和规范，有毒、有害物质残留量控制在安全质量允许范围内。符合《无公害农产品（食品）标准》的农、牧、渔产品（食用类，不包括深加工的食品）经专门机构认定，许可使用无公害农产品标识。

广义的无公害农产品包括有机农产品、自然食品、生态食品、绿色食品、无污染食品等。这类产品在生产过程中允许限量、限品种、限时间地使用人工合成的和安全的化学农药、兽药、肥料、饲料添加剂等，它虽符合国家食品卫生标准，但比绿色食品标准要宽。无公害农产品是保证食品质量安全最基本的底线，是最基本的市场准入条件，普通食品都应达到这一标准。无公害农产品具有公益性、普遍性、公正性、专业性等特征。

（二）无公害农产品的认证

无公害农产品的认证是为保障农产品生产和消费安全而实施的政府质量安全担保制度，属于政府行为、公益性事业，不收取任何费用。

无公害农产品的认证采取产地认定与产品认证相结合的方式。产地认定主要解决产地环境和生产过程中的质量安全控制问题，是产品认证的前提和基础；产品认证主要解决产品安全和市场准入问题。无公害农产品产地认定与产品认证的审批事项是对申报种植业、畜牧业无公害农产品产地认定与产品认证项目的审核，审核其产地环境、生产过程、产品质量等是否符合农业部无公害农产品的相关标准和规范要求。中国无公害农产品标志如图1–1所示。

图1–1 中国无公害农产品标志

该标志的图案由麦穗、对勾和“无公害农产品”字样等组成。麦穗代表农产品，对勾代表合格，两者皆为橙色，橙色代表成熟和丰收，其余均为绿色，绿色代表环保和安全。

2002年11月25日，中华人民共和国农业部、国家认证认可监督管理委员会（以下简称国家认监委）联合公告发布（第231号公告）《无公害农产品标志管理办法》，对全国统一无公害农产品标志申请、使用及监督管理做出明确规定，国家农业部和国家认监委对全国统一的无公害农产品标志实行了统一监督管理。

（三）无公害农产品的标准

无公害农产品的标准是无公害农产品认证和监管的基础，其结构主要由环境质量、生产技术、产品质量标准三部分组成。其中，产品标准、环境标准和生产资料使用准则为强制性国家及行业标准，生产操作规程为国家推荐性行业标准。

1.环境质量

环境质量评价应从调查无公害农产品基地的环境条件（空气、灌溉水、土壤）入手，搜集评价所需信息，按国家或行业标准的相关要求，选定评价因子、评价模型、评价标准，对基地的环境质量进行综合评定，从而正确评估无公害农产品生产环境质量状况，为无公害农产品生产基地的有效开发提供环境质量依据。

2.生产技术

无公害化生产是清洁生产的初级阶段，也是适合我国国情的主要生产方式。其中包括耕地净化、品种优质高抗、投入品无害化、栽培管理等关键技术和检测与加工等配套技术。只有严格执行关键技术规范，合理运用检测与加工配套技术，才能生产出真正的无公害农产品。

3.产品质量标准

关于产品质量标准，有八项国家标准：《农产品安全质量无公害蔬菜安全要求》《农产品安全质量无公害蔬菜产地环境要求》《农产品安全质量无公害水果安全要求》《农产品安全质量无公害水果产地环境要求》《农产品安全质量无公害畜禽肉产品安全要求》《农产品安全质量无公害畜禽肉产品产地环境要求》《农产品安全质量无公害水产品安全要求》《农产品安全质量无公害水产品产地环境要求》。

（四）管理办法

2002年4月29日，中华人民共和国农业部、中华人民共和国国家质量监督检验检疫总局联合发布第12号令《无公害农产品管理办法》，共八章四十二条，对在中华人民共和国境内从事无公害农产品生产、产地认定、产品认证和监督管理等活动做出明确规范。

《无公害农产品管理办法》中有如下规定。

第二条　本办法所称无公害农产品，是指产地环境、生产过程和产品质量符合国家有关标准和规范的要求，经认证合格获得认证证书并允许使用无公害农产品标志的未经加工或者初加工的食用农产品。

第三条　无公害农产品管理工作，由政府推动，并实行产地认定和产品认证的工作模式。

第七条　国家鼓励生产单位和个人申请无公害农产品产地认定和产品认证。实施无公害农产品认证的产品范围由农业部、国家认证认可监督管理委员会共同确定、调整。

第八条　国家适时推行强制性无公害农产品认证制度。

第十三条　省级农业行政主管部门根据本办法的规定负责组织实施本辖区内无公害农产品产地的认定工作。

第三十条　农业部和国家认证认可监督管理委员会制定并发布《无公害农产品标志管理办法》。

第三十五条　任何单位和个人不得伪造、冒用、转让、买卖无公害农产品产地认定证书、产品认证证书和标志。

三、绿色食品

（一）绿色食品的概念与分类

绿色食品是遵循可持续发展原则，按照特定生产方式生产，经中国绿色食品发展中心认定，许可使用绿色食品商标标志的无污染、安全、优质的营养类食品。这是帮助我国突破绿色贸易壁垒、增强出口食品核心竞争力的必然选择。

绿色食品分为两个技术等级，即AA级绿色食品和A级绿色食品。AA级绿色食品要求符合《绿色食品产地环境质量标准》，生产过程中不使用化学合成的农药、肥料、食品添加剂、饲料添加剂、兽药及有害环境和人体健康的生产资料，而是通过使用有机肥、种植绿肥、作物轮作、生物或物理方法等技术，培肥土壤、控制病虫草害、保护或提高产品品质，从而保证产品质量符合绿色食品产品标准的要求。A级绿色食品要求符合《绿色食品产地环境质量标准》，生产过程中严格按照绿色食品生产资料使用准则和生产操作规程要求，限量使用限定的化学合成生产资料，并积极采用生物学技术和物理方法，保证产品质量符合绿色食品产品标准要求。

AA级和A级绿色食品标志由特定的图形来表示，其由三部分构成，即上方的太阳、下方的叶片和中间的蓓蕾，标志图形为正圆形，意为保护、安全，颜色为绿色，象征着生命、农业、环保。AA级绿色食品的标志与字体为绿色，底色为白色；A级绿色食品的标志与字体为白色，底色为绿色。绿色食品标志如图1-2所示。整个图形描绘了明媚阳光照耀下的和谐生机，代表绿色食品是出自纯净、良好生态环境的安全、无污染食品，能给人们带来蓬勃的生命力。绿色食品标志还提醒人们要保护环境和防止污染，通过改善人与环境的关系，创造自然界新的和谐。

图1-2 绿色食品标志

（二）绿色食品的特征

绿色食品具有以下三个特征。

1.强调产品出自最佳生态环境

绿色食品生产从原料产地的生态环境入手，通过对原料产地及其周围的生态环境因素的严格监测，判定其是否具备生产绿色食品的基础条件。

2.对产品实行全程质量监控

绿色食品生产实施“从土地到餐桌”全程质量监控。通过产前环节的环境监测和原料检测，产中环节的具体生产、加工操作规程的落实，以及产后环节的产品质量、卫生指标、包装、保鲜、运输、贮藏及销售控制，都确保了绿色食品的整体产品质量，并提高了整个生产过程的标准化水平和技术含量。

3.对产品依法实行标志管理

绿色食品标志是一个质量证明商标，属于知识产权范畴，受《中华人民共和国商标法》保护，并按照《中华人民共和国商标法》《集体商标、证明商标注册和管理办法》和《绿色食品标志管理办法》开展监督管理工作。

近年来，在绿色食品“三产” 融合发展的过程中，黑龙江省各地勇于探索，积极实践，初步形成了一批具有绿色特征和龙江特色的融合路径， 即以绿色食品质量认证为标志， 以龙江丰富的农业资源为依托，通过实施“三产联动”发展战略，着力打破产业壁垒、打破行业界限、打通融合渠道， 由一产向二产链接，向三产开发，由生产导向往市场导向发展。

（三）绿色食品的申请范畴

绿色食品标志是中国绿色食品发展中心在1996年11月7日经国家工商局下属的商标局核准注册的我国第一例证明商标。其核定使用的商品范围极为广泛，在1类的肥料上注册了图形商标；在2类的食品着色剂上注册了文字、图形、英文及组合4个商标；在3类的香料、5类的婴儿食品上分别注册了4个商标；在29类肉类、煮熟的水果、蔬菜、果冻、果酱等，30类糖、咖啡、面包、糕点、蜂蜜、糖、调味香料，31类水果、蔬菜、种子、饲料，32类啤酒、饮料，33类含酒精的饮料中都进行了全类注册。据统计，迄今为止绿色食品证明商标已在8类1 000多种食品上核准注册了33件证明商标。

概括地说，可以申请使用绿色食品标志的一类是食品，例如粮油，水产，果品，饮料，茶叶，畜、禽、蛋、奶产品等。其中包括：①按国家商标类别划分的第5、29、30类，第31、32、33类中的大多数产品均可申请认证；②以“食”或“健”字登记的新开发产品可以申请认证；③经卫生部公告既是药品也是食品的产品，可以申请认证；④暂不受理油炸方便面、叶菜类酱菜（如盐渍品）、火腿肠及作用机理不清楚产品（如减肥茶）的申请；⑤绿色食品拒绝转基因技术，由转基因原料生产（饲养）加工的任何产品均不受理。另一类是生产饲料，主要是指在生产绿色食品过程中的物质投入品，如农药、肥料、兽药、水产养殖用药、食品添加剂等。

需要注意的是，具备一定生产规模、生产设施条件及技术保证措施的食品生产企业和生产区域还可以申报绿色食品基地。

（四）绿色食品的具体标准

绿色食品标准是根据农业部推荐标准（NY/T）制定的，是绿色食品生产企业必须遵照执行的标准。绿色食品标准以全程质量控制为核心，由以下六部分构成。

1.绿色食品产地环境质量标准

制定此项标准的目的，一是强调绿色食品必须产自良好的生态环境地域，以保证绿色食品的安全与无污染；二是促进对绿色食品产地环境的保护和改善。绿色食品产地环境质量标准规定了产地的空气质量标准、农田灌溉水质标准、渔业水质标准、畜禽养殖用水标准和土壤环境质量标准等各项指标，并且提出了绿色食品产地土壤肥力分级和土壤质量的综合评价方法。

2.绿色食品生产技术标准

此项标准是绿色食品标准体系的核心，包括绿色食品生产资料使用准则和绿色食品生产技术操作规程两个部分。绿色食品生产资料使用准则是对生产绿色食品过程中物质投入的一个原则性规定，其中包括生产绿色食品的农药、肥料、食品添加剂、饲料添加剂、兽药和水产养殖药的使用准则，同时对允许、限制和禁止使用的生产资料及其使用方法、使用剂量等做出了明确规定。绿色食品生产技术操作规程是以上述的准则为依据，按作物种类、畜牧种类和不同农业区域的生产特性，分别制定的用于指导绿色食品生产活动、规范绿色食品生产技术的技术规定，其中包括农产品种植、畜禽饲养、水产养殖等技术操作规程。

3.绿色食品产品标准

此项标准是衡量绿色食品最终产品质量的指标尺度。其卫生品质要求高于国家现行标准，主要表现在对农药残留和重金属的检测项目种类多和指标严上。而且绿色食品使用的主要原料必须是来自绿色食品产地、按绿色食品生产技术操作规程生产出来的产品。

4.绿色食品包装标签标准

此项标准规定了绿色食品进行产品包装时应遵循的原则，包装材料选用的范围、种类，包装上的标识内容等。同时该标准要求产品包装从原料、产品制造、使用、回收和废弃的整个过程都应有利于食品安全和环境保护，其中包括包装材料的安全性与牢固性，节省资源与能源，减少或避免废弃物产生，易回收循环利用，可降解等具体要求和内容。绿色食品包装标签，除要求符合国家《食品标签通用标准》外，还要求符合《中国绿色食品商标标志设计使用规范手册》的规定。

5.绿色食品贮藏、运输标准

此项标准对绿色食品贮运的条件、方法、时间做出了规定，以保证绿色食品在贮运过程中不遭受污染、不改变品质，并有利于环保与节能。

6.绿色食品其他相关标准

此项标准包括“绿色食品生产资料”认定标准、“绿色食品生产基地”认定标准等。

四、有机食品

（一）有机食品的概念

有机食品，也叫作生态食品或生物食品。有机食品是国际上对无污染的天然食品比较统一的说法。有机食品通常来自有机农业生产体系，根据国际有机农业生产要求和相应的标准生产加工而来的。

除有机食品外，国际上还将一些经过认证的派生产品统称为有机产品。派生产品包括有机化妆品、纺织品、林产品；有机食品生产而提供的生产资料包括生物农药、有机肥料等。

中国有机产品标志如图1–3所示。其主要图案由三部分组成，即外围的圆形、中间的种子图形及其周围的环形线条。

图1–3 中国有机产品标志

其标志外围的圆形形似地球，象征和谐、安全；圆形中的“中国有机产品”字样为中英文结合方式，即代表中国有机产品与世界同行，有利于国内外消费者进行识别。其标志中间类似种子的图形代表生命萌发之际的勃勃生机，象征有机产品是从种子开始进行全过程的认证，同时代表有机产品就如同刚刚萌发的种子，正在中国大地上茁壮成长。种子图形周围圆润自如的环形象征环形道路，其与种子图形合并构成汉字“中”，体现出有机产品植根中国，有机之路越走越宽广。同时，处于平面的环形是英文字母“C”的变形，种子形状也是英文字母“O”的变形，意为“China Organic”。

（二）有机食品的等级区别

从本质上来讲，绿色食品是从普通食品向有机食品发展的一种过渡产品。有机食品与其他食品的区别体现在以下几个方面。

（1）有机食品在其生产加工过程中绝对禁止使用农药、化肥、激素等人工合成物质，并且不允许使用基因工程技术；而其他食品则允许有限地使用这些人工合成物质，且不禁止基因工程技术的使用。例如绿色食品对基因工程和辐射技术的使用就未作规定。

（2）生产转型方面，从生产其他食品到生产有机食品需要2~3年的转换期，而生产其他食品（包括绿色食品和无公害食品）则没有转换期的要求。

（3）数量控制方面，有机食品的认证有定地块、定产量的要求，而其他食品则没有如此严格的要求。

因此，生产有机食品要比生产其他食品难得多，需要建立全新的生产体系和监控体系，并且采用相应的病虫害防治、地力保护、种子培育、产品加工和储存等替代技术。

（三）有机食品的认证要求

1.有机食品生产的基本要求

（1）生产基地在三年内未使用过农药、化肥等违禁物质。

（2）种子或种苗来自自然界，未经过基因工程技术改造。

（3）生产单位需建立长期的土地培肥、植保、作物轮作和畜禽养殖计划。

（4）生产基地无水土流失及其他环境问题。

（5）作物在收获、清洁、干燥、贮存和运输过程中未受化学物质的污染。

（6）从常规种植向有机种植转换需两年以上的转换期，新垦荒地除外。

（7）生产全过程必须有完整的记录档案。

2.有机食品加工的基本要求

（1）有机食品的原料必须是具有有机产品认证的产品或野生无污染的天然产品。

（2）已获得有机食品认证的原料在最终产品中所占的比例不少于95%。

（3）只使用天然调料、色素和香料等辅助原料，不使用人工合成的添加剂。

（4）有机食品在生产、加工、贮存和运输过程中应避免化学物质的污染。

（5）有机食品在加工过程中必须具有完整的档案记录，包括相应的票据。

（四）有机食品的相关法规

国际有机农业和农产品的管理体系和法规主要分为3个层次：联合国层次、国际性非政府组织层次及国家层次。目前联合国关于有机农业和有机农产品的标准尚属于建议性标准。该标准是《食品法典》的一部分，由联合国粮农组织（FAO）与世界卫生组织（WHO）制定。在标准的制定过程中，中国作为联合国成员也参与了制定。其具体内容包括化学品使用、收获、贸易和内部质量控制等。此外，该标准也说明了有机农产品的检查、认证和授权体系，这为联合国中各个成员国制定有机农业标准提供了重要依据。但联合国有机农业标准能否成为强制性标准还不得而知，一旦成为强制性标准，就会成为世贸组织仲裁有机农产品国际贸易的法律依据。

我国有机食品在国际市场上所占的份额较低，出口占全球市场的份额还不到1%，低于我国农产品出口占全球市场份额3. 3% 的水平，大部分出口市场被美、日、欧三个国家和地区占据，为70%以上。近几年，中国有机食品的生产企业数量和出口额都在增加，有机食品市场发展前景良好。

第二节　农产品特性

一、农产品的一般特性

一般认为，农产品是来源于农业的初级产品，即在农业生产活动中获得的植物、动物、微生物及其产品等。国家规定农业的初级产品是指种植业、畜牧业、渔业等产品，如水稻、小麦、高粱、棉花、烟叶、甘蔗等，一般不包括经过加工的产品。

农产品市场营销的特征取决于农产品，因此研究农产品市场营销必须弄清农产品在商品、生产、消费和安全等各个环节表现出来的特性。

（一）商品特征

农产品的商品特征主要体现在以下几个方面。

1.非标准性

作为生物产品，农产品受自身基因和自然条件的影响较大。其与工业化生产的产品不同，即使同一植株上生长出的果实，其品质、外观都不尽相同，无法生产出标准化的产品。

2.易腐性

由于外界环境因素的影响，农产品在保存不当的情况下容易腐烂变质，并且其品质在仓储和运输的过程中会大打折扣，从而影响农产品的货架期。

3.单价低

农产品一般单位质量下体积较大，单位产品运输费用较高而市场实际售价较低。

（二）生产特征

农产品供给具有波动性，主要原因体现在以下几个方面。

（1）各地区农业生产受当地自然环境的影响，年度差异性、生产季节性的特征非常明显。风调雨顺的年份农业增产，农产品供给量增加使得市场价格下降；反之，农产品供给量不足使得市场价格上升。同时，农业生产受气候、土壤、光照、物种等因素制约，有非常强的地域性特征。

（2）农业生产周期长，响应农产品市场需求变化的信号速度慢，供求难以达到一致，这样就往往会导致剧烈的市场价格波动。

（3）当前，我国农业生产的主体仍然是以农户为主，生产特点是规模小、经营零散、组织化程度低。

（三）消费特征

农产品大多数都是为了满足人们的基本生活需要，其消费需求具有普遍性、必需性、大量性和常年性的特点，但是需求弹性却相对较小。从消费者购买行为来看，农产品属于典型的便利品，消费者喜欢就近购买，具有单次购买量少、品种多、购买频率高的特点。人们不会因为农产品的价格变化，在某一期间对农产品的基本需求量发生大的改变。

（四）安全特征

农产品是人们每日必需的商品，由于农产品消费而导致的患病、中毒甚至死亡的情况很多，因此世界各国对农产品从生产、流通到消费各个环节的卫生要求都极为严格，许多国家均颁布了相应的《农产品卫生法》和《食品安全法》，以杜绝和限制农产品中有害病菌和物质的污染，从而确保消费者的身体健康。

二、农产品的价格特性

（一）非垄断性

农产品市场上的买者和卖者众多，属于典型的完全竞争型市场结构。对于大多数农产品而言，买卖双方都是市场价格的被动接受者，谁也无法制定和操控农产品价格的涨跌。

（二）季节性和周期性

农业生产具有明显的季节性和周期性。在收获期农产品价格一般要下跌，其他时期特别是超过农产品贮存期的时候，农产品往往供不应求导致价格上涨。例如在我国，水稻一年一般收获1～2次，在南方日照时间长的地区最多也只能收获3次；棉花采摘时间一般集中在9月份；西瓜、葡萄等水果一般集中在7月到9月上市。虽然现代科学技术缩短了农产品的生长周期，改变了农产品的上市时间，出现了一些反季节的蔬菜、水果，但总体来说，农产品供给的季节性是其主要特点。

农产品价格周期性变化是其另一显著特点。一般在若干年内，特定农产品价格要经历复苏、上涨、稳定、下跌的过程，而且循环往复进行，这与农业生产周期长、生产者反应滞后有关。2016年，中国启用市场化收购加补贴的玉米流通新机制，此前已实行9年之久的国家定价临时收储政策退出历史舞台。以玉米种植为例，其价格往往在年际间周期性变化，一般2～3年为一个周期。行情好时，玉米种植户增加玉米种植面积，供应量大幅度增加，导致价格下跌，亏损程度严重；深度亏损维持一定时间后，又缩减玉米种植面积，玉米供应量骤然减少，导致价格上涨。

加拿大曼尼陀巴大学综合有关学者的研究，表明农业中短期供给曲线的弹性一般在0～0.3之间，长期供给曲线弹性也只有0.4，因此无论是短期还是长期，农业供给都是高度缺乏弹性的。

（三）受突发事件影响大

作为基本的生活必需品，农产品受到社会、经济、政治和自然等领域突发事件的影响极大。例如重大自然灾害、动植物疫情的发生可能使农产品严重减产而导致供不应求；政治局势不稳造成居民抢购粮食、中间商囤积农产品等。

三、农产品的促销特性

（一）人员推销作用大

农产品作为传统商品，具有足够的认可度，其销量的多少一定程度上取决于推销人员的方式、方法等技巧。

（二）广告应用广泛

“酒香也怕巷子深”，目前多媒体与网络等一系列广播形式的利用，使得广告在农产品促销中的应用越来越多，很多产业化的农产品企业通过大量的广告宣传打造了一大批农产品知名品牌。

（三）公共关系手段得到重视

公共关系是一种重要的促销手段，随着农业生产经营者营销意识的增强，其利用新闻发布会、新闻报道等手段来加强农产品促销的情况已经越来越常见。

（四）营业推广手段不断创新

在农产品的促销上，农业正在向工商业学习中间商、消费者的营销推广方式，例如免费品尝、折扣销售、征文比赛等方式越来越多，采用多种形式的推广，以满足企业对产品销售的要求。

四、农产品的销售渠道特性

以往农产品的直接销售比较普遍，即通过一家一户的农户自己生产、自己销售，这种小规模作坊式生产虽然可以大大降低营销成本，但是随着我国加入世界贸易组织，国内外市场的扩大和竞争的加剧，农产品经营企业急需通过一批合格的中间商，以建立灵活、有效、稳定、畅通的销售渠道来解决愈发严重的农产品销售问题。一般来说，农产品销售渠道有如下特征。

（一）销售渠道相对较短

生鲜农产品由于易腐易烂、不耐储运，须尽可能缩短仓储、运输、销售时限，因而农产品在销售渠道中不应设置过多的中间商环节，“批发+零售或代理+零售”的方式较为常见。

（二）中间商作用显著

批发商和代理商在农产品流通中起到至关重要的作用。一个大的农产品批发商、代理商往往控制着一个地区中某种特定农产品的市场，他们对消费者的需求情况了解深入，借助他们开展营销工作对于解决农产品销售问题至关重要。

五、农产品的市场特性

农产品与人们的生产、生活关系密切，大多数农产品及其加工农产品是人们的日常生活用品，这一市场也被称作生活消费品市场。农产品市场有以下几方面特征。

（一）消费者众多

“民以食为天”，人人都要消费农产品，世界上每天消费农产品的数量惊人，因此农产品具有一个巨大的消费市场。

（二）市场需求稳定

农产品能够很大程度上满足人们的基本生活需要，有着持续、稳定的市场需求，不会与奢侈品市场一样大起大落。

（三）购买频率高

农产品是非耐用商品，其作为生物产品其长时间贮存较难，同时消费者对农产品的新鲜程度要求也较高。因此消费者购买农产品频率较高，也就要求农产品市场必须尽可能贴近消费者的生活区域。

（四）季节性波动大

农业生产具有明显的季节性，但消费者对农产品的需求却是常年性的，因此农产品市场供求关系中，季节性矛盾比较突出。农产品在收获季节销售较难，非收获季节却供不应求，这就要求农产品生产经营者通过加强技术创新，即通过延长农产品的仓储时间、提高保鲜水平、引进反季类农产品种植等手段来调节季节性供求矛盾。

（五）国际市场技术壁垒高

近年来，发达国家不断提高技术标准要求，而且技术壁垒的指标要求也越来越高，甚至达到了苛刻的程度，这对中国农产品的出口构成了巨大的阻力。例如日本为了阻拦中国菠菜对其出口，2002年4月日本公布菠菜中农药残留限量为0.01 mg/kg，这明显是针对中国的技术壁垒措施，该项措施远远严于日本蔬菜中其他有机磷农药的残留限量，也大大超出美国、欧盟及国际组织标准。

第三节 农产品市场营销

一、农产品市场营销的概念

（一）市场营销的定义

关于市场营销的第一版官方定义1935年被美国市场营销协会（American marketing association，AMA）的前身美国营销教师协会所采用，1948年被AMA正式采用。2004年对市场营销进行重新定义——市场营销既是一种组织职能，也是为了组织自身及利益相关者的利益而创造、传播、传递价值给客户，并进行客户关系管理的一系列过程。

（二）农产品市场营销的定义

宏观层面的农产品市场营销是指对农产品营销的全部过程进行宏观的描述，常以农业生产为起点，农产品消费为终点，其是指农产品从投入生产开始到进入消费领域所经历的全部商业性经营活动。它主要包括农产品的生产、收集、检验、分级与标准化、包装、加工、储存、运输、销售等经济内容，以及与此相关的市场预测、资金供给、风险担保等服务性活动。

农产品作为商品离开生产区域后呈逐渐集中趋势。在加工阶段，农产品集中程度较高，随后又开始进入分散过程。在每一阶段中，农产品都实现了本身价值的增值。作为最终消费者，应支付上述每一阶段农产品所包含的价值。

微观层面的农产品市场营销是指为消费者提供农产品商品及劳务服务，以实现企业经营目标的经济行为。微观层面的农产品市场营销，涉及每个具体企业所从事的农产品营销活动，其以实现企业自身的经营目标为中心，因此农产品市场营销十分强调企业管理的作用。本书侧重于从微观层面上探讨我国农产品市场营销活动的一般规律性。

（三）农产品市场营销的相关概念

1.需要、欲望和需求

需要是指人们因为某种欠缺没有得到满足时的心理感觉状态，它是人类所固有的。市场营销者不能创造这种需要，只能适应它。

欲望是指人们欲获取某种能满足自己需要的东西的心愿。市场营销者能够影响消费者的欲望。

需求是指具有支付能力并且愿意购买某种物品的欲望，即有支付能力的欲望。市场营销不仅要了解有多少消费者需求产品，还要了解他们是否有相应的购买能力。

在上述三个概念中，需求对农产品市场营销最具现实意义，农产品经营企业必须高度重视对市场需求的研究，例如分析种类、规模、人群等特征，尤其是研究需求的发展趋势，准确地把握市场需求的方向和水平。

2.效用、费用和满足

效用是指消费者对农产品满足其需要程度大小的整体评价。

费用是指消费者为了获得某种效用而必须支付的花销。

满足是指消费者在全面衡量产品的费用和效用之后，选择效用最大的农产品满足其需求。

消费者在对能够满足某一特定需要的一组农产品进行选择时，所依据的主要标准就是各种农产品的效用或价值。效用是农产品满足消费者欲望的能力，实际上是一种自我心理感受，这种感受来自人的主观评价。价值也是一个复杂的概念，消费者根据不同农产品满足其需要的能力来决定它们的价值，并据此来购买效用最大者。

3.交换、交易和市场营销

交换属于一个经济活动过程，并非一个独立的事件。交换能否发生取决于交换双方是否找到了交换的条件，即交换双方是否能认同交换物品的价值。当双方确认通过交换能得到更大的好处或者满足时，交换就会实际发生。如果买卖双方达成了一项协议则称之为交易，交易是交换的基本单位。

交换是定义市场营销的基础，当消费者决定通过市场交换来获取农产品从而满足自己的需要时，市场营销才会发生。训练有素的市场营销人员总是在不断的交换中，来努力建立与供应商、批发商、零售商及消费者之间长期有效、相互信任和互利共赢的关系。

二、农产品市场营销的功能与职能

市场营销的功能反映了市场营销活动在营销系统中所发挥的作用，而市场营销职能则强调市场营销活动所执行的任务。

（一）农产品市场营销的功能

根据市场营销功能主义学派的观点，农产品市场营销是一个彼此相关、互为条件的结构性动态关系所构成的系统。农产品市场营销的功能是指系统某要素或营销活动在农产品市场营销系统中发挥的作用，农产品市场营销功能之间是相互依存的。

1950年，埃德蒙德·麦加利提出市场营销的六大功能，即沟通功能、商品功能、定价功能、宣传功能、物流功能和终端功能。随着市场营销理论和实践的发展，农产品市场营销功能也发生了新的变化。现代农产品市场营销的基本功能包括以下几点。

1.交易功能

交易功能是指农产品市场营销过程中农产品交易双方产品所有权和使用权的转换。通过买卖双方的交易活动，农产品的价值得以实现，农产品需求者对产品的效用需要得以满足。

2.形态改变功能

形态改变功能是指通过一定的方式和手段使农产品的物理形态发生改变，包括农产品的外观形状、体积、颜色改变，等等。例如液态牛奶，经过加工可变成奶粉、奶糖、奶酪；小麦经过加工可变成面粉、面包。农产品加工、整理、包装等活动是农产品物理形态改变的基本方式和手段，大多数农产品必须经过加工、整理、包装才能提供给消费者。同时农产品加工、整理、包装等活动可以扩大农产品用途（效用）和增加农产品的附加值。

3.空间转移功能

空间转移功能是指农产品地域转移的效用。农产品从生产领域流向消费领域过程中要经历地域转移。例如我国南方的水稻运往北方，北方的小麦销售给南方；美国佛罗里达州的柑橘运入中国，中国的纺织纤维品运往美国。运输技术的发展使农产品营销的空间转移功能得以实现。如果没有铁路和航空技术的开发、应用，农产品的跨省和跨国营销将不可能实现。

4.价值增值功能

价值增值功能是指通过营销提高农产品的附加值。例如乳品企业从奶户中收购鲜牛奶，通过冷处理来保证牛奶的新鲜，再经过加工制成奶粉、奶糖等奶制品，这中间的每一个环节都是牛奶的价值增值。

5.满足消费者需求功能

农产品市场营销的最终目的是满足消费者的需求，无论农产品经营企业营销的最初动机如何，在客观上都将为消费者带来最终的满足。

6.组织和风险回避功能

农产品市场营销的组织功能，即通过营销活动将农产品经营者（组织和个人）联系起来，实现生产、分配、消费的紧密结合。在我国现阶段，农产品市场营销的组织功能更具有实际意义。我国农产品生产者的生产规模较小、经营分散，是全世界最小的农户，所以农产品生产和销售等各个环节都需要组织与联合。组织起来的农产品生产者和经营者在一定程度上减小或者化解了经营中的风险，其中包括自然风险，尤其是市场风险。例如农产品营销组织包办了农户农产品90%的销售量，并形成全国农产品营销网络的日本“农协”；谷物销售额占全国总额51.9%的德国“农协”。他们不仅在营销中具有较强的谈判能力，而且还具有其他组织所没有的销售优势（如较强的货源组织能力和网络等）。这些组织是农户联合进入农产品销售市场的组织保障，同时可以通过农产品期货市场及期货交易等营销方式规避市场风险。

（二）农产品市场营销的基本职能

农产品市场营销的基本职能是营销组织和主体在农产品市场营销活动中所必须执行的基本任务。1932年弗莱德·克拉克和韦尔法在《农产品市场营销》中，把农产品市场营销的基本职能分为集货（收购）、加工、分级、包装、储存、运输、融资、承担风险、标准化和销售等职能。随着农产品市场营销理论的发展，农产品市场营销职能也相应地发生变化，其基本职能包括以下几点。

1.集货职能

集货职能是指原料和商品集中的职能。由于农产品分布广泛，且都远离农产品市场和加工企业生产区，因此农产品集中对于农产品加工和市场交易十分重要。在一定区域内，加工的粮食都是从许多分散的地区集中起来的，一个大中型大米加工企业，其稻谷原料来源可涉及数县数省，需要集货商将分散于方圆千里的稻谷收集起来，集中运送达农产品市场或加工企业。

2.分级职能

由于农产品市场营销中的标准化广泛推行，农产品在收集的过程中，一般都要经过分级。农产品分级是为了保证进入消费者市场的农产品和农产品加工原料的品质、规格标准化，减少农产品加工的难度，提高农产品的视觉效果。在国际农产品营销中，农产品的分级与标准化条件更为严格。

3.储藏职能

大多数农产品的生产都具有季节性，农产品收货后必须严格储藏，在较长的时间内保证农产品的品质，以满足人们长期的消费。比如果汁加工企业对原料（鲜果和果酱）的需求是持续性的，因农产品收获的季节性导致原料不能满足持续性使用，因此建立仓库及增加储藏设施是十分必要的。

4.加工职能

农产品市场营销的加工职能赋予了农产品更加吸引消费者的表现形式。例如经过屠宰动物（猪、鸡等）获得鲜肉；鲜肉经过加工变成零售商店里各种形式的火腿肠、熏肉、肉罐头等加工品；谷物经过碾磨并加入其他配料制成各种各样的糕点、饼干等。对于纤维产品来说，多级加工变得越来越普遍，棉花、纤维加工成纱，纱再纺成衣料，经过染色，最后加工成光彩夺目的服饰。

5.包装职能

包装能在一定程度上保护产品，同时也能促进销售。例如为了减少苹果曝露在阳光下或在搬运过程中产生的损伤，市场上用瓦楞纸箱进行包装变得十分普遍。尤其对于那些经历更远距离和更长时间运输的农产品，包装的作用则显得更为重要。

6.运输职能

农产品运输几乎贯穿了农产品市场营销系统中的各个环节，即从农产品的集中到农产品的销售。一般来说，农产品往往集中在一定的产区，例如南方种植水稻，北方种植小麦。北方的消费者要购买水稻，南方的消费者要购买小麦，运输是唯一的实现手段。不同的农产品对运输方式的选择是不同的。例如谷物、棉花、干果等可采用火车、舟船运输；牛奶、冷饮食品等只可采用所谓的“冷链”冷藏运输线，运送到不同区域的市场和消费者手中。

7.分销职能

分销是通过不同销售渠道和方式将农产品分配到零售商和消费者手中的职能。农产品分销渠道包括经销商、代理商、批发市场、城市销地市场、直接采购于产地的超级市场等，它们构成一个完整的农产品市场营销网络。分销能够减少公司和企业的存货成本，提高农产品的流通效率。例如有“中国乳业第一品牌”美称的伊利牛奶，由企业分销给地区批发商或代理商，然后由这些代理商批发给零售商或直接向消费者销售，其中减少了企业在流通环节的投资，可使企业能够集中关注生产。

8.消费者服务职能

消费者服务是农产品营销职能的新发展，市场营销者不仅将农产品销售给消费者，同时还必须为消费者提供必要的消费服务。随着市场制度的发展，消费者服务职能日益成为农产品市场营销的一个重要组成部分，以前的市场营销者的单赢模式将逐步转向市场营销者和消费者的双赢模式，这是现代商品经济发展的必然趋势。

三、农产品市场营销流程

农产品市场营销流程由五部分组成，即分析营销环境、发现市场机会、选择目标市场、拟定市场营销组合及组织、执行和控制市场营销，如图1–4所示。

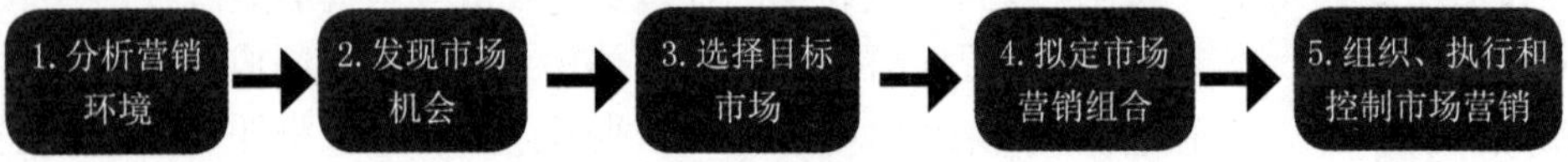

图1–4 农产品市场营销流程

（一）分析营销环境

农产品市场营销环境包括农产品经营企业为之制定的相应营销策略的不可控行动者与力量，这些行动者与力量影响着企业的生存发展和消费者进行成功交易的能力。农产品市场营销环境分为宏观环境和微观环境。宏观环境是指对农产品经营企业营销活动造成市场机会和环境威胁的主要社会力量，包括人口、经济、科学技术、政治法律、自然环境和社会文化六大因素；微观环境主要由农产品经营企业的供应商、营销中介、消费者、竞争对手、社会公众及企业内部参与营销决策的各部门组成。

（二）发现市场机会

市场机会是指农产品在市场上存在的、但未被满足的消费需求。从来没有一家农产品经营企业可以依赖于当前的市场需求和供给能力而长盛不衰，任何企业都必须不断地寻找、发现和分析新的市场机会，为企业的长期生存和可持续发展寻找出路。发现市场机会包括以下两个方面。

1.发掘市场机会

农产品经营企业要通过各种方法获取市场情报，搜寻新的市场机会。一是在现有的市场上深挖潜力，把现有的农产品进一步渗透到现有的目标市场，以扩大销量和市场份额；二是以现有的农产品开发新的市场；三是在市场已无潜力可挖时，农产品经营企业要进行产品结构调整；四是根据自身资源条件进行多元化经营，在多种经营中寻找新的市场机会。

2.评估市场机会

对于市场机会，对其进行鉴别和评估是农产品市场营销成功与否的关键。要使市场机会最终变成企业机会，市场机会必须与企业目标一致，而且企业还要有充分利用市场机会的能力。如果市场机会与企业目标不一致，或企业暂时无力进行市场开发，则是不适宜的市场机会。因此评估与企业目标相匹配的市场机会，是正确制定企业市场营销战略的重要环节。

（三）选择目标市场

在发掘和评估市场机会中，农产品经营企业常会面临许多市场开发的构想。此时企业必须从若干构想中遴选出最符合企业长远目标与营销能力的一项作为市场营销的任务。通常通过市场需求评估、市场细分、选择目标市场和市场定位四个步骤选择目标市场。

（四）拟定市场营销组合

拟定市场营销组合是农产品经营企业针对确定的目标市场，综合运用各种营销手段，组建一个系统化的整体策略，以便达到市场营销的目标。通常市场营销的手段多达几十种，杰瑞·麦卡锡教授在其《营销学》一书中最早把这些手段归为四个因素，简称4P理论，即Product、Price、Place、Promotion，意思为产品、价格、渠道、推广。

1.产品

从市场营销的角度来看，产品是指能够提供给市场被人们使用和消费，并满足人们某种需要的物品，其中包括有形产品、服务、人员、组织、观念或它们的组合。产品都有生命周期，其最终都会被新产品取代，因此企业应不断开发新产品，以产品组合的形式来适应市场的不断变化。

2.价格

价格代表消费者为获得某件产品所付出的金额。好的产品必须有一个合适的价格，合适的价格并不一定是低的价格。不同的消费者有不同的收入水平、生活环境、需求特征和支付意愿。因此影响价格的主要因素有三个：需求、成本、竞争。

3.渠道

渠道是指产品在从生产企业流转到消费者手上这一全过程中所经历的各个环节和推动力量之和。其中包括批发商和零售商在流通环节的作用等。

分销是农产品经营企业为了使农产品到达目标消费者手中所采取的各种活动。为了确保企业产品能够顺利销售出去，企业应确保其分销渠道的高效、畅通与密集，从而达到预期效果。

4.推广

推广包括品牌宣传（广告）、公关、促销等一系列的营销行为。高效的推广是激发消费者购买欲望非常直接的营销手段。一个成功的推广活动对市场份额的拉动具有非常明显的效果。

（五）组织、执行和控制市场营销

为了贯彻落实营销工作，农产品经营企业必须设立营销组织来负责实施营销的任务。一是协调所有营销人员的工作；二是同财务、生产、研究与开发、采购和人事主管密切配合；三是督导、激励、考核、培训下属，检查营销任务的执行情况。在市场营销计划的落实中，难免出现许多意料不到的情况，在这样的情况下，农产品经营企业必须以控制行动来保证市场营销目标的最终实现。通常市场营销控制有以下三种类型。

1.年度计划控制

其目标是确保农产品经营企业完成年度计划所规定的任务，例如销售额、利润和其他既定目标。在具体的操作中，首先应确定具体的年、季度和月计划；其次应确定衡量市场效果的工具；最后应及时找出影响目标实现的原因、问题，并及时改进。

2.利润控制

企业经营的直接目的是利润，因此农产品经营企业要定期分析不同的产品、消费者群和分销渠道上的实际获利情况，尽力完成或超额完成利润任务。

3.策略控制

农产品市场营销的内外环境变化多端，农产品经营企业的市场营销目标、计划和策略极易过时，从而产生困境。因此企业要时常检查市场营销环境、策略、组织运行等情况，以加强实施控制。对此企业要加强营销情报、营销策划、营销组织和营销控制这四大营销系统间的彼此协作和控制。

四、农产品市场营销的基本趋势

（一）市场结构发生变化

近年来，农产品产销的市场环境发生了根本变化，总体上已由供求平衡转向了供给总量有余，开始由卖方市场转向买方市场。这给生产者和经营者原有的思维和经营模式带来较大的冲击，给农产品产销带来新的矛盾和问题。

（1）在买方市场条件下，生产者与消费者地位发生转变，消费者在市场中掌握了购买主动权，从被动变为主动。如果不对农产品市场营销进行及时调整，最终将损害农产品的生产者、消费者乃至整个社会的利益。

（2）农产品供求格局发生变化，结构性矛盾愈加突出。消费者的需求差异表现得越来越明显，对农产品的需求已从数量转向质量。农产品市场在供大于求的同时，供求结构性的矛盾日益加剧。

（3）农产品市场营销手段落后，经营风险加大。目前我国农产品产销中依然存在着重视生产，而忽视集中、平衡和分散的问题。营销手段陈旧，不注重市场调研和产品标准化，轻视产品品牌和包装的重要作用，缺乏农产品必要的产后加工、贮运等技术和能力，往往在竞争中处于不利地位。若农产品市场稍有变化，对生产者和经营者的收入将产生非常大的影响，使农产品产销面临更大的风险。

（4）市场形态不完整，物流体系不健全。在买方市场条件下，日益增多的农产品要顺利、及时进入消费市场，客观上就要求有完善的市场体系，有高效率的中介组织。近些年，我国的农产品批发市场虽然有所发展，但仍存在不均衡、层次低的问题。市场建设滞后，不仅增加交易成本，减缓流通速度，而且还导致了生产的盲目决策，因此农产品需要现代的流通体系。

（二）农产品需求环境提供市场营销创新良机

随着社会的进步、经济的发展和人们生活水平的提高，人们的消费观念、消费结构、消费质量都发生了巨大的变化，绿色食品越来越受到人们的欢迎。从国内市场来看，在高收入和高消费的地区和人群中，形成了对绿色食品巨大的市场需求。一些绿色食品的售价高出普通食品的售价0.5倍甚至1倍以上，也仍然供不应求。很多工业化国家因受资源条件限制，供给能力很小，绝大多数绿色食品均依赖进口。

随着网络经济时代的到来，互联网一跃成为继电视、广播、报纸、杂志之后的第五大媒体。网络向我们展示了新的生产与生活方式的画面，并改变着我们的生活。农产品生产经营者通过网络，可以迅速、准确、全面地获取世界范围内有关农产品的供求信息、价格信息、新的生产技术、新的生产方式和新产品信息等来作为经营决策的依据。通过网络双向沟通功能，生产者可以发布自己的农产品信息，做农产品广告，联系购销业务，不受时间、地域和生产者国界的限制，同时费用支出也相对较低。

（三）农业产业化经营呼唤农产品市场营销创新

农业产业化经营是农业产业的一次伟大革命。从微观角度上看，农业产业化经营是农业产业的微观组织拓展其经营范围，利用农业产业化经营系统内部的“非市场安排”与系统外部的市场机制的结合方式，更加有效、低成本地满足目标市场需求的业务扩张方式和经营模式。因此农业产业化经营的目的不是单纯为了追求产业链的延伸与完善，也不是单纯为了追求提升农产品的附加值，而是农业产业化经营系统内部的整合，使农产品的品种、规格、数量、质量与服务更好地符合目标市场需求，从而获得组织的壮大和利润的实现。

五、农产品市场营销发展趋势——农产品绿色营销

农产品绿色营销也就是农产品的生产经营者，在实现自身的既定目标，满足消费的需要而开展一系列的经营活动的过程中，注重自然生态平衡，减少环境污染，保护和节约自然资源，维护人类社会长远利益及其长久发展。

农产品实现绿色营销，是实现可持续发展的生态农业的必然选择，是成为企业参与农产品国际竞争的新武器，也是21世纪中国农产品进入国际市场的有效通行证，更是未来农产品营销的新趋势。因此我们应该在了解农产品绿色营销的国内外环境的基础上，积极推出我国农产品绿色营销的政策和措施。

（一）绿色营销的组织和法制基础

目前，世界上已签署的与环保有关的法律、国际性公约、协议多达180多项。许多国家都建立了环境标志制度，制定了绿色食品标准。在国际贸易中未取得环境标志和绿色标准的农产品已受到数量和价格方面的限制。同时国际上各种环保组织也纷纷建立，最早的绿色组织创立于美国，1972年在法国成立了“有机农业运动国际联盟”，现有75个国家加盟；1993年其又成立了以环保为中心的“国际绿十字会”。这既对我国农产品营销和国际贸易构成了威胁，又对我国农产品的绿色营销起到了推动作用，同时对我国传统的农产品生产和经营提出了新的挑战。

（二）绿色营销的市场观念和供求基础

近年来，人们越来越清楚地意识到环境保护的重要性，这使人们的思维方式、消费心理和消费行为均发生了变化，一股绿色消费热逐渐成为国际消费的新趋势。消费者在做出购买决定时，越来越多地考虑到环保的因素。绝大多数消费者都对绿色食品感兴趣，绿色产品标志已是取得消费者信任和市场竞争优势的主要条件。为满足人们对绿色食品不断增长的需求，欧美国家纷纷进行农业转型，实行“低投入持续型”新农业政策，在农产品生产中减少农药、化肥的使用，为农产品绿色营销提供了生产供应基础。

（三）农产品绿色营销的国内市场环境

为满足国内外双重营销的需要，我国农业系统实施了生态农业计划，率先实施了“绿色食品”工程，提出了开发绿色食品、规范绿色食品的定义，并制定了评定标准。至此国内市场环境基本具备农产品绿色营销的标准。

我国绿色食品的开发具有很大的生产供应潜力。1990年，农垦系统开发并获批准的绿色食品有124种，其分布在17个省份的70多家企业，产值6亿多元。1993年，我国又建设了50个国家级生态农业县，100多个省级农业示范县，为绿色食品的生产提供了良好的自然条件。

截至2016年8月底，全国有效使用绿色食品标志企业的总数达到10 306家，食品有2.5万种，达到历史新高。绿色食品抽检合格率在99%以上。2017年，绿色食品年销售额为4 898亿元。2019年，绿色食品中粮油、蔬菜、水果、茶叶、畜禽、水产等主要产品产量占全国同类产品总量的比例稳步提高。据市场调查，我国消费者对绿色食品的认知度超过80%，食品消费结构正“由量转质”快速转变。绿色食品更加受到消费者的青睐。预计到2022年，市场规模将达到6 350亿元，未来市场潜力巨大。

进入21 世纪后，中国成功加入世界贸易组织，并开启了全面参与世界经济的进程，这使得中国农业发展面临更为严峻的挑战，中国正在调整产业布局，加快农业由增产型向竞争型、创新型转变，实现中国农业发展由数量型向质量型转变，迎接国际挑战。

本章小结

我国是农业大国。农产品是指来源于农业的初级产品，即在农业活动中获得的植物、动物、微生物及其产品。国家规定农业的初级产品是指种植业、畜牧业和渔业未经加工的各类产品。

本章第一节从理解农产品的概念入手，主要介绍了农产品的分类，以及无公害农产品、绿色食品、有机食品的产生背景、概念、标志和认证要求等内容。

本章第二节介绍了农产品的四个一般特性（商品特性、生产特性、消费特性、安全特性）、价格特性、促销特性、销售渠道特性及市场特性等内容。

本章第三节介绍了农产品市场营销的概念、功能与职能、流程、基本趋势及农产品绿色营销的相关内容。

思考题

1.什么是农产品，具体包括哪几类?

2.什么是无公害农产品，其产品标准有哪些?

3.农产品的市场特性有哪些?

4.介绍一下农产品市场营销流程。

5.结合经济全球化，大胆猜想我国农产品市场营销的发展趋势。

案例分析

案例一 监管与科技让有机食品市场发展更规范

“有机大米”“有机蔬菜”“有机猪肉”“有机食用油”……近年来，有机食品以安全、健康、营养的形象赢得广大消费者的青睐，越来越多的“有机食品”出现在各大超市和电商平台，但其价格不菲。业内人士介绍，作为凝聚着品质与信心的产品，有机认证具有权威性与公信力，对于市场上一些未认证而标注，涉嫌伪造、冒用、非法买卖有机认证标志的，应按照《产品质量法》《中华人民共和国进出口商品检验法》等相关法律法规予以处罚。同时相关部门应尽快建立健全的符合各地实际情况的有机生产技术体系，支持开展有机生产投入品的研究、开发和推广工作也是有机食品的发展要求。

有机食品满足“原生态”市场需求

近年来，随着人们对健康与食品安全的要求不断提高，绿色、有机、原生态、无污染成为新的消费需求。绿色食品、有机食品、无公害农产品越来越多地出现在消费者的餐桌上，其中最受欢迎的是有机食品。

从产地环境来说，绿色食品和有机食品比无公害农产品的要求更加严格。从生产过程来说，三者都要建立相关质量控制体系，投入品使用均符合相应标准要求。绿色食品限制使用化学合成的农药、化肥、生长调节剂、饲料添加剂等物质；有机食品不允许使用化学合成的农药、化肥、生长调节剂、饲料添加剂等物质；无公害农产品符合国家基本要求。从产品质量来说，三者应分别达到相应标准要求。绿色食品产品标准对化学农药等要求比无公害农产品更加严格；有机食品不应检出化学农药等有机禁用物质；无公害农产品达到国家基本安全要求。现在许多种植基地虽然产地环境、生产过程和产品质量均符合绿色食品、有机食品和无公害农产品的标准要求，但如果没有经过具有资质的机构认定、认可或认证，就不能自行标称为绿色食品、有机食品和无公害农产品进行销售。

根据《有机产品认证管理办法》，有机产品是指生产、加工和销售符合有机产品国家标准的农副产品及其加工品。国家有机产品标准GB/T 19630.1−2011中对于土地、环境、生产材料、生产过程等每一个环节作出了严苛规定。有机食品生产的前提和基础是有机农业，与常规产品生产不同的是，有机食品对种子来源、基地隔离带、转换期、动物福利、质量管理体系建立等方面有严格规定，由于有机农业生产过程中不允许使用化学合成的农药、化肥、生长调节剂、饲料添加剂等物质，因此有机食品更符合部分消费者对天然、原生态的追求。

强监管重科技 助力行业发展

根据我国《有机产品认证管理办法》规定，未获得有机产品认证，不得在产品标签上标注“有机”“ORGANIC”等字样及可能误导公众的文字表述和图案。自2016年以来，至少有15批次“有机食品”涉及食品安全问题，4起认证机构违规认证被处理；查出多起虚假标称“有机食品”案例。为此有关专家呼吁应推进有机食品的规范化发展。

监管部门应严格监管、长期监管，对违法违规行为进行严肃处理，确保消费者吃得放心、买得安心。有机食品作为凝聚着品质与信心的产品，认证本身就应该具有权威性与公信力。那么治理有机食品市场需要从何处发力呢?

专家表示，第一，应杜绝未认证食品标注含有“有机”等字样，且可能误导公众认为该食品为有机食品的文字表述和图案，保证商家销售的有机食品名副其实。

第二，认证机构要在事前、事中、事后每个环节都严格审查监督，应提高认证机构准入门槛，建立严格的审批制度，并逐渐推动认证机构向非营利机构发展，促进认证由营利向公益转变。在认证机构监管方面，应建立认证机构公信力、权威性考核评价公示机制，对存在违法违规行为的认证机构和获证企业进行严肃处理。对市场上投入的有机食品进行全面摸排，凡属未认证而标注的，应尽快责令改正并处罚款；涉嫌伪造、冒用、非法买卖认证标志的，应按照《产品质量法》《中华人民共和国进出口商品检验法》等相关法律法规予以处罚。

第三，应强化认证机构对获证食品的后续管理，确保认证的有机食品货真价实。我国《产品质量法》规定，产品质量认证机构应当依照国家规定对准许使用认证标志的产品进行认证后的跟踪检查。《有机产品认证管理办法》也规定，认证机构应对获证产品及其生产、加工过程实施有效跟踪检查，以保证认证结论能够持续符合认证要求。由此可见，“谁认证谁管理”是对有机食品认证机构的基本要求，有机食品生产者、加工者、销售者对其提供的有机食品质量要承担相应的法律责任，认证机构也必须对自己认证的有机食品承担后续的认证管理责任，不能“一认了之”，更不能违规认证。

第四，政府部门要重视对认证机构的监管，应进一步加大对有机食品的监管力度，加快有机食品追溯体系建设，实施严格的市场监管，加大对假冒产品的打击力度，净化有机市场。提高认证企业资质门槛，建立专业化队伍，在认证过程中引入第三方监督，将绿色食品、有机农产品的质量抽检纳入各地例行监测、执法抽查、风险评估的监测范围。

第五，企业本身应加强自律，还要加强诚信体系建设，强化行业自律。监管部门要引导企业严格执行有机产品标准，落实有机标准化生产和规范化管理，确保环境质量和产品质量，共同维护有机产品的公信力和品牌的社会形象。认证行业协会要充分发挥行业自律作用，教育和监督各认证机构严格落实国家有关规定，严谨规范地开展认证工作。鼓励第三方机构建立健全有机产品认证机构、生产企业诚信系统，促进认证机构有序竞争、生产企业诚信经营。拿到有机认证的农业企业，有的也很难做到在生产过程中完全合规。多家农产品生产商表示，按照标准，只要用一次农药就不是有机产品了。但是检验人员不可能24小时在大棚里蹲守，也不可能天天盯着生产企业和农户，质量主要靠生产企业和农户自律。

第六，加强技术支撑，提高企业有机生产水平。有机生产过程面临的病虫草害防控、土壤培肥等方面的技术问题，限制了有机生产水平的提高。各地应尽快建立健全符合当地实际的有机生产技术体系，支持开展有机生产投入品的研究、开发和推广工作。

来源：中国食品报网

延伸

1.有机产品必须具备以下四个条件。

（1）原料必须来自有机农业生产体系。

（2）整个生产过程必须严格遵循有机产品的加工、包装、贮藏、运输要求。

（3）生产流通过程中有完善的跟踪审查体系和完整的生产、销售档案记录。

（4）必须通过独立的有机产品认证机构的认证审查。

2.不能用化肥和农药，有机种植如何进行？

有机认证基地会用养殖业的有机肥作为基肥使用。追肥也不能用化肥，可用微生物菌肥、蚯蚓粪或蘑菇培养废料、酒糟、饼粕、天然矿物质肥料等。此外有机生产并非彻底不准使用农药，只是不允许使用化学合成的农药。一些植物来源、矿物来源、微生物来源的农药是允许使用的，比如苦参碱制剂、石硫合剂、白僵菌等。

3.如何确定产品是否真的“有机”？

可登录中国国家认证认可监督管理委员会“中国食品农产品认证信息系统”核实生产加工企业是否已经获得认证等信息。据了解，在我国境内销售的进口有机食品，其标志也应符合我国有机产品标准的规定，必须贴“中国有机认证”标志。至于散装有机产品，可以查看销售专区的显著位置是否摆放有机食品认证证书复印件，然后登录相关网站进行核实。而安全食品标志除了上述三种外，还有GAP认证标志，这是一种良好的农业规范认证，在超市中有时也会见到。

案例二　延寿名特优农产品惊艳上海滩

2019年7月10日，由延寿县主办的上海首届延寿名特优农产品推介会在沪举行，来自延寿县的双丰米业、香其酱业、鸿源食品、晟鑫合作社等12家重点农业产业化龙头企业和农民合作社参展进行推介，50余种打着延寿标签的名特优农产品惊艳亮相，吸引了山东鲁花、嘉兴荣佳、江苏华粮及沪上30余家名企前来洽谈交易，展示了延寿寒地黑土上的优质成果，为延寿脱贫攻坚注入了动力。

延寿大米成主角　米饭香飘大上海

“来延寿，人长寿”。提到延寿的县域主打产品，延寿大米稳坐龙头。本次推介会也成为了延寿米企的大聚会，延寿覆膜米、鸭稻米、富硒米等优质延寿大米让上海市民和商家看花了眼。

“品牌虽然不同，但是核心都写着延寿。”延寿县商务办主任许学志说，延寿县把稻米产业作为带动脱贫的最有力产业来抓，全方位打造“延寿大米”品牌，实现了“种得好向卖得好”的转变。

延寿县地处北纬45°黄金水稻种植带，对于水稻种植已有百年历史，已成为省内有超百万亩水稻的大县之一。目前该县稻米生产加工企业发展到65家，合作社发展到194个，有机产品认证12个，绿色产品认证37个。

延寿大米先后获批原国家质监总局和农业部“双”地理标志，延寿县还曾被中国粮食行业协会授予“中国优质香米之乡”称号，并跻身国家级农产品地理标志示范样板。杂交水稻之父、中国工程院院士袁隆平题词盛赞：“延寿大米，延年益寿”“生态延寿，品质稻米”。

延寿县不但产出好大米，还在引领新技术。在上海的推介会上，延寿覆膜米的创始人姚宏亮感触颇深，几年前他就带着他的覆膜米技术来到上海，俘获了很多上海米企与合作社的“芳心”，那也是延寿县第一次向省外转让农业专利技术。“那时候代表的是自己，这次作为延寿大米的县域品牌来上海，更要把延寿的好大米端上上海乃至全国百姓的餐桌。”姚宏亮信心满满地说。

搭建商贸桥梁　合作共谋发展

作为农产品大县，本次展会除了延寿大米之外，自然是荟萃了县域农产品中的精华，12家优质农业企业携50多种名特优农产品来参展。

展会现场，声、光、电、网络等现代展示手段的运用，让延寿县每个产品的展示都与众不同。特别是“丰源”牌延寿大米、“长寿河”牌延寿香米、“三人行”牌有机大米、“福寿河”牌鸭稻米，以及延寿冷面、自热米饭、蔬菜面、香其酱、稻米油等县域特产，吸引了众多参观者纷纷品尝与购买，洽谈产销合作。

签约合作是本次推介会的“重头戏”。延寿的部分米企在现场收获了不少订单。特别是延寿县仁杰米业与浙江海宁市谷德贸易签订了成交量为8 000吨、交易额达4 000余万元的一次性大米购销合同。展会当日，共达成合作意向7个，签约延寿大米购销合同21 600吨，总协议金额达1.68亿元。

2019年3月，首批30多吨带有国家地理标志产品专用标志的“丰源”牌延寿大米入驻上海麦德龙超市总部，消费者在麦德龙旗下的全国95家连锁超市中都能买到延寿大米。“品牌能给企业带来更多的销量、更大的市场，今后我们会把上海作为主战场，让原生态的延寿大米走进千家万户。”延寿县双丰米业总经理李显峰在展会上说。

对内创新产业扶贫　对外借力脱贫摘帽

为了更好地推介延寿的名特优农产品，促进延寿脱贫攻坚，延寿县委副书记、县长张洪岐在本次推介会上亲自登台当起了“推销员”。在向上海市民和企业商户推介延寿的农产品时，张洪岐有说不完的话，而“脱贫攻坚”是出现频率最高的词汇。在张洪岐看来，这次推介会不仅是延寿县现代农业水平的全面展示，也是延寿脱贫攻坚成果的一次汇报。

延寿县共有贫困村46个，贫困户8 978户，贫困人口17 128人。近年来，延寿县始终坚持把脱贫攻坚作为首要政治任务和第一民生工程，围绕绿色食品、亚麻纺织、医药制造、康养旅游四大主导产业，累计投入3.9亿元推进扶贫开发。至

2019年年底，实现35个贫困村精准出列，6 648贫困户、13 406名贫困人口满意脱贫，贫困发生率降至1.94%。

在带动扶贫方面，延寿县以产业项目为抓手，坚持依托龙头企业、资源特色、市场需求和村户特点定产业，确保项目准、能增收、可持续。延寿县主要发展了食用菌、光伏、肉鸡、电商和特色种养产业。“这些产业项目，大部分都以农产品的形式，在今天的推介会上亮相，我们就是想通过这样的活动，在国际大都市——上海和延寿之间搭建起桥梁，把产业做大做强，让延寿农户的腰包更鼓、更满。”张洪岐说，未来延寿还要走出龙江，办更多推介会、展销会，让脱贫摘帽的动力越来越足。

来源：黑龙江日报

第二章　农产品市场

前导案例

我省举办龙江优质农产品拍卖会

为更好推动以黑龙江大米为代表的特色农产品销售与推广，认真贯彻落实黑龙江省“黑龙江大米营销百日攻坚”指示精神，2018年11月9日，由黑龙江省农业农村厅、黑龙江省商务厅、黑龙江省政府新闻办主办，黑龙江大米网承办的“迎双十一，黑龙江大米营销百日攻坚暨黑龙江优质农产品拍卖会”在哈尔滨市哈南物流基地举办。

经过严格筛选，此次拍卖会竞拍产品由顺泽米业、和粮农业、五常乔府大院、庆安东禾、富林山珍等11家优秀企业提供，拍卖会持续一天时间，举行10场线下增价拍卖，进行两场线上密封拍卖，总成交额达1.75亿元。

据了解，这是黑龙江大米网“粮品拍”项目组织的第二场现场拍卖会，本次拍卖会将线下升价拍卖和线上密封拍卖两种方式相结合，其中密封拍卖是竞买人通过黑龙江大米网“粮品拍”平台进行竞拍，拍卖出价及成交情况实时展示在屏幕上，为在场的来宾及客户展示更为便捷的大宗粮食采购模式。此次拍卖会足可见证黑龙江农产品企业的真实实力，体现出黑龙江农产品在全国市场的价值所在，同时也督促龙江企业在提供大宗采购之外，也要大力发展自己的精致农业，引领黑龙江农产品走出黑土地，走向新领域。

黑龙江大米网总经理张鹏越说：“此次拍卖会是黑龙江大米网的‘粮品拍’线下活动。今天参拍的产品都是黑龙江优质的农产品，我们希望通过今天的活动可以让全国的客商看见新的农产品营销方式。同时黑龙江大米网的‘粮品拍’作为开创农产品市场竞价、网上拍卖的‘先行者’，将抓好农产品网上拍卖，坚持以农产品精品拍卖为主，不断拓展拍卖品种，把黑龙江省更多优质农产品推向高端市场，为黑龙江农产品企业提供更优质的销售渠道，更便利、更安全的销售模式。下次我们会加大力度，将我省优质农产品和全国各地的消费者连接起来，带着黑龙江的优质产品、带着黑龙江人民的质朴纯真，将黑龙江优质农产品推向更广阔的市场。”

来源：黑龙江经济报

知识要点

（1）掌握市场的内涵、特点、功能和类型；

（2）掌握农产品市场的含义、特征、构成要素和体系；

（3）了解农产品市场细分和目标市场选择。

第一节　市　场

一、市场的内涵

“市场”一词起源于古时人类对于固定时段或地点进行交易的场所的称呼，是指买卖双方进行交易的场所。目前市场具备两种意义：一个意义是交易场所，如传统市场、股票市场、期货市场等；另一个意义是交易行为的总称，即“市场”一词不仅仅指交易场所，还包括所有在交易场所内进行的交易行为。

市场体系是由各类专业市场，如商品服务市场、金融市场、劳务市场、技术市场、信息市场、房地产市场、文化市场、旅游市场、服务市场等组成的完整体系。由于计算机网络的虚拟化，市场不一定是真实的场所和地点，当今许多买卖都是通过计算机网络来实现的。

（一）市场的构成

市场由提供商品的卖方、用来交换的商品及有一定购买力和购买需求的买方组成。

（1）农民、农业专业合作社及农业经营公司等是农产品的提供者，农药、化肥、日用品等物资经营户是商品的提供者，他们构成了农产品市场中的卖方。

（2）用于交换的农产品、农药、化肥、日用品等物资则是市场中的商品，也是市场的载体。

（3）所有消费者构成市场的买方，也是市场的核心要素。

（二）市场构成的三要素

消费者、购买力及购买欲望是构成市场的三个要素，它们为反映消费者实际情况的指标。

消费者是市场三要素中的基本要素。消费者数量的多少决定着市场的规模和容量的大小，而人口的构成及其变化则影响着市场需求的构成和变化。

购买力是市场三要素中的物质要素。其含义为消费者支付货币以购买商品或服务的能力，它是构成现实市场的物质基础。在一定时期内，消费者的可支配收入的多少决定了其购买力水平的高低。

购买欲望是指消费者购买商品或服务的动机、愿望和要求，它是由消费者的心理需求和生理需求所引发的。产生购买欲望是消费者将潜在购买力转化为现实购买力的必要条件。

市场的这三个要素是相互制约、缺一不可的，它们共同构成企业的微观市场，而市场营销研究的正是这种微观市场的消费需求。市场研究的内容即商品供求关系和买卖关系之间的变化趋势。

（三）形成市场的条件

传统意义上形成市场的三个基本条件是：一，存在欲出售产品的卖主和具有购买力、购买欲望的买主，这是市场的主体；二，存在交换产品（包括有形的实物产品和可供出售的无形产品），这是市场的客体；三，具有买卖双方都能够接受的交易价格及其条件。只有同时满足以上三个基本条件，商品的交换才能变为现实，市场也才有实际意义。

随着社会生产力的发展，市场的概念出现了多层次、不断发展的趋势，传统的市场含义已经无法阐释其内涵。现代市场的含义不仅包括买卖双方现实的和潜在的交换活动，而且主要是买方的活动，也就是认为市场是由具有现实需求和潜在需求的消费者群所组成的，是指某种商品的现实购买者和潜在购买者的总和。当人们提出“中国是个很大的市场”这一说法时，并不是指中国在地理区域上的大小，而是指中国的市场需求量很大，包括现实的需求和潜在的需求。这种“市场就是消费者群”的概念主要是从商品生产者的角度提出来的。现代市场营销学是从卖方的角度来研究买方市场的。只有对市场做出科学、合理的分析，根据消费者的需求和欲望来决定自己的生产销售策略，企业的营销战略才能更有针对性，从而在现代激烈的市场竞争中求得生存与发展。

二、市场的特点

市场是社会分工和商品经济发展的必然产物，从而决定了其自身具有以下几大特点。

（一）自发性

在市场经济中，商品生产者和经营者的经营活动都是在价值规律的自发调节下追求自身的利益，实际上就是根据价格的涨落决定自己的生产和经营活动。因此价值规律的第一个作用，即自发调节生产资料和劳动在各部门间的分配、对资源合理配置起积极促进作用的同时，也使一些个人或企业由于对自身利益的过分追求而产生不正当的行为。

（二）盲目性

在市场经济中，经济活动的参加者都是分散在各自的领域从事经营，单个生产者和经营者不可能掌握社会各方面的信息，也无法掌控经济变化的趋势。因此其进行经营决策时，仅局限于选择生产经营市场上价格高、利润回报大的产品，并无长远的规划。这种盲目性往往会使社会处于无政府状态，必然会造成经济波动和资源浪费。

（三）滞后性

在市场经济中，市场调节是一种事后调节，即经济活动参加者是在某种商品供求不平衡导致价格上涨或下跌后才做出扩大或减少这种商品供应的决定。这样从供求不平衡—价格变化—做出决定—实现供求平衡，必然需要一个长短不同的过程，有一定的时间差。市场虽有及时、灵敏的特点，但它不能及时反映出其供需的长期趋势。当人们为追求市场上的高价而生产某一产品时，该商品的社会需求可能已经达到饱和点，而商品生产者却还在那里继续大量生产，只能到了滞销引起价格下跌后，才恍然大悟。

三、市场的功能

市场的功能是指市场在运行过程中起到的功用或效能。一个较为完善的市场体系，主要有以下几方面的功能。

（一）联系功能

实现不同商品生产者之间的经济结合和相互联系。社会分工越细，市场的这一功能就越重要。在我国现行商品经济情况下，需要通过市场的各项功能来进行调节，进而解决供需矛盾。

（二）交换功能

这是市场的基本功能，市场交换功能的发挥，使商品经营者或生产者得以拿自己的产品在市场上出售，从而得到货币，然后再向别人购买自己所需要的消费资料或生产资料，从而实现劳动与商品之间的交换。

（三）价值实现功能

在商品经济条件下，商品价值的实现要靠市场来完成。当农产品经营者把商品出售后，所得货币能够补偿生产过程中所耗费的劳动和物质，那么商品价值就得到完全的体现；如果商品卖不出去，或所得货币不足以补偿劳动和物质耗费，则价值不能完全实现或不能实现，生产过程就会被迫缩小规模或中断。

（四）调节功能

调节功能通过价值规律和竞争的作用，调节各类生产要素在各个生产部门之间的布局和分配，其主要体现在以下两个方面。

（1）通过市场竞争，调节商品的供求。某种商品价格上涨，说明这一商品供不应求，生产这种商品就一定会有利可图，于是生产者就都开始生产这种商品。反之，商品价格下降，说明这一商品供大于求，生产这种商品可能会亏本，于是生产者便会转产别的商品，或者压缩这种商品的生产。也就是说，通过价值规律的作用，在部门间调节生产要素的配置，可以使产品供求情况达到相对平衡。供求情况与价格关系如图2–1所示。

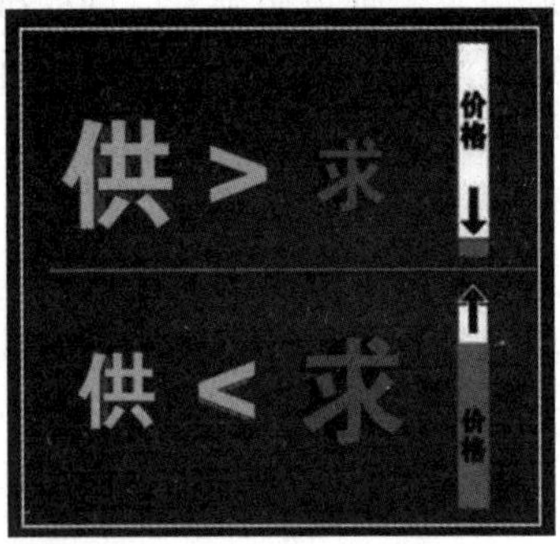

图2–1 供求情况与价格关系

（2）通过市场竞争，改变生产要素的原有配置布局。在市场竞争中，让一部分较好的经营者得到发展，淘汰另一部分较差的经营者，在优胜劣汰的竞争之下，使资源从配置效益较低的地方向效益较高的地方转移，促进有限的资源得到合理的配置。

（五）服务功能

一个成熟的市场体系，对市场需求者的服务主要表现在以下两个方面。

（1）面向市场进入者，保证他们商品交易能够顺利进行。市场的主要功能是为经营者提供所需的各种组织机构。

（2）通过建立如银行、商品检验部门、保险机构、技术咨询等设施与服务机构，向市场进入者提供便捷。

（六）反馈功能

市场每时每刻都在通过价格、供求关系等反馈各种信息，这些信息已成为国家或农产品经营者掌握市场动向，并且进行生产经营和营销决策的重要依据。因此整个经济活动的综合反馈就是市场行情。

（七）比较功能

通过商品比较来促进生产经营者努力采用新材料、新技术、新工艺，不断提高劳动生产率，改善生产经营条件，从而取得更好的经济效益。

四、市场类型

（一）根据购买目的划分

根据购买目的不同，市场可分为消费者市场和组织市场。

1.消费者市场

消费着市场是指个人或家庭为了生活而购买产品和服务的市场。

2.组织市场

组织市场是指工商企业为从事生产、销售等业务活动，以及政府部门和非营利组织为履行职能而购买产品和服务所构成的市场。组织市场又可以继续向下细分，包括生产者市场、中间商市场、非营利组织市场和政府市场。

（1）生产者市场

其是指购买产品或服务用于制造其他产品或服务，然后销售或租赁给他人以获取利润的单位和个人所形成的市场。

（2）中间商市场

其又称为转卖者市场，是指购买产品用于转售或租赁以获取利润的单位和个人，其中包括批发商和零售商所形成的市场。

（3）非营利组织市场

其泛指所有不以营利为目的、不从事营利性活动的组织。我国通常把非营利组织称为机关团体或事业单位，非营利组织市场是指为了维持正常运作和履行职能而购买产品和服务的各类非营利组织所构成的市场。

（4）政府市场

其是指为了执行政府职能而购买或租用产品的各级政府及其下属各部门所形成的市场。

（二）根据市场竞争状况划分

根据市场竞争状况可将市场分为完全竞争市场、完全垄断市场、垄断竞争市场和寡头竞争市场。

1.完全竞争市场

完全竞争市场具备以下几个条件。

（1）市场上有许多卖主和买主，他们各自买卖的商品只占商品市场总量的一部分；

（2）他们所买卖的商品都是相同的；

（3）卖主可以自由进入市场；

（4）卖主和买主对市场信息是对称的，对市场价格变动的信息完全了解；

（5）各生产要素在各行业之间具有完全的流动性；

（6）所有卖主所出售商品的条件都相同。

如果只具备前三个条件，这种市场称为纯粹竞争市场；如果完全具备上述六个条件，这种市场才能称为完全竞争市场。

2.完全垄断市场

其又称为纯粹垄断市场，是指在一个行业中某种产品的生产和销售完全由一个卖主或买主独家经营和控制的市场形势。

3.垄断竞争市场

垄断竞争市场是一种介于完全竞争和完全垄断之间的市场，既有垄断倾向，同时又有竞争成分，因而垄断竞争是一种不完全竞争。

4.寡头竞争市场

寡头竞争市场是竞争和垄断的混合物，也是一种不完全竞争市场。寡头竞争市场的形式有两种，即不完全寡头竞争市场和完全寡头竞争市场。

在不完全寡头竞争市场中，各个寡头企业的产品都有某些差异。这些产品是不能互相替代的，所以这种寡头竞争又称为差异性寡头竞争。

在完全寡头竞争市场中，各个寡头企业的产品都是同质的，所以完全寡头竞争又称为无区别的寡头竞争。在完全寡头竞争的条件下，整个行业的市场价格比较稳定，但各个寡头企业在促销、广告宣传等方面竞争比较激烈。

第二节　农产品市场

一、农产品市场的含义

市场营销学主要研究组织如何通过营销活动适应并满足买方的需求，从而实现自身的经营目标。狭义农产品市场是农产品交换的场所，即具体市场；而广义农产品市场则是农产品流通领域交换关系的总和，也是一种经济资源配置的调节机制和调节手段，即抽象市场。农产品市场是农产品的现实购买者与潜在购买者需求的总和，其他供给者都是竞争者，而不是市场。生产者或销售者构成行业，购买者构成市场。

农产品市场是由消费者、购买力和购买欲望三个要素组成的，这三个要素之间关系紧密，缺一不可。缺少消费者，也就失去了购买力和购买意向；缺少购买意向，对农产品经营者来说也不能形成市场。只有上述三个要素结合起来才能构成现实的市场，才能决定农产品市场的规模和容量。例如一个国家或地区人口众多，但收入很低，购买力有限，则不能构成容量很大的市场。又如一个国家或地区购买力虽然很大，但人口很少，也不能成为很大的市场。只有人口众多，购买力大，才能成为一个有潜力的大市场。但如果所销售的农产品没能迎合消费者的需求，则不能引起消费者的购买欲望，因此仍不能形成现实的市场，农产品市场是上述三个因素的统一。农产品市场的大小，取决于消费者对农产品有特定的需求，并拥有使消费者感兴趣的资源。

随着我国现阶段社会分工和商品经济的发展，农产品市场的外延也在拓展。市场活动的内容不仅涉及市场调查、产品开发等产前活动，而且涉及收集消费者或整个市场对产品的反馈等售后工作。市场的表现呈现多样化、复杂化和数据化等特点。

二、农产品市场的特征

农产品经营组织在市场营销活动中，要自觉地按照客观规律指导自己的生产经营活动，才能达到预期的经营目标。因此明确农产品市场特征是确定农产品市场营销策略的前提。

从宏观层面看，农产品市场供给具有如下几个特征。

（一）市场供给的季节性和周期性

农业生产的季节性、周期性导致农产品市场的货源也因季节和生产周期而变动，解决季节性、周期性的矛盾，维持供应均衡对维持农产品市场的稳定非常重要。

（二）农产品的鲜活性

农产品市场上的产品是具有生命力的动植物产品，在运输、储存和销售中容易发生腐烂、霉变和病虫害，极易造成损失。因此农产品市场必须做好组织工作，改善基础设施和缩短流通时间，以求降低风险。

（三）分布的地域性

农产品的产地市场小而分散，批发市场则集中在各大中城市和交通枢纽地带。农产品市场的地域性特点明显，多采用集市贸易，符合当地农产品产业特点和日常消费习惯。

从微观层面看，农产品市场供给具有如下几个特征。

（一）农产品供给缺乏弹性

我国在改革开放后，农产品产量快速增加，农业生产得到了发展。由于农业生产具有周期性和季节性的特点，农产品在短期内供给的弹性非常小，因此在不同年份，农产品价格存在较大的波动。

（二）农产品供给量决定价格

由于大多数农产品不耐长期储存，生产量基本等于供给量。在丰产年份农产品的市场供给量大幅增加，从而引发农产品价格普遍下降；在歉收年份农产品的市场供给量减少，从而造成农产品价格普遍上涨。

三、农产品市场的构成要素

（一）市场主体

市场主体是指交换物的占有者或商品所有者，包括农产品生产者（农户、合作社等）、经营者（批发商、零售商等）和调节者（政府部门、专业机构等）。农产品市场体系会在市场主体出现后自然形成。

（二）市场客体

市场客体是指当事人之间发生交换关系的媒介物或者交换的对象，包括有形商品、无形服务、资金或劳动力等。农产品市场客体主要以鲜活的农产品和其加工品为主。

（三）市场机制

市场机制是指在市场经济活动下的各个环节（生产、交换、分配、消费）及其组成要素（价格、供求、竞争、利息等），通过市场机制相互联系、相互制约并达到平衡的一个职能。市场机制的运行过程就是社会供求动态平衡的自我协调过程，包括农产品供求机制、竞争机制和价格机制。通过市场机制的价格信号调节农产品供求，调节资源分配，促进技术改造及调节利益分配等。

（四）市场组织

市场组织是指为保证商品顺利交换而建立的具有协调、监督、管理和服务作用的部门。例如政府主管的农业部门和农业相关行业的协会等。

四、农产品市场的体系

（一）农产品集贸市场

1.农产品集贸市场的概念

农产品集贸市场是指在一定的区域范围和交易场所中，农产品的生产者和消费者主要以当地农产品为交易对象，以零售为主要形式进行各种交换关系的总和。作为一种传统的交易形式，农产品集贸市场是农副产品零售交易的主要场所，是农民直接进入流通领域，销售农产品的主要渠道；其在提高农民收入，方便居民生活，推动商品经济的发展，加快小城镇建设等方面发挥了不可忽视的作用。

2.农产品集贸市场的特点

（1）完全竞争性

在农产品集贸市场上，存在着大量的、分散的销售同一农产品的销售者，其产品差异性不大，提供服务的能力基本一致。消费者主要以零散的居民为主，形成了相对自由的市场环境。

（2）价格自行调节

销售者在销售商品时并没有明码标价，而是根据市场情况确定一个潜在的销售价格。在交易过程中，双方会讨价还价，最终形成合理价位。

（3）参与者成分复杂

农产品集贸市场的卖方包括个体种养殖户、商贩、批发商等多元主体；其中在卖方和买方之间有时还会有经纪人的参与。

3.农产品集贸市场的作用

（1）增强农民的商品经济观念；

（2）扩大农副产品流通渠道，有力地推动商品经济的发展；

（3）带动第三产业的发展，方便群众生活，丰富城市居民的“菜篮子”；

（4）加快城镇建设，安排大量社会就业人员；

（5）增加国家财税收入。

（二）农产品批发市场

农产品批发市场是我国农业流通体系的重要部分。目前城市消费的70%左右生鲜农产品是批发市场提供的。农产品批发市场的大力发展对于搞活农产品流通，增加农民收入，满足城镇居民农产品消费需求发挥着积极作用。

1.农产品批发市场的概念

农产品批发市场是指进行批发交易的场所和相关服务组织的综合。农产品批发市场主要从事大宗农产品交易，相对于零售而言，其具有流通范围广、交易数量和金额大、周转快等特点。

2.农产品批发市场的功能

农产品批发市场在整个农产品流通体系中处于中心地位，是商流、物流、信息流的集散中心。在促进农业生产规模化、标准化，专业化，农产品大市场、大流通格局的形成等方面发挥着不可替代的作用。

农产品批发市场在市场经济中的功能主要表现在以下几个方面。

（1）形成合理市场价格的功能

在批发市场中，由于在较大范围内存在着集散的农产品，来自全国各地的农产品同场竞争，因此同一种农产品就可以通过比较来按质论价，从而有利于反映农产品的商品价值，以及供求关系中价格的迅速形成。

（2）调节市场供求的功能

农产品受自然条件的影响较大，生产和供给的不确定性也较大。利用农产品批发市场的规律，有效地引导农民对农产品进行反季节种植和生产，引导农户对农产品进行储藏、保鲜，对农产品的生产和消费起到很好的调节作用。

（3）信息传导的功能

市场信息对农产品的生产者和经营者都非常重要。农产品批发市场连接产销两端，信息来源较多，且信息真实、可靠，因此农产品批发市场内多样化的信息传递手段是为了信息传播得更快、更远。这些使得农产品批发市场成为一个更好的信息收集、整理、发布的场所。由于这些先天的优势，农产品批发市场实际成为了一个农产品信息中心，对农产品的生产、营销、消费具有良好的指导作用。

（4）集散产品的功能

农产品批发市场能够吸引和汇集各地的客户和农产品，有效地降低了流通主体在产品收集和销售中为寻找交易对象所花费的时间和精力，因此使产品流通半径迅速扩大，产品价值得以实现，有效地解决了农产品小规模生产后与大市场的对接。

（三）农产品零售市场

1.农产品零售市场的概念

农产品零售市场是指通过零售方式直接为消费者提供农产品服务的最终交易场所，具有交流农产品信息、稳定农产品价格、促进农产品品质可追溯等职能。

2.农产品零售市场的特点

（1）市场辐射范围较小，多限于周围的消费，且与中心集散市场接近；

（2）交易方式主要是现货交易，交易数量小；

（3）主要供应者是小批发商和小零售商，部分是生产者直接在市场销售；

（4）在超市中，供货的基本形式是农产品及食品的连锁、配送，其中以加工的农产品为主，也有鲜活农产品；

（5）农产品的价格高于初级市场和中心集散市场。

3.农产品零售市场的作用

（1）超市、连锁经营、配送成为农产品商品化生产成熟的标志（改变传统提篮叫卖的方式和露天集市的环境）；

（2）超市、连锁经营、配送将更注重农产品的品牌声誉和产品质量（与产品品牌、超市形象捆绑在一起）；

（3）超市、连锁经营、配送有利于推进农产品质量的全程监控（统一采购、统一配送，质检有保障）；

（4）超市、连锁经营、配送有利于促进农产品的优质优价（提升农产品经营档次，满足消费者对卫生、安全及购物环境的高层次需求）。

（四）农产品期货市场

1.农产品期货市场的概念

农产品期货市场是指在特定的场所内，按照一定的条件和程序，由买卖双方预先签订农产品买卖合同，而货款的支付与货物的交割则要在约定远期进行各种交易关系的总和。农产品期货市场包括农产品期货交易所、农产品期货交易结算所、农产品期货经纪公司。

2.农产品期货市场的运行特征

（1）它是“买空卖空”的交易行为；

（2）它是一种委托性质的交易行为；

（3）它是以期货合约自由转让为前提的交易行为；

（4）它是在交易所进行的交易行为。

3.农产品期货市场的功能

（1）降低风险功能

降低风险的功能表现在规避风险和套期保值。所谓规避风险是指农产品生产经营者通过在期货市场上进行的套期保值业务，有效地规避、转移或分散现货市场上价格波动的风险。套期保值是指在期货市场上买进或卖出与现货数量相等但交易方向相反的商品期货，以期在未来某一时间通过买进或卖出期货合约而补偿因现货市场价格不利变化带来的损失。

（2）资源配置功能

期货市场资源配置功能的发挥，主要不是通过直接实物交割来体现的，更重要的部分是通过期货市场杠杆的作用，间接调配商品物资在期货市场体外流转。

（3）发现价格功能

发现价格的功能是指在期货市场通过公开、公正、高效、竞争的期货交易运行机制形成具有真实性、预期性、连续性和权威性价格的过程。

（4）促进农业生产标准化和农产品流通国际化

在期货市场中，合约严格的交割标准能够促使农民自觉地了解标准化，提高对标准化的认识，从而在生产过程中能够始终自觉地遵循标准化生产，进而提升农产品的质量，增加收入。农产品期货价格已纳入了世界农产品价格体系中，这有利于我国农产品参与国际竞争，并促使农产品的国际化流通。

第三节　农产品市场细分及目标市场选择

农产品经营企业能否满足消费者的需求成为现代企业经营成败、经济效益高低的关键，但任何一个企业都无法满足所有消费者的全部需求。通过市场调查，合理细分市场，制定出差异化的生产策略或营销策略，以满足消费者的不同需求，实现农产品供需的平衡和产销的无缝对接，对市场进行细分并对目标市场制定差异化的营销策略就显得尤为重要。

农产品市场细分就是将消费者按照一定的标准划分成几个部分，以利于企业找到适合自己的那部分市场，还有利于企业发现市场中的重要商机，从而提高其市场占有率，同时市场细分还可以使企业节约营销成本，实现效益最大化。

一、农产品市场细分

（一）农产品市场细分的概述

美国市场营销学家温德尔·史密斯在1956年提出市场细分这一概念，这是市场营销理论的新发展，是企业市场营销实践的必然产物。市场最早被定义为买卖双方聚集在一起进行交换活动的场所，后被引申为各种不同的消费者群体。

市场细分是指生产环节按照某种标准将市场上的消费者划分成若干个消费者群，每一个消费者群构成一个子市场，不同子市场之间，需求存在着明显差别。农产品市场细分的最终目的是选择和确定目标市场，并以此为基础通过最优化组合和各种措施，达到农产品经营企业市场营销的战略目标。因此市场细分是目标市场营销的起点，企业的一切市场营销战略都必须从市场细分出发来确定市场定位。

农产品市场细分的本质，即将消费者的需求进行详细分解。因此农产品经营企业进行市场细分，要充分挖掘不同消费者的差异性需求。对此可以从如下几个方面进行理解。

（1）农产品市场细分是对具有同种农产品需求特征的消费者进行分类，而不是对农产品进行分类。消费者的欲望、需求、购买习惯及行为的差异性是农产品市场细分的重要依据。

（2）农产品市场细分属于“求小同”而“存大异”的分类方法。消费者所处的社会经济条件及自然环境不同，彼此在职业、兴趣爱好、价值观念及人口学特征上均不同，因此他们在对农产品的购买欲望、实际需求和购买决策行为上都存在很大的不同。然而对于具体的农产品，这些迥异的消费者却又构成了对该农产品的某个特性具有特殊偏好的群体。

（3）农产品市场细分是一个分解的过程。农产品市场细分最终是要把对某种农产品的特征有偏好的消费者聚集在一起，直至形成农产品经营企业的细分市场。

（二）农产品市场细分的作用

农产品生产经营活动的不确定性使得农产品市场营销的风险较高，有效地对农产品市场进行细分和预测，通过子市场的具体化，有利于农产品经营企业发现市场营销机会，有利于了解消费者实际需求，极大地削弱了市场风险。具体农产品市场细分有如下几个方面的作用。

1.更好地满足消费者的实际需求

当众多的农产品经营企业实施市场细分战略时，那些未得到满足的市场需求将会被逐渐实现，产品种类不断增加，从而人们的生活质量也就得到了提高。

2.有利于企业在市场中寻求更好的商机

农产品经营企业通过市场细分，更易于发现未得到满足的消费者的实际需求，因此制订相应的计划，进行技术、工艺改进，从而更好地占有市场。市场机会对于所有农产品经营企业的重要性不言而喻，对中小型企业尤其重要。与实力雄厚的大企业相比，中小型企业的资源能力有限，技术水平较低，因此它们可以选择一些大企业未顾及的细分市场，集中力量满足这一特定市场的需求，在整体竞争激烈的市场条件下，在某一细分市场中求得生存与发展。

3.有利于企业有限资源利用的最大化

市场细分要求农产品经营企业能够集中人力、财力、物力，并选准目标市场，集中优势，有的放矢地经营，实现经济效益，针对其所要进入的目标市场进行产品的更新。

4.有利于企业对目标消费群体开展针对性的营销模式

农产品经营企业运用市场细分，可根据自己的经营理念、生产技术及营销力量，找准目标市场，又能够辨别竞争对手，确立本企业的竞争优势。同时在细分市场上，企业更易于掌握消费者的需求及其变化情况，迅速改变策略，制订相应的对策，不断改进产品，以适应市场的需求变化。

（三）农产品市场细分的标准

一般来说，影响农产品消费者需求差异的因素主要有地理环境、人口状况、消费者心理、消费者行为和消费者受益等方面。

1.按地理环境细分

按地理环境细分的主要理论依据：处在不同地理位置的消费者，他们对企业所采取的市场营销战略，以及企业的产品价格、分销渠道、广告宣传等市场营销措施的反应各有不同。按此标准细分市场，有利于农产品经营企业开拓特定的区域市场。按地理环境细分市场是市场细分中最常用的标准。例如美国东部人喜欢味道清淡的咖啡，而西部人则喜欢味道浓郁的咖啡，因此美国通用食品公司面对本国不同地区消费者偏好的差异，而推销不同味道的咖啡。

2.按人口状况细分

按人口状况细分，即根据人口统计因素来细分市场，主要变量包括性别、年龄、职业、家庭规模与收入、民族、宗教、文化程度、家庭生命周期等因素，这些变量与消费者需求存在密切关系，不同人口特征的消费者需求存在差异。例如婴幼儿纸尿布市场、儿童用品市场、老年人保健品市场、学生用品市场、女性用品市场等，都是按人口状况来细分的。

按人口状况细分市场比较容易测量与获取数据，但消费者需求及购买决策行为还应多依据消费者心理、消费者行为、消费者受益等因素综合考虑。

3.按消费者心理细分

按消费者心理细分，即根据消费者的心理特征进行市场细分，主要变量包括消费者的生活方式、个性、购买动机、消费态度等因素。以购买动机为例，消费者的购买动机有多种，例如求美动机、求廉动机、求实动机、求新动机、求名动机、求便动机、炫耀动机、好胜动机、嗜好动机、惠顾动机等。购买动机不同，消费者的购买行为就存在差异。例如偏爱高档品牌、相信有机食品、追求高价或低价、相互攀比等都是心理因素。

4.按消费者行为细分

按消费者行为细分，即根据消费者的消费行为差异细分市场，主要变量包括消费者购买时机、消费者进入市场程度、消费者对品牌的忠诚度，以及消费者是否会上网等。以消费者进入市场程度为例，消费者进入市场分为经常购买者市场、初次购买者市场和潜在购买者市场等。大企业凭借雄厚的经济实力，可以开发潜在购买者市场，而作为中小型企业，则以保住一部分经常购买者市场为益。又以消费者对品牌的忠诚度为例，消费者市场可以分为单一品牌忠诚者、几种品牌忠诚者和无品牌忠诚者，不同的细分市场的开发难度也不同。根据不同细分消费者市场的需求特点，农产品经营企业应充分调研、分析，制订相应的营销策略以达到营销的目的。

5.按消费者受益细分

消费者购买农产品的目的有时并不一致，也许他们只是被农产品的某种特性或功能所吸引。按消费者受益细分市场，即根据消费者追求的利益不同进行市场细分。农产品经营企业应当寻找消费者购买农产品所追求的主要利益和目的，了解该类型消费者群体的特征，再根据本企业的条件选择其中符合追求某种利益的消费者群体的需求作为目标市场，规划和生产出适合目标市场需要的农产品，并利用广告宣传等方式将农产品的相关信息传达给消费者。

（四）农产品市场细分的原则和方法

1.农产品市场细分的原则

从农产品经营企业市场营销的角度来看，无论是哪种类型的市场，无论采用何种方法进行分类，均须保证市场的分类是准确、有效的，能够更好地为农产品营销服务。因此农产品市场细分，应遵循以下几项原则。

（1）差异性原则

农产品市场细分后，各个市场的消费者需求应具有差异性，而且对农产品经营企业市场营销组合策略的变化能做出快速的差异性反应。差异性原则在于确保农产品经营企业向消费者提供差异化的农产品和提高促销策略的针对性。

（2）可衡量性原则

农产品细分市场要能够被识别和衡量，市场的范围及容量均比较明确，市场中消费者的年龄、性别、文化程度、职业和收入水平等都比较清楚。可衡量性原则确保了农产品经营企业能够明确细分市场的消费者群及市场容量的大小。

（3）可进入性原则

细分市场应该是农产品经营企业能够到达的市场，企业通过市场营销活动能够使农产品及其信息进入消费者的信息收集和购买决策行为中。这有三层含义：一，农产品经营企业具备进入细分市场的能力；二，农产品信息能够传递给细分市场的消费者；三，农产品通过分销渠道能够送至细分市场。

（4）可盈利性原则

细分市场应能使农产品经营企业达到其利润目标。企业在进行市场细分时，要考虑市场上消费者群的大小、消费者的购买频率和购买力，特别是细分市场必须能使企业获得预期收益。农产品经营企业所选择的细分市场应当是既能够带来当前的利益，也能够带来长远的利益。因此企业在进行市场细分时，要充分考虑目标市场在不同期间的饱和程度。

（5）相对稳定性原则

细分市场要具有相对的稳定性，如果目标市场的变化使得营销策略和营销成本的改动幅度过大，就会给农产品经营企业带来巨大的风险。当然随着市场营销环境的变化，企业也可以选择新的、更富吸引力的细分市场，从而适应环境条件的变化。

2.农产品市场细分的方法

农产品市场细分有以下三种方法。

（1）单一变量法

在充分的市场营销调研的基础之上，将影响农产品需求最主要的因素作为细分变量进行市场细分。然而由于影响消费者需求的因素多种多样，部分因素还相互交织，其共同影响着农产品需求，因此单一变量法只是一种概括性的细分，农产品经营企业的目标市场定位难以明确和具体。

（2）多变量法

为了弥补单一变量法的不足，多变量法以两种或两种以上影响需求较大的因素作为细分变量进行市场细分。例如现有A、B两个影响需求程度较大的因素，每种因素分三种情况，则细分市场将达到$3 \times 3=9$个。农产品经营企业可以根据各细分市场的具体情况确定自己的目标市场。

（3）多层次变量法

尽量多地考虑细分变量，以便更为准确地细分市场。然而市场的过度细分最终会使农产品经营企业陷入茫然，导致其难以确定目标市场。多层次变量法的思路：首先，由粗到细地将消费者市场划分为几个层次；其次，在此基础上逐层细分，确定每一层次的目标市场；最后，每一层次的市场就选定为企业的目标市场。

（五）农产品市场细分的步骤

美国市场营销学家麦卡锡提出了市场细分的七个步骤，农产品市场细分也可循此进行。

（1）选定农产品的市场范围，即确定进入何种行业，生产何种产品，产品市场范围应以消费者的需求而不是产品本身特性来确定的。

（2）列举潜在消费者的基本需求。

（3）了解不同潜在消费者的不同需求，对于列举出来的基本需求，不同消费者强调的侧重点可能会存在差异。

（4）抽掉潜在消费者的共同需求，以特殊需求作为市场细分标准。

（5）根据潜在消费者基本需求上的差异，将其划分为不同的群体或细分市场，并赋予每一个细分市场一定的名称。

（6）进一步分析每一细分市场的需求与购买行为的特点，并分析其原因，以便在此基础上决定是否可以对这些细分出来的市场进行合并，或做进一步细分。

（7）估计每一细分市场的规模，即在调查的基础上，估计每一细分市场的消费者数量、购买频率、平均每次的购买数量等，并对细分市场上的竞争状况及发展趋势做出分析。

二、目标市场选择

目标市场，就是企业决定要进入的市场部分，也就是企业要服务的具有相似需求的一群消费者。公司确定了子市场后，可以进入给定市场中的一个或多个子市场。目标市场选择包括：评估每个子市场的发展潜力；选择其中的一个或多个子市场进入。公司应选择那些可以产生最大价值，并可持续一段时间的子市场。大多数公司进入新市场时只针对一个子市场，如果成功了，再增加进入子市场的数量。

（一）评估细分市场

当评估不同的细分市场时，必须注意以下三个影响因素。

1.细分市场的规模与发展

细分市场的规模可以通过市场上某一时期消费者购买某种农产品的总额来衡量；而细分市场的发展可以通过细分市场上某一时期全部潜在消费者对某种农产品的需求总量来衡量。例如红酒市场的目标群体是收入较高的中产阶级，而这部分群体在我们国家所占的人口比例较大，且随着我国社会经济的发展将会越来越多，所以该细分市场有一定的可行性。这就要求农产品经营企业做好市场现实消费者和潜在消费者数量、购买力的调查。只有细分市场具有适当规模且具有较强的发展潜力时，才能保证农产品经营企业进入细分市场后能实现预期的销售量，从而保证预期的销售额及利润。一般而言，大企业可以选择规模较大、成长较快的细分市场，规模小的企业由于缺乏相关的资源，难以为较大的细分市场提供服务，因此可以选择规模相对较小的细分市场。

2.细分市场的结构优势

人口结构资料对判断细分市场的吸引力非常重要，因为这些资料与很多产品的需求有非常密切的关联性。不同年龄的消费者对商品和服务的需求是不一样的，不同年龄结构形成各具特色的市场。企业了解不同年龄结构所具有的需求特点，就可以决定企业产品的投向，寻找目标市场。

3.公司的目标和资源

公司要量力而为，最大可能地利用现有资源，尽力创造效益最大化，从而达到既定目标。

（二）选择细分市场

公司在对不同细分市场进行评估后，就必须对进入哪些市场和为多少个细分市场服务做出决策。公司可以采用两种主要的方法，即无差异市场营销或差异市场营销，达到覆盖整个市场的目的。在具体确定目标市场的覆盖战略时，有以下三种选择。

1.无差异市场营销

无差异市场营销是指企业在市场细分之后，不考虑各子市场的特性，而只注重子市场的共性，即决定只推出单一产品，运用单一的市场营销组合，力求在一定程度上尽可能多地满足消费者的需求。该种策略适用于那些需求同质化的农产品，该农产品不但需求广，而且能够大规模、标准化地生产、销售。无差异市场营销的优点是产品的品牌、规格、款式简单，有利于标准化与大规模生产，有利于降低生产、存货、运输、研究、促销等成本费用；无差异市场营销的缺点是单一产品要以同样的方式广泛销售，并要受到所有消费者的欢迎，但这几乎是不可能的。由于无差异市场营销策略不能满足消费者的多元化需求，不能适应市场的快速变化，因此这种策略只被少数且具有实力的企业所采用。例如大米、面粉等日常大众化食品，几乎都是无差异营销，也就是采取统一的方式销售。

2.差异市场营销

差异市场营销是指企业决定同时为几个子市场服务，设计不同的产品，并在渠道、促销和定价方面都加以相应的改变，以适应各子市场的需要。有些企业曾实行“超细分战略”，即许多市场被过分地细化，而导致产品价格不断增加，影响产销数量和利润。差异市场营销的优点是能扩大销路，分散经营风险，能够最大限度地满足不同特征的消费群体的特定需求，提高产品的竞争力并提高市场占有率；差异市场营销的缺点是由农产品的种类增加、销售渠道需要扩展、广告宣传需要增加所导致的市场营销成本大幅度提高。因此农产品经营企业需要慎重把握细分市场的数量及消费者的基数。例如将蔬果分类分级，并采取不同等级的包装，以针对不同的消费者进行销售。果蔬品质高、外形好看的包装成礼品，稍微次等的销往超市，其余的走向菜市场。再例如宝洁公司的飘柔、海飞丝、潘婷等洗发水就是按照不同发质人群的需求，采取差异化战略（柔顺、去头皮屑、营养头发），占领各自的市场。

3.集中市场营销

集中市场营销是指农产品经营企业以某个细分市场为目标市场，采取集中优势、专业化经营的策略。企业采取该策略不是为了追求农产品经营企业在整体市场中占有绝对份额，而是为了能够在一个或几个较小的细分市场上获得较大的占有率。例如近几年中国榨菜企业有200多家，在涪陵地区注册的榨菜企业就有60多家。2011年涪陵榨菜集团产销量近10万吨，而市场占有率却只有15%，虽居于中国榨菜腌菜行业第一位，但远未达到能号令整个榨菜市场的程度。涪陵榨菜集团领导层为了改变公司的市场地位现状，制定了把公司发展成为以榨菜为基础的中国佐餐开胃菜行业绝对领导者的宏伟战略目标。再例如娃哈哈食品专门针对儿童食品市场，逐步做大做强，在儿童食品市场中有较高的市场占有率。

上述三种目标市场覆盖战略各有利弊，企业在选择时需要考虑以下五个方面的主要因素。

1.企业资源

如果企业资源雄厚，可以考虑实行差异市场营销；否则最好实行无差异市场营销或集中市场营销。

2.产品同质性

对于同质产品或需求上共性较大的产品，例如大米、食盐等，一般宜实行无差异市场营销；对于异质产品，则应实行差异市场营销或集中市场营销。

3.市场同质性

市场同质性越大，例如针对去菜市场购买蔬菜的消费者，宜实行无差异市场营销；而市场同质性越小，则应实行差异市场营销或集中市场营销。

4.产品生命周期阶段

处在导入期或成长期的新产品，最好实行无差异市场营销或针对某一特定子市场实行集中市场营销；当产品进入成熟期时，可改用差异市场营销。

5.竞争对手战略

一般来说，企业的目标市场覆盖战略应与竞争者有所区别，避免正面竞争，可反其道而行之。

（三）农产品目标市场细分策略的影响因素

不同的农产品目标市场细分策略存在各自的优势与劣势，农产品经营企业在决定选择何种策略时受以下几个因素的影响。

1.农产品经营企业能力

农产品经营企业能力是指本企业在生产、技术、销售、资金和管理等方面能力的总和。企业在选择适当的目标市场策略时应当结合自身的能力来考虑。如果企业的能力较强且管理水平较高，可以选择差异市场营销或无差异市场营销；如果能力不足，则宜选择集中市场策略。

2.农产品的特征

不同的农产品在消费需求上呈现出不同的特征。例如米、盐等农产品虽然在品质上存在差别，但大多消费群体一般不加以区分，或者认为它们之间没有显著的区别，此时不需要做过多的宣传与介绍。该类农产品的竞争主要体现在价格和服务上，因此可以实施无差异市场营销。但对于另一些农产品，例如核桃等，其产品差异化程度大，可以根据企业的能力选择采用差异市场营销或集中市场营销。

3.农产品的寿命

农产品在其生命周期的不同阶段具有不同的特点，因而需要采用不同的目标市场策略。新产品刚上市时，往往是以单一产品、单一渠道和单一价格进入市场，此时可采用无差异市场营销。但当产品进入成长期或成熟期后，市场上同类的农产品增加，竞争加剧，此时如果农产品经营企业想要维持原有市场，则应当采取集中市场营销；如果需要开拓新市场，则宜采取差异市场营销。

4.市场的特征

如果整个市场消费者群体的需求、偏好相近，对市场营销刺激的反应差异不大，那么农产品经营企业可采用无差异市场营销；否则应采用差异市场营销或集中市场营销。

5.竞争者的战略

在激烈的市场竞争中，农产品经营企业在决定目标市场策略时，不可忽略市场中竞争对手的策略。如果竞争对手采用无差异市场营销，那么农产品经营企业应当选择差异或集中市场营销，这样有利于开拓新市场；但如果竞争对手采用差异性策略，则企业不可采用无差异市场营销与其竞争，而应选择更深层次的差异市场营销或集中市场营销。

（四）选择目标市场营销战略应注意的问题

1.细分市场之间的联合与归并

当农产品经营企业实施差异市场营销、选择若干数目的细分市场作为目标市场时，应密切关注各细分市场之间的关联性。根据某些单一的细分市场之间在原材料、技术及销售渠道方面的共同性，可以将其重新设计组合归并为新的细分市场，其销售场所的成本会随着农产品种类或数量的增多而降低。

2.有计划、有步骤地进入各细分市场

当农产品经营企业在确定目标市场后，应做到有计划、有步骤地进入每一个细分市场，对于进入的顺序及时间，需要慎重且严格保密，不能让竞争对手了解到企业进入每一个细分市场的计划方案。同时在进入细分市场时要密切关注竞争对手的策略，做出应对方案。这对经营企业的好处在于：一，尽可能地减少竞争，发挥本企业优势，集中力量进入竞争对手未进入的细分市场；二，减少风险。

本章小结

农产品市场是指在一定交易场所中进行的农产品交换关系的总和。一方面，由于我国农业生产主体主要由分散的、单个的农户组成，单个农户的产量无法达到一个经济的运输单位，只有通过地区性的市场才能解决这个问题；另一方面，由于农产品的消费市场具有分散性和广泛性的特点，也需要有区域性的市场，以达到分散农产品来满足生活所需的目的，此类供需双方的需求就导致了农产品市场的产生。由农产品市场的定义和农产品的特性，可知农产品市场具有竞争相对自由，供给存在季节性和周期性、分散性和广泛性等特点。按照不同的划分标准，农产品市场可以划分为不同的类型：按销售方式不同，可分为批发市场和零售市场；按交易场所的职能性质不同，可分为产地市场、销地市场、集散与中转市场；按交易形式的不同，分为现货市场和期货市场；按市场内交易产品的不同，可分为粮油市场、果品市场、蔬菜市场、肉禽蛋市场、水产品市场等。

当前，我国农户农产品营销的关键在于，市场细分可以促进消费群体的划分，带来更多的经济收益。随着农业供给侧结构性改革的继续推进，中国农业生产将稳健增长，农产品供给结构继续优化。本章着重介绍农产品集贸市场、农产品批发市场和农产品期货市场，了解它们的概念、功能、发展现状及存在问题和发展思路。

经济发展到一定阶段后，人们的生产活动不断进步，产生了剩余产品，于是便产生了市场。本章从市场概念的理解入手，阐述了市场的功能；讲述了农产品市场的类型；介绍了农产品市场细分及目标市场的选择。

思　考　题

1.什么是市场，它具有哪些功能？
2.农产品市场有哪些类型？
3.农产品市场细分的原则有哪些？
4.评估不同的细分市场时，要注意哪几个因素？
5.说明差异市场营销和无差异市场营销的优缺点。

案例分析

案例一　恒生农业12道工序领先食用菌产业

为进一步满足细分市场需求，各食用菌企业都在不断加强科研，提升产品品质。日前，沈阳恒生农业发展有限公司采用新型技术对食用菌生产加工进行了全新改良，通过“绿色循环”刷新了有机食用菌的生产效率。

“从备料、搅拌、装瓶、灭菌、降温、接菌、养菌、搔菌、栽培、生长、采收到包装，12个流程全部实现自动化。”据恒生农业经理李兵介绍，企业历时10年创新研发了一套极为高效的食用菌生产流程，其中“钰用山珍”品牌的年产量已稳定在5 000吨。

与传统的食用菌加工不同，恒生农业通过应用创新循环技术，将食用菌培养基的废料制作成燃料，将所有的残渣废料通过循环再利用变废为宝，产生新的效益，同时也产生了极大的环保效益。

“我们的高效生产流程并不会影响食用菌产品的品质，因为严格的流程把控和高科技的投入，产品在口感、营养等方面都得到大幅提升，受到全国各地消费者的认可。”李兵说。其生产的高品质食用菌无公害、无污染、口感醇厚，不仅供给辽宁本地，更开拓了北京、哈尔滨等异地市场，在东北地区首屈一指，“从不担心会有竞争对手”。

据悉，早在2005年于沈阳创立之初，国内食用菌产业体系并未完善，恒生农业就以金针菇为突破口，早早地以“绿色高效”的生产理念和技术，打开了新型食用菌行业之门。在保证口感、质量及安全的前提下，恒生农业不断研发、革新技术，成为一家让客户和消费者放心的有机食品供应商，同时也开启了食用菌行业高端绿色的发展模式，引领行业健康发展。

来源：中国食品报

案例二　九三专用大豆未种先销

当下，天气回暖，万物复苏，黑龙江垦区正在紧张有序地进行春耕备耕生产工作。在“豆都”九三管理局，春耕所需要的种子、生产资料已全部准备就绪，春播生产战役集结号即将吹响。

在供给侧结构性改革的背景下，种什么，怎么种？九三管理局给出的答案是，市场需要什么我们种什么。坚持这一原则，“豆都”九三管理局紧盯市场和政策导向，大力发展大豆专用品种种植，高油豆、豆浆豆、芽豆、腐竹豆……多个功能的大豆品种早已“未种先销”，成为加工企业争先订购的“香饽饽”。

选好豆品种　找好“豆婆家”

作为“中华大粮仓”的重要组成部分，地处黑龙江垦区西北部的九三管理局拥有400万亩黑土耕地优势，年种植大豆面积达220万亩左右，平均亩产360~400斤[1]，大豆商品率达90%以上，被誉为“中国绿色大豆之都”。

九三管理局天蓝、水清、地洁的生态条件，为优质、安全大豆食品专用原料的生产创造了良好的农业生态环境。70年的开发历史，北大荒人在黑土地创造了非转基因大豆生产上的“九三生产模式”和“九三大豆标准”。

“九三管理局区域内非转基因大豆种植品种资源极为丰富，适宜种植的大豆品种有100余个，90%以上属于高产、高蛋白、高脂肪品种。市场需要什么品种的大豆，我们就种什么品种。”九三管理局副局长张宏雷介绍说。

以优质专用品种布局为重点，九三管理局进一步细分九三大豆专用产品市场。2019年，九三管理局计划种植大豆235.4万亩，占总播面积的62.3%；以豆浆豆、芽豆、高蛋白、无腥味为主的专用品种订单种植面积达140万亩，比上年增加17%。

“2019年，我们主要种植黑河43、龙垦332、北豆37、金源55、龙垦3302等5个大豆品种。其中，黑河43种植19.6万亩，占大豆总面积的70%。这个品种的大豆蛋白含量达41.8%，是豆制品的优质原料。”鹤山农场有限公司副经理岳远林介绍。2019年年初，杭州祖名公司与鹤山农场有限公司以高于市场价0.05元/斤的价格签订了3万亩该品种的大豆，打造祖名高质量专用绿色大豆原料基地。

据了解，在5个大豆品种中，龙垦332为高油大豆，脂肪含量为21.55%，全场种植4.2万亩，已经与大连兴龙垦有机产品有限公司签订订单，用于生产豆粕和豆油。鹤山农场有限公司大豆订单种植面积20万亩，占大豆总面积的71.4%，100%实现专用品种种植。

“能把高蛋白大豆按照水溶性、凝胶性细化到哪些品种适合做豆浆、哪些品种适合做休闲食品，这么精准的专用品种种植在全国，仅此一家。”中国食品工业协会豆制品专业委员会秘书长吴月芳对九三大豆专用品种种植给予高度评价。

以品种专、品质优为标志的九三大豆，赢得了诸多国内知名大豆加工企业的认可，已经成为禹王、燕之坊、祖名集团等企业的优质大豆原料基地。

为了确保大豆专用品种的品质，九三管理局充分发挥大豆生产组织化、机械化、集约化程度高的优势，100%实现了专用品种种植、专用品种收获、专用品

[1] 1 斤 =0.5 千克

种贮藏，不断满足大豆食品加工企业专用原料的需求。

以豆生金，熠熠生辉。九三管理局以打造“中国大豆食品专用原料基地”为目标，坚持实施“种植规模化、生产标准化、品种专用化、经营市场化、发展产业化、产业品牌化”的“六化”战略，举全局之力托起这颗“金豆子”。

养好黑土地　种好优质豆

“黑土地就是我们的命根子，既要种好也要养好。”九三管理局农业局局长吕彦学说。

绿色发展要有可持续性，农业生产不能竭泽而渔。从源头把关，养好黑土地，让天更蓝、土更肥、水更清、生态更优美。突出“绿”字，九三管理局推行一系列绿色生产措施。

九三管理局精准实施“质量兴农、绿色兴农286工程”，即在生产端确保实现绿色化、标准化的“两个全覆盖”，深入实施“‘三减行动’‘三品一标’认证、生产技术标准和可追溯体系建设、专用品种种植、订单农业、农业绿色高质高效创建、耕地轮作休耕、保护性耕作”八项根本措施，确保实现“产品质量高、产业效益高、生产效率高、经营者素质高、核心竞争力高、职工收入高”的六高发展目标。

在尖山农场有限公司科技服务中心，工作人员正在进行土壤成分试验，通过化验不同地块的土壤元素结构，给出不同的施肥建议，进而提高肥料利用率，降低生产投入，促进产量提升。

“作物缺什么元素就补充什么元素，需要多少就补充多少，通过试验有针对性地补充作物所需的营养元素，实现各种养分平衡供应。”尖山科技服务中心主任姜凯研一边做着试验，一边向我们介绍。

2019年，该农场共采集550个土壤样本来开展测土配方试验。以试验数据来科学制定施肥配比，有效落实农业“三减”，减少对环境的污染。除了采用测土配方施肥技术以外，还通过降低种植密度、施用有机肥等措施，最终实现化肥亩均施用量比上年预计减少8%。

让每一粒大豆都“有源可溯”，保障舌尖上的大豆食品安全。九三管理局重点打造了“互联网+农业”基地，实时对作物生态和生产环境实施检测和控制，形成“生产有记录、产品质量有检验、产品上市有标志，质量安全有追溯”的农产品质量安全体系。目前，全局绿色食品大豆种植认证面积达到140万亩，有机食品大豆种植认证面积达到34万亩。

农业要振兴，就要插上科技的翅膀。九三管理局把农业科技放在更加突出的位置，继续实施“藏粮于技”“藏粮于地”战略，提高农业信息化和智能化水平，逐步建立健全的农业生产标准化管理体系、农产品质量检测体系、多普勒气象雷达预报体系、有害生物预警防控体系、测土配方施肥体系、农作物病虫草害统防统治和智能化数字农业应用体系。

目前，该管理局农业综合机械化率达99.7%，农业科技贡献率达70%，科技成果转化率达85%。农业综合生产能力稳步增强，让中国人的饭碗多装九三大豆。

培育好品牌　走好奋“豆”路

在2019年4月初，刚刚落幕的2019年中国（长沙）国际大豆食品加工技术及设备展览会暨第四届中国大豆食品节上，九三大豆及大豆加工产品“借船出海”“攀高结贵”。在展会上，九三管理局已与130多家企业对接，达成合作意向21个。

“450 g的有机大豆卖上了31.9元！”经过精选、分类、包装、分类销售的豆浆豆、豆粉豆、腐竹豆、菜芽豆等专用大豆卖上了品牌价。2019年，大西江农场有限公司与北大荒粮食集团签订了3万亩有机大豆订单种植，精选的九三大豆已经在东北25家家乐福超市进行销售。

近年来，九三管理局以打造中国大豆食品专用原料生产基地为己任，不断强化九三大豆基地和品牌建设，并先后获“中国绿色大豆之都”“国家地理标志保护产品”“中国原生大豆标准化种植国家农业标准化示范区”称号。九三大豆成功入选“黑龙江省农产品地理标志十大区域品牌”和“中国百强农产品区域公用品牌”，并入选首届中国农民丰收节组委会推介的农产品。

九三大豆这张北大荒“黄金名片”在万众瞩目下，越擦越亮。一次次推介会，使九三大豆、绿色食品成功进入了全国各大城市。一个个平台，“炒”热了九三大豆和“豆都”品牌。几年来，九三管理局参加各类展销会、博览会、贸易洽谈会30多个。

“我们的大粒黄豆，不仅跟一般的黄豆不一样，还因为九三大豆的品牌效应，每斤价格在1.9元左右，比普通的黄豆高出0.1～0.2元，这样每公顷能多收入800多块。”红五月农场有限公司种植户董自宝高兴地说。

“现在国家政策这么好，尤其对大豆种植支持力度这么大，我们更应该把大豆种得更好、卖得价更高。”鹤山农场有限公司第一管理区种植户何玉龙兴奋地告诉记者。2019年，这个管理区预计种植大豆1.9万亩，占总面积的50.3%，全面积实现100%专用品种种植。

腐竹，富足。九三人把腐竹当作富民产业。全局腐竹企业从2014年开始发展，到2018年达到11家，已成为黑龙江省最大的绿色腐竹生产基地。短短的5年时间，腐竹企业从无到有，再到遍地开花，正向“国家绿色有机腐竹之都”迈进。

目前，管理局正以“农头工尾、粮头食尾”为抓手，全力培育大豆精深加工业成为经济发展的第一支柱产业。全局现有大豆精深加工企业21家，年转化大豆12万吨，已形成了以腐竹、豆粕、豆粉、休闲食品等产品为主导的大豆食品产业格局。

九三大豆从一粒豆变成一个产业、一个品牌，只为了“中国的饭碗多装九三大豆”这一奋斗目标！

来源：中国食品网

第三章 农产品消费者购买分析

前导案例

消费者对农产品质量安全信息关注度及购买行为
——基于黑龙江省386位消费者的实证分析

随着人们健康意识的增强和生活水平的提高，农产品质量安全已成为消费者购买农产品时的主要关注点。

近年来，由于农产品质量安全事件频发，政府和相关监管机构更加重视关系民生大计的农产品质量安全问题。

在这种背景下，农产品质量安全监管卓有成效，但质量安全事故仍不时发生，这些质量安全事故在阻碍社会经济发展的同时，也造成了恶劣的社会影响，如“毒豆芽”“瘦肉精”“绝育葡萄”“硫黄姜”等安全事故的发生，严重威胁到消费者的生命安全，使消费者对国内农产品商家不再信任。

消费者作为农产品的最终需求方，对安全农产品的市场供给起着关键作用。

研究表明，制约安全农产品消费需求增长的主要原因在于供需双方信息不对称，农产品质量安全属性信息不对称是产生质量安全问题的根本原因。

因此政府建立了相应的质量监管体系，以便向消费者发布相关农产品的质量安全信息，提高农产品供应环节的透明度。

值得思考的是，政府发布的质量安全信息能否达到指导消费者安全消费的预期目标，很大程度上取决于购买过程中消费者对相关农产品质量信息的关注和利用程度，以及最终影响消费者购买行为的质量安全信息。

倘若消费者不关注相关信息或对有用信息的利用度较低，那么已发布的农产品质量安全信息就不能起到引导消费者做出相应购买行为的作用。

张松涛， 李双双.

知识要点

（1）掌握农产品消费者市场的特点、农产品需求的类型与趋势；

（2）了解农产品购买行为的模式与影响因素，以及包括关于消费者购买行为的调查。

第一节　农产品消费者市场的特点

一、农产品消费者市场的特点

农产品消费者市场是指为了满足生活消费需要而购买农产品的一切个人、家庭或组织。由于日常生活消费是农产品生产和流通的终点，因此农产品消费者市场也被称为最终农产品市场。而农产品消费者需求是指具有支付能力的消费者对于农产品的购买愿望和消费要求。消费者需求决定着消费者利益的实现，也决定着农产品经营企业营销目标的实现方式和营销决策的可行性。通常农产品的消费者市场具有如下特点。

（一）普遍性

民以食为本，农产品毫无疑问是每一个消费者的需求对象。不论在何时、何地，消费者对农产品的需求都不会改变，因此农产品作为基本生产、生活资料，例如粮食、蔬菜等，被每个消费者所需要。

（二）稳定性

农产品属于生活必需品，消费者对农产品需求的普遍性，使得消费者每天购买农产品的数量是一定的，需求量不会发生明显变化。因此农产品需求价格的弹性很小，尤其像粮食、蔬菜、食用油等，无论价格高低，每天的消费量几乎是稳定的。

（三）零散性

零散性包括购买个体的零散性和单次购买数量的零散性。购买个体的零散性是指多数农产品的消费属于普通大众消费，消费者之间没有联合，自我零散购买居多，又由于大部分农产品具有保鲜期短、贮藏难、占据空间大等特性，加之农产品消费对象大多是家庭，同时中国家庭有日益小型化的趋势，人口较少，因此多数消费者对农产品的单次购买量不会很多，但购买的次数较多，属于量少次多型购买。

（四）无限扩展性

人类的欲望是无穷的，需求也是永无止境的。美国心理学家马斯洛通过对人类需求的研究，提出了需求层次论，将人类的需求划分为生理需求、安全需求、社会需求、尊重需求和自我实现需求五个层次。人们对农产品的需求随着社会经济发展和技术进步而不断扩展。一种农产品满足了某个需求，而新的需求又会在此基础上对农产品提出新的要求。因此农产品经营企业要不断开发新的农产品以满足新的市场需求。

（五）多层次性

在各类条件一定的情况下，消费者由于在社会地位、经济条件甚至文化修养等方面存在差异，对农产品的需要和满足方式等方面也存在着高、中、低不同层次的需求，呈现出因人而异的现象。这就要求生产经营者要区别服务对象，根据自己的生产经营能力，提供出不同层次的农产品和服务，更好地满足不同层次的消费者需求。

（六）复杂多变性

消费者对农产品的需求不仅受制于家庭收入，还受自然灾害、流行风尚及个人偏好等多种因素的影响，因而消费者对农产品的需求是复杂多变的。因此农产品市场营销人员要始终保持对消费者市场动向的敏感性，加强预测能力，从而提高市场竞争力。

（七）可诱导性

消费者需求不是完全一成不变的，在外部因素的刺激和诱导下能够发生转移。潜在需要可以转变为现实需求，微弱的兴趣可能形成强烈的购买欲望。消费观念的更新、社会时尚的变化、工作环境的改变、文化艺术的熏陶、广告宣传的诱导、消费现场的刺激、服务态度的感召，等等，都会不同程度地使消费者的兴趣发生转移，并不断产生新的消费需求。由于绝大多数消费者缺乏农产品购买的专门知识，在购买过程中要经历一个搜集有关信息的过程，因此营销人员可以通过向社会公众传播农产品和服务的信息，帮助消费者了解、认识农产品，引导消费者需求的变化和转移，将潜在需求变成现实需求，使微弱的购买欲望变成强烈的购买行为。

（八）季节性

由于每种作物的生长周期、生长季节等不同，因此农产品的生产具有明显的季节性，农产品需求也呈现季节性的特点。例如北方玉米的收获时间在9、10月份，小麦生长在华北地区，一般在夏季收获等。季节性决定了消费者对农产品的消费需求呈现明显的季节差异，或者说是农产品的生产季节性引导了消费者的消费需求的差异性。如今，农业生产技术的开发和创新使得农产品生产克服了季节特点，出现了反季节生产的蔬菜瓜果等农产品，这也是一种对季节性的调节和改变，有利于农产品的供给平衡。

（九）地区性

农产品需求的地区性是由消费水平、生活习惯、营养保健观念及便利程度决定的。同一地区的消费者消费需求有较大的相似性，而不同地区消费者消费需求则表现出较大的差异性。例如北方地区的消费者喜爱吃米，中原地区的消费者则喜爱吃面；重庆人喜爱吃辣椒等。

除此以外，农产品的消费者市场还有其他一些特点，例如便利性、无限性、发展性、周期性、连带性和替代性，需求及购买行为的分散性、批量小而频率高、需求价格弹性小、购买的流动性大等特点。

二、农产品需求的类型

消费者对农产品的需求，归纳起来主要有以下几种类型。

（一）对农产品基本功能的需求

消费者购买农产品主要是用于食用，而农产品的基本功能能够满足消费者的这一需求。即使不同农产品有不同的食用方法、味道、外形和作用，但归根究底农产品具有满足人们温饱和提供人体基本营养的功能。

（二）对农产品品质的需求

在农产品基本功能得到满足后，随着人们生活水平的日益提高，消费者往往追求更高品质的农产品。高品质的农产品一般体现在营养成分的含量和纯度、水分含量、口感、外观新鲜程度等多个指标上。

（三）对农产品安全性能的需求

近年来，由于农产品不安全问题屡屡发生，因此消费者对农产品质量安全备加关注。农产品质量安全已成为影响当今农产品消费需求的主要因素，绿色、鲜活农产品越来越受到消费者的推崇。

（四）对农产品便利程度的需求

该需求主要包括农产品购买和使用过程的便利性两个方面。购买过程的便利性，即消费者普遍希望自己需要的农产品能够很容易获得，这就是为什么他们通常会选择距离自己较近的市场购买农产品；使用过程的便利性，即消费者普遍愿意选择食用方便的农产品，例如搭配好的蔬菜、不用过度加工即可食用的农产品等。

（五）对农产品外观的需求

古语有云“窈窕淑女，君子好逑”，消费者对农产品的需求亦是如此。良好的外观给人以美的享受，会得到消费者的青睐。消费者在选择购买农产品时，会考虑到农产品的外观是否美观，会挑选外观较好的农产品。

（六）对农产品情感功能的需求

影响消费者购买农产品的另一因素，即为情感。在基本功能、品质、安全性等方面得到满足后，消费者会考虑农产品的感情功能。消费者通过购买某种农产品能够满足情感上的追求。例如鲜花送给朋友，以增进友谊；绿色有机农产品送给长辈，以希望长辈身体健康等。

（七）对农产品社会象征的需求

由于社会地位的不同，部分消费者在选择购买农产品时会考虑农产品的社会象征。例如鲍鱼、燕窝等数量少、价格昂贵的农产品，消费者购买后作为礼物赠送他人，正是为了标示自己或对方的社会地位或社会身份，体现了对农产品社会象征的需求。

（八）对农产品良好服务的需求

农产品与服务已成为不可分割的整体，消费者在购买农产品的同时，还购买了与农产品相关的服务。优质的服务是所有消费者的期盼，他们在购买农产品时会考虑到服务的好坏。

三、农产品需求的趋势

（一）农产品需求的影响因素

1.价格

消费者主要需要的农产品可以分为三大类，即粮食、蔬菜、肉禽蛋。根据调查数据统计分析可知，粮食和蔬菜的价格弹性要远小于肉禽蛋类农产品。说明粮食、蔬菜对我国居民来说是基础性食物，受价格影响较小，而肉禽蛋是居民的蛋白质供给源，属于营养性食物，受价格影响较大。

2.收入

各地区居民人均收入多少反映了购买力水平的高低，收入总额可以衡量当地消费市场的容量。随着收入逐渐增加，居民对农产品的需求也随之上升，对农产品的品质、营养等要求也越来越高。

3.人口因素

人口的数量和结构在消费水平一定的条件下是影响农产品需求总量的最直接因素。人口多的地区，自然对农产品的需求就多，相反人口少的地区，对农产品的需求也就相对较少。

4.消费者偏好

消费者偏好不仅受经济因素影响，而且受社会因素、心理因素等综合影响。在社会生产和消费水平达到较高程度时，必须从人类学、社会学、心理学、行为学的角度进行分析，尽管对大量偏好现象至今难以解释，但消费者偏好确实是影响农产品需求的一个重要原因。

5.其他

除以上因素外，还有诸多因素影响着消费者对农产品的需求，例如烹饪技术、产品功能、民族习惯和宗教信仰等都在不同程度上影响着人们对农产品的需求。

（二）农产品需求的未来发展趋势

随着农产品买方市场的到来，我国农产品生产经营者的营销观念逐渐发生了变化，从过去以生产或推销为中心的传统营销观念逐步向以消费者为中心的现代营销观念转变。现代营销观念开始在农产品营销中得到应用。

我国农产品需求的发展趋势，概括起来主要有以下三个方面。

（1）消费者对农产品的品质要求越来越高。随着农产品供求关系的变化和城乡居民安全消费意识的提高，人们对农产品的需求已由“吃得饱”向“吃得好、吃得安全”转变，公众考虑更多的是农产品是否有营养，是否有利于身体健康。农产品质量安全已成为人们最关心、最现实的问题。

（2）信息技术的发展对农产品的需求影响越来越大。随着现代信息技术的发展，特别是网络技术和媒介的发展，信息传播速度日新月异。对农产品信息化的宣传将在很大程度上影响消费者对农产品的需求。

（3）外部市场要求越来越高。受国际金融危机影响，贸易保护主义有所“抬头”，质量安全已经成为一个制约国际农产品贸易的重要因素，与农产品贸易关联度越来越大，各国对进口国的农产品质量安全要求越来越严格、越来越苛刻。我国很多农产品进出口国际贸易近两年出现了逆差，其中一个重要原因就是受国外质量安全、环境保护等方面的技术壁垒制约，因为安全原因，很多农产品难以出口。就农产品而言，要稳定和扩大出口市场，除了有必要的政策扶持外，最为重要的就是要练好“内功”，提高农产品质量安全水平、生产过程的质量控制水平，确保农产品质量安全少出问题、不出问题。

第二节　消费者购买行为

一、农产品购买行为模式

消费者购买行为是指消费者为了满足自身的需求从而进行的一系列购买商品

活动的决策过程。

（一）消费者研究要解决的问题

消费者研究要解决的根本问题是："消费者如何进行购买决策的？"如果能够掌握消费者的决策过程及其影响因素，就可以设法通过影响和控制这些因素来影响消费者的购买行为，从而达到提高营销绩效的目的。对消费者市场的分析，市场营销学家归纳出以下七个问题，形成了"7O"研究法。

消费者市场由谁构成？（Who）	购买者（Occupants）
消费者市场购买什么？（What）	购买对象（Objects）
消费者市场为何购买？（Why）	购买目的（Objectives）
消费者市场的购买活动有谁参与？（Who）	购买组织（Organizations）
消费者市场怎样购买？（How）	购买方式（Operations）
消费者市场何时购买？（When）	购买时间（Occasions）
消费者市场何地购买？（Where）	购买地点（Outlets）

营销人员在制定针对消费者市场的销售营销组合之前，必须先研究消费者购买行为。例如某面粉生产厂家生产和销售面粉，主要研究以下几个问题。

（1）面粉市场由哪些人构成？

（2）目前消费者市场需要什么样的面粉？

（3）消费者为什么要购买这种面粉？

（4）哪些人会购买这种面粉？

（5）消费者怎样购买这种面粉？

（6）消费者何时购买这种面粉？

（7）消费者在何处购买这种面粉？

（二）消费者购买行为模式

现代社会经济生活中，每个人都是消费者。由于购买目的、方式与习惯的差异，各个消费者的购买行为也就具有差异性，但在千差万别的消费者购买行为中，仍然具有规律性的特征。消费者购买行为模式如图3-1所示。按照心理学上"刺激—反应"的观点，人类行为的动机是一种内在的心理活动过程，就像"消费者黑箱"一样让人难以捉摸。"外界刺激"经过"消费者黑箱"的心理活动过程而产生"消费者反应"，并引导行为，因此要了解心理活动过程就必须加强对人类行为的研究。

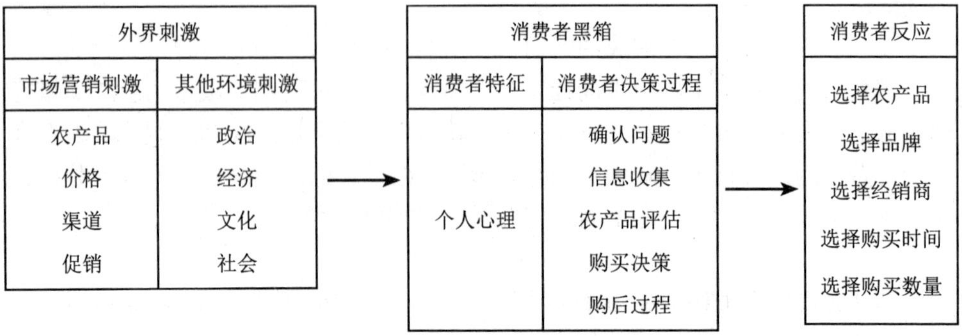

图3–1 消费者购买行为模式

（三）消费者购买活动的主要参与者

一般而言，农产品消费行为通常是以家庭为单位，但购买决策一般只是家庭中的一个或几个成员的行为。由于家庭中的决策者、购买者和使用者往往不一致，因此农产品市场营销人员必须了解家庭成员在购买活动中的角色，从而更加有针对性地开展农产品促销，并取得较好的效果。

农产品购买决策中家庭成员承担着不同的角色，发挥着不同的作用，大致可分为以下五类。

（1）倡议者，最初提出购买某种农产品的人。

（2）影响者，直接或间接影响最后决策的人。

（3）决策者，对购买决策有权做出最后决定的人，例如是否购买、购买多少、如何购买、何处购买和何时购买等。

（4）购买者，实际执行购买决策的人，会对农产品的价格、质量和购买地点进行比较选择，并同营销人员谈判和实现成交。

（5）使用者，实际使用和消费该农产品的人，决定了对农产品的满意度评价且会影响是否重复购买的决策。消费者满意度是一种比较购买前消费者的期望与实际购买后消费者的感知的评价过程。

必须明确的是，这五类角色的存在并非每一次购买决策都需要五个人才能进行，在实际购买行为中有可能一个人兼有多重角色。因此农产品经营企业需要认识到购买决策所具有的群体参与性，根据不同角色在购买决策中的作用，按照一定的程序分别进行相应的营销活动，只有找到准确的营销对象，才能有效地达到营销目的。

（四）购买行为类型

对于不同类型的农产品，不同类型消费者的购买决策行为也存在差异。一般根据参与者的介入程度和农产品品牌间的差异程度，可将消费者的购买行为分为以下四种。

1.习惯性购买行为

习惯性购买行为是指消费者持续购买同一品牌的农产品，是消费者的一种情感和行为倾向，然而持续购买并非出于消费者对于这一品牌的忠诚，而是消费者认为该农产品本身与其他品牌农产品之间不存在显著性的差异。

在这种购买行为下的农产品经营企业的营销策略有以下三种。

（1）利用价格和促销吸引消费者，由于消费者认为本企业产品与同类其他企业产品无显著差异，因此就只能通过合理价格和优惠等促进销售的手段来吸引消费者购买，当消费者了解并熟悉该类产品后便会产生经常性购买行为。

（2）开展大量的、重复性的广告加深消费者印象，因为消费者并不会主动地去了解和收集相关农产品的信息，也不评估品牌，如果农产品经营企业进行大量的广告宣传，则会使这类消费者被动地接受各种产品的相关信息，购买时将根据这些信息形成的品牌熟悉度来进行决策。

（3）增加购买参与程度和品牌差异，在习惯性购买行为中，消费者只会买自己熟悉的品牌，极少进行品牌转换，因而通过技术进步和产品革新将原来低参与的产品转换为高参与的产品，使其与其他品牌的同类产品的差距不断扩大。而消费者将会改变原先的习惯性购买行为，寻求新的品牌。

2.寻求多样化购买行为

如果消费者购买农产品时没有深入搜集信息或在品牌间进行比较、评估就做出决策，则可能导致参与的程度较低，消费者具有较大的随意性，但在消费时会加以评价，在下次购买时有可能转换品牌，而转换的原因有可能是厌倦或者想尝试新的品种。对于这类购买行为，农产品经营企业如果属于市场的领导者，需要采取多品牌战略，并占据有利的货架，避免脱销，加大广告宣传力度，促使消费者形成习惯性购买行为；如果属于市场的挑战者，则要适时利用低价格、低折扣、赠送等方式来鼓励消费者改变其原来的习惯性购买行为。

3.化解不协调购买行为

消费者能够高度参与购买决策，但并不广泛地收集农产品信息或精心地挑选品牌，他们在购买后会发现所购买产品的缺点或与其他产品相对比存在的劣势，进而怀疑原来购买决策的正确性。对于此类购买行为，农产品经营企业应当树立起企业的良好形象，提供完善的售后服务，并提供有利于本企业和产品的信息，让顾客坚信自己的购买决策是正确的。

4.复杂购买行为

复杂购买行为是指消费者能够高度参与购买决策，在深刻了解现有农产品品牌之间的差异后，而产生的复杂购买行为。此类行为需要经历大量的信息收集、全面的产品评估、慎重的购买决策和认真的购后评价等阶段。农产品经营企业应当制定详细的产品说明书，帮助消费者掌握企业产品知识，增强消费者对本企业产品的信心，简化购买过程，实行售后跟踪服务，加大企业与消费者之间的联系。

5.购买行为模式各阶段

消费者对农产品购买行为的复杂程度受两个因素的影响，一是农产品价值的高低，二是消费者对所购买农产品的熟悉程度。

在购买农产品时，消费者需要经历一个决策的过程，包括唤起需要、收集信息、备选方案评价、购买决策和购后行为。农产品经营企业应该了解每一阶段中消费者的行为，以及影响这些行为的因素，从而制定出针对目标市场的营销方案。整个消费者购买决策的基本步骤如图3–2所示。

唤起需要 → 收集信息 → 备选方案评价 → 购买决策 → 购后行为

图3–2　消费者购买决策的基本步骤

值得注意的是，图3–2的五个步骤是较为复杂的行为模式分析，不是每一次的购买决策都需要经过这五个步骤。一般而言，消费者在面临较为复杂且价格较高的农产品购买决策时，会进行反复权衡，其中也会涉及较多的购买决策参与者。而对于一些消费者，比较了解并有一定偏好的生活必需品，例如大米、面粉等，其会根据自身的消费习惯和经验进行选购，购买决策步骤相对简单。

二、农产品购买行为的影响因素

消费者对农产品的购买行为取决于他们的欲望、需求乃至消费习惯，而这些又是在多种因素的作用下而形成的。这些因素大致可分为文化因素、社会因素、个人因素和心理因素四大类。

（一）文化因素

1.文化

文化是区分一个社会群体与另一个社会群体的主要因素，是人们通过学习获得的区别于其他群体行为特征的集合。文化对消费者的购买行为具有广泛而深远的影响。人们对农产品的消费行为首先受到核心文化的制约，它是决定人们思维和行为的内在因素，体现在基本信仰、价值观念和生活准则等方面。例如文化水平较高的消费者，在一定程度上会选择高质量的农产品，并且对农产品的要求相对较高；文化水平较低的消费者，对农产品没有过高的要求。

2.亚文化

亚文化是在较大文化内与其他群体共存的一个群体，其成员具有的共同信仰、特征或经历等，能提供更为具体的认同感，例如民族文化、宗教文化、种族文化或区域文化等。对农产品企业开展营销活动而言，最重要的亚文化包括民族语种族文化，因为许多消费者都强烈认同自己身上所具有的遗传特质，并受到体现这些特质的农产品的影响。例如满族人不吃狗肉，则不会购买狗肉；回族人不吃猪肉，则也不会购买猪肉。

3.社会阶层

社会阶层是指一个社会中具有相对同质性和持久性的群体，它们是按等级排列的，每一阶层成员都具有类似的价值观、兴趣爱好和行为规范。社会各阶层具有特定的作用和特定的社会地位，不同等级的成员都被培养成不同的角色。在某些社会阶层，社会阶层的界限并非固定不变，人们可能升到上一层或降到下一层。营销人员关注社会阶层是因为同一阶层的人具有类似的购买行为。例如某一企业的经理和员工在农产品的购买方面会有明显的差异，前者会选择高档次的农产品，而后者通常不会。

20世纪30年代以来，学者们一直在研究决定社会阶层的因素，研究发现个人因素成为决定社会阶层的重要因素如图3–3所示。

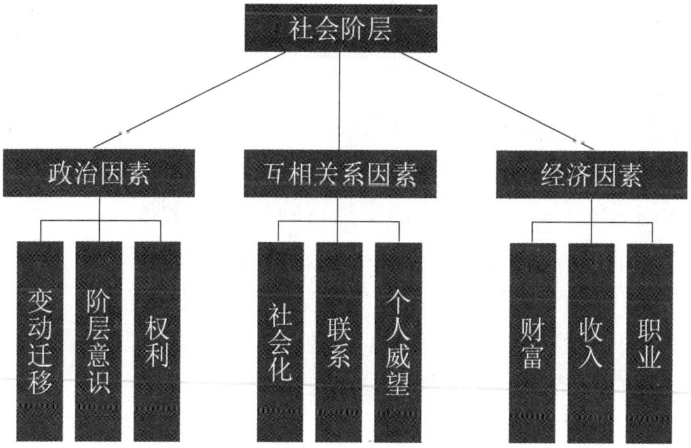

图3–3　社会阶层的影响因素

（二）社会因素

消费者在做出购买决策时，一般乐于听取所依赖之人的意见，以降低购买决策中的潜在风险。因此消费者购买行为也受到诸如参照群体、家庭、社会角色与地位等一系列社会因素的影响。

1.参照群体

所有能对消费者的态度和行为产生直接或间接影响的群体称为该消费者的参考群体。参照群体分为直接参照群体和间接参照群体。

直接参照群体又称为成员群体，即某人所属的群体与其有直接关系的群体。成员群体又分为首要群体和次要群体两种。首要群体是指与某人直接、经常接触的一群人，一般都是非正式群体，例如家庭成员、朋友、同事、邻居等；次要群体是指成员之间并不经常接触，但一般都较为正式的群体，例如宗教组织、职业协会等。间接参照群体是指某人的非成员群体，即此人不属于其中的成员，但又受其影响的一群人。这种参照群体又分为向往群体和厌恶群体。向往群体是指某人推崇的一些人或希望加入的集团，例如体育明星、影视明星等，其崇拜者的向往群体；厌恶群体是指某人讨厌或反对的一群人，一个人总是不愿意与厌恶群体发生任何联系，在各方面都希望与其保持一定距离。因此参照群体的划分如表3–1所示。

表 3–1 参照群体的划分

参照群体	直接参照群体（成员群体）	首要群体
		次要群体
	间接参照群体	向往群体
		厌恶群体

随着信息与网络技术的发展，社会生活中又诞生了一个新的群体——虚拟群体，它主要基于虚拟社区而非地域性社区。网络从时间和空间上改变了传统的社会交往和人际沟通的方式，形成了许多独特的观念和准则。

参照群体对消费者购买行为的影响，表现在以下三个方面。

（1）参照群体为消费者展示出新的行为模式和生活方式；

（2）由于消费者有效仿或反对其参照群体的倾向，因此消费者对某些事物的看法和对某些农产品的态度也受到参照群体的影响；

（3）参照群体促使人们的行为趋于某种一致化，从而影响消费者对某些农产品的选择。

企业应善于运用参照群体对消费者施加的影响，扩大农产品销售。在参照群体中，某种对参照群体具有影响力的角色称为“意见领导者”。

参照群体不可能对消费者的每一个农产品购买决策都产生影响，在不同的情况下，参照群体对于消费者购买行为的影响程度也不一样。

第一，消费者购买农产品的必须程度越低，参考群体的影响程度就越大；农产品的公众性越强，则参考群体的影响力也越大。

第二，个人对于参照群体的忠诚度越高，参照群体的影响就越大；同时消费者渴望加入某个群体，则其购买行为就会偏向于该参照群体的行为准则。

第三，消费者在购买决策中自信度越低，受到参照群体的影响就越大，尤其是在购买不熟悉的农产品时。如果消费者希望在该参照群体中有价值体现，受到参照群体的影响也越大。

第四，群体的凝聚力越高、意见领导的能力越大，参照群体对消费者的影响也就越大。但如果群体的规模大、人数多，观点难以形成异质性时，参照群体的影响力就会逐渐削弱。

2.家庭

家庭是指居住在一起，由拥有血缘、婚姻或者领养关系的两个人或更多人组成的群体。家庭是社会的基本单位，也是社会中最重要的消费者购买组织，其强烈地影响着人们的价值观、人生态度和购买行为。

家庭购买决策大致可分为三种类型：一个人独自做主；全家参与意见，一个人做主；全家共同决定。这里的“全家”虽然包括子女，但主要还是夫妻二人。夫妻二人购买决策权的大小取决于多种因素，例如各地的生活习惯、妇女就业情况、双方工资及教育水平、家庭内部的劳动分工，以及农产品种类等。孩子在购买决策中的影响力也不容忽视，尤其中国的独生子女在家庭中受重视的程度越来越高。随着孩子的成长、知识的增加和经济上的独立，他们在家庭购买决策中的权力也逐渐加大。例如一个家庭，在孩子年龄较小的时候，孩子的购买决策权相对较弱，农产品的购买通常由父母决定。随着孩子逐渐成长，购买决策权也逐渐增强，他们开始左右家庭中农产品的购买，父母的购买决策权也开始受到孩子的影响。孩子在家中的购买决策权随着年龄的增长而不断加大。在其他条件相同的情况下，家庭某个成员对农产品信息的掌握程度决定了其在农产品购买中所承担的角色。由于不同国家或社会阶层的情况不一，因此市场营销人员需要对目标市场的有关情况进行深入的研究。

3.社会角色与地位

社会角色是指个人在群体、组织及社会中的地位和作用。一个人在一生中会参加很多群体，例如家庭、工作单位、同学会、俱乐部及其他各种组织。每个人在各个群体中所扮演的角色也会不同，其地位也会有所差别。地位会随着不同群体、不同阶层和地理区域等因素发生变化。社会角色与地位的不同在某种程度上会影响消费者的购买行为。例如一位消费者，作为企业的经理在选择农产品当作礼品时，需要考虑该农产品是否符合其自身的身份地位；作为父亲在选择农产品用于家庭食品时，需要考虑该农产品是否健康、绿色。农产品经营企业把自己的农产品或品牌变成某种身份或地位的标志或象征时，将会吸引特定目标市场的消费者。分析消费者在购买决策上所扮演的角色，能够使农产品经营企业采取恰当的营销策略，尽可能地取得购买商品决策者的好感，同时也照顾到其他有影响力的成员。这种方法对促进商品多销、快销有着重要作用。

（三）个人因素

消费者购买决策受其个人特性的影响，特别是受其年龄、性别、职业、经济状况、生活方式、个性及自我观念的影响。

1.年龄

消费者的年龄和性别会对消费者的行为产生明显的影响，消费者的年龄通常是决定其需求的重要因素。人类从出生到死亡，通常要经历婴儿期、儿童期、少年期、青年期、中年期和老年期六个阶段，处于不同年龄段的消费者有着不同的需求心理和行为。而不同的农产品和服务通常只吸引某个特定年龄段的人群，例如年轻人喜欢追求新奇事物，勇于尝试新奇的农产品；年长的人则易倾向于稳定的消费；老年人倾向于购买和食用软烂的、有营养的、健康无污染的食品。

2.性别

由于男性和女性在生理上的先天差别，导致了不同的心理和行为，使两性在消费农产品及购买决策过程方面存在着显著差异。男性消费者购物目的明确，决策比较理性，接受质量可靠的农产品，追求快捷、简单的购物过程；而女性消费者往往购物目的不够明确，通常有更多计划外的购物，喜爱造型、包装等时尚可爱的农产品，同时决策偏于感性，常常乐于货比三家。因此不少农产品的加工品都按照性别对产品进行了细分，例如女性豆粉就是专门针对女性特点开发的具有美容养颜功效的速溶食品。一般而言，女性是农产品购买的主体，即家庭购买农产品的发起者、决策者和购买者，在家庭生活消费中的地位较高。由于农产品是家庭生活的生活基本品，因此农产品经营企业需要了解不同年龄层次和不同性别的消费者的购买特征，才能针对不同的消费者制定准确的营销方案。随着社会经济的发展，性别间的消费差异正逐步减少，许多企业已经开始研究如何将与性别有关的农产品转变为对两性同样适用的农产品，从而扩大市场容量。

3.职业

不同职业的消费者扮演着不同的社会角色，承担并履行着不同的责任和义务，有着不同的价值观和行为准则，对农产品的需求和兴趣也各不相同。因此农产品经营企业要掌握不同职业消费者的信息，并分析其购买习惯，为不同职业的消费者推介不同类型的农产品。

4.经济状况

经济状况是指消费者可支配收入、储蓄和借贷的能力。尽管农产品对消费者而言属于必需品，但是也受到经济因素的影响。经济状况的好坏、收入水平的高低都对消费者的购买行为有着更为直接的影响，人们的消费心理和购买模式往往随着其经济状况的变化而变化。不同的收入水平决定了不同的购买能力，决定了需求的不同层次和倾向。例如我国中低等收入的家庭选择国外进口的高档农产品较少，低收入家庭只能购买能够维持温饱的基本农产品。经济状况好的消费者比较容易接受价格较高的农产品，即对有机食品、绿色食品等的消费倾向较高，而经济状况一般的消费者则对价格很敏感，对价格高出一般食品多倍的有机、绿色食品的购买倾向就较低。农产品经营企业人员应密切关注居民的收入、支出、利息、储蓄和借款等信息，这对于价格敏感型的农产品销售更为重要。

5.生活方式

生活方式是指人们如何生活，这往往取决于人们过去的生活、固有的个性特征及现在的环境等因素。生活方式从不同的方面影响着消费者的消费行为。生活方式包括人们的衣、食、住、行、劳动工作、休息娱乐、社会交往、待人接物等物质生活和精神生活的价值观、道德观、审美观，以及与这些方式相关的各个方面，反映了人们的个人活动、兴趣和态度。人们所追求的生活方式决定了其对于商品或服务的购买欲望与需求，为购买提供了基本的动机。消费者的生活方式一旦发生改变，就会产生新的需求。例如随着城市工作节奏的加快，脱水蔬菜、速冻蔬菜等均受到消费者的喜爱，这些产品更适应人们对于现代食物的高要求和快节奏生活的需要。不同生活方式有着不同的购买需求。

6.个性

个性是消费者身上经常且稳定表现出来的心理特点的总和，其中包括个性心理倾向和个性心理特征。个性导致一个人对其所处环境的相对一致和持续不断的响应。每个人都有影响其购买行为的独特个性，例如自信、自卑、冒险、谨慎、勇敢、胆小等。消费者的个性心理特征的差异是通过不同的购买行为而表现出来的。例如面对新鲜事物，有的消费者从众心理较强，有的则固守己见；选购农产品时，有的消费者会慎重思考，有的则盲目冲动。在农产品市场营销活动中，消费者的个性可以从能力和性格两方面来进行分析。

（1）能力。在购买商品时，消费者需要具备感知、鉴别、分析、比较、检验、鉴别、决策等各种能力。由于个人素质、社会实践等方面的不同，消费者之间的能力也各不相同。因此能力上的差异使得消费者所体现的购买行为也不相同。有的消费者在面对各类农产品时比较自信，能够比较迅速地评价不同的农产品，从而做出满足自身需求的决策；有的消费者则会因为能力不足，对农产品无法进行辨别，购买较为犹豫。

（2）性格。从消费态度来分析，可将消费者分为保守型、节俭型和随意型三种。保守型的消费者在消费上较为谨慎，习惯于传统的消费方式，对于新出的农产品及新理念持怀疑态度；节俭型的消费者崇尚节俭，讲究物美价廉，因此在选购农产品时较为注重商品的质量；随意型的消费者在消费上没有形成稳定的看法，生活方式较为自由，因此对于农产品的消费也就没有固定的模式。

农产品经营企业对消费者的个性研究，不仅可以对当前消费者的购买行为进行分析，也可以在一定程度上预测其未来的消费走势，从而更好地推出符合消费者理念的农产品。以食品为例，消费者个性与食品选择之间有着某种联系，人们越来越倾向于购买具有独特卖点、不同风格的食品，以表达和维护自己的个性。但也有研究显示，个性大概仅可以表示10%的消费行为变化，虽然个性是消费者决策过程中的影响因素之一，却难以应用到营销策略中。

7.自我观念

自我观念是指人们由于自身特性而进行自我认知的一种方法。不同的人对自己有不同的认识，从而形成自己是属于哪类人的观念。自我观念包括理想自我观念和现实自我观念。理想自我观念是指个体期待自己是怎样的，即在个体自我概念中定位成应该是什么样的人；现实自我观念是指现实生活中个体的真实情况反映，是个体在现实生活中获得的真实感觉。人们总是不断努力，试图实现理想的自我观念。理想自我观念和现实自我观念均为影响消费者在购物决策过程中的重要因素。

（四）心理因素

心理因素一般是指消费者个人心理对农产品购买决策与购买行为产生的影响。心理活动是一种非常复杂的活动。心理因素在影响消费者购买行为时，一般会受到某些外部刺激，从而产生消费的欲望和需求。当需求达到一定程度时，继而引发购买动机，在购买动机的驱使下，消费者会寻找与产品相关的信息，然后权衡多个方面，做出购买决策和购买行为。购买后消费者还会根据自己的使用感受进行评价，从而形成购买经验。消费者购买行为要受动机、知觉、学习及信念和态度等主要心理因素的影响。

1.动机

动机是指由需要引起，推动人们实施购买行为的驱动力，其产生需要一定强度的需要，以及满足需要的目标和诱因。动机是一种驱使人满足需要、达到目的的内在动力，是一种升华到足够强度的需要，它能够及时引导人们去探求满足需要的目标。美国社会心理学家亚伯拉罕·马斯洛认为，人是有欲望的动物，只有尚未被满足的需要才会影响人的行为，已满足的需要不再是一种动机。人的需要是以层次的形式出现的，按其重要程度的大小，由低级需要逐渐向上发展到高级需要，依次为生理需要、安全需要、社会需要、尊重需要和自我实现需要。只有低层次需要得到一定程度的满足，较高层次的需要才会出现并要求得到满足。德国心理学家勒温指出，个人与环境之间存在一种平衡状态，这种状态一旦遭到破坏就会引起一种紧张，从而产生需要活动。如果需要无法得到满足，紧张状态就会维持，进而推动人们通过一系列活动消除紧张，恢复平衡，因此需要是促进行为发生的动力。

动机的产生可以分为内在条件和外在条件两类。内在条件是指达到一定强度的需要，需要越强烈，则动机越强烈。外在条件是存在诱因，诱因是驱使有机体产生一定行为的外在刺激，可分为正诱因和负诱因。正诱因是能够满足需求，引起个体趋向和接受的刺激因素；负诱因是不利于需求的满足，引起个体逃离和躲避的刺激因素。当内在条件和外在条件同时具备，个体的需求达到一定强度且存在诱因时，动机便会产生。

2.知觉

知觉是指人对事物传递或表现出的信息的一种综合性反应，是指直接作用于感觉器官的客观事物的各个部分和属性及其相互关系，在人脑所形成的整体的、综合的一种反映；感觉则是指人脑对直接作用于感觉器官的客观事物的个别属性的反映。感觉与知觉是两个相互联系的心理过程。两者的共同之处在于，都是对于客观事物的反映，客观事物消失，感觉和知觉也随之消失。知觉包括嗅觉、视觉、味觉、触觉，而它们相对应的感觉则是气味、颜色、味道、软硬。

知觉和感觉两者也存在差异，具体可从以下几个方面区分。其一，感觉是对客观事物的个别属性的反映；而知觉是对客观事物整体的反映。其二，感觉是产生于客观事物的物理属性，相同的刺激会引起相同的感觉；而知觉不仅产生于客观事物的物理属性，还产生于知觉者本身的特点，例如以往的知识经验等。其三，感觉是一种单一分析器活动的结果；而知觉是多个分析器分析活动的结果。

处于相同的激励状态和目标情况下的两个人，其行为可能大不一样，这是由于他们对情况的知觉各异。人们之所以对同一刺激物产生不同的知觉，是因为人们要经历三种知觉过程，即选择性注意、选择性曲解和选择性记忆。

（1）选择性注意

人们在日常生活中，都在接受众多的刺激，不可能全部加以注意，因此只关注那些自己感兴趣或者对自己有意义的事物和信息。研究表明，人们更多地关注那些与当前需要有关的刺激物、期待的刺激物，以及与一般相比有较大差别的刺激物。例如人们习惯了一般西瓜的大小，如果市场上突然出现如乒乓球大小的小西瓜，则会非常惊奇，会立刻产生注意。

（2）选择性曲解

选择性曲解是指人们将接收到的信息加以扭曲，使之合乎自己的认识或意愿的倾向。选择性曲解使顾客对信息的理解不一定符合信息的原貌，营销人员对此往往无能为力。

（3）选择性记忆

选择性记忆是指人们倾向于保留那些能够支持其态度和信念的信息，而可能忘记与自己的信念不一致的信息。

人们对于刺激物的理解是通过感觉进行的。所谓感觉是指通过视、听、嗅、味、触五种感官对刺激物的反应。随着感觉的深入，感觉到的材料通过大脑进行分析综合，从而得到知觉。

3.学习

人类有些行为出于本能，但大多行为包括购买行为却是通过后天的学习形成的。人们要行动就得先学习。学习是指由于经验而引起的个人行为或行为潜能的持续性改变。人类行为大都来源于学习。一个人的学习是通过驱使力、刺激物、诱因、反应和强化的相互影响而产生的。消费者感到饥饿是驱使力，食物则是刺激物，驱使力发生作用并寻找刺激物时便形成动机。反应是指驱使力对具有一定诱因的刺激物所发生的反射行为，例如是否购买及如何购买等；强化是指驱使力对具有一定诱因的刺激物所发生反应后的效果。如果效果良好，则反应得到增强；反之，则反应得到削弱。农产品经营企业要货畅其销，就有必要使自身及农产品的信息进入消费者的学习范围，使其主动或被动地接触相关信息，进而影响其观念和购买行为。促使消费者学习的方法主要有强化、重复、表象、刺激等。由于市场营销环境不断变化，新农产品、新品牌不断涌现，消费者必须经过收集多方有关信息之后，才能做出购买决策，这本身就是一个学习过程。

4.信念和态度

通过学习，人们获得了自己的信念和态度，而信念和态度又能影响人们的购买行为。所谓信念是指一个人对事物所持有的确定性看法。人们根据自己的信念采取行动，如果一些信念妨碍了购买行为，企业就要运用某些手段去影响或修正这些信念。人们对农产品经营企业及其农产品、服务所持有的信念，通常就构成了该企业及其农产品、服务的形象并成为购买行为的依据。在营销过程中，改变消费者的信念是较为困难的，因而经营人员应使自己的农产品适应消费者的需求，在此基础上加大广告宣传并实施有效的促销。所谓态度是指一个人对某些事物或某种观念长期持有好与坏的认识上的评价、情感上的感受和行动上的倾向。态度是具有价值性的，是不易改变的。消费者态度的改变有两种，一种是态度强度的改变，另一种是态度方向的改变。态度强度是指喜欢或不喜欢的程度，态度方向即喜欢、不喜欢或反对。态度不是与生俱来的，是通过后天的学习而形成的，一旦形成，将持续相当长的时间，虽然会产生变化，但变化较为困难且变化时期较长。消费者的态度主要包括品牌信念、品牌评估和购买意愿三个部分。

（1）品牌信念

品牌信念是指消费者根据某品牌农产品的属性和利益所形成的认识，例如液态牛奶的属性有蛋白质含量、脂肪含量等，由此给消费者带来的利益有补充营养、能量等。在这个阶段，品牌已经成为企业参与市场竞争力的主要内容，其具有一定的社会性、物质性和意识性。消费者的品牌信念为农产品经营企业提供了一种识别本企业品牌相对于竞争对手的优势和劣势的方法，可以通过市场调查，检验农产品在属性与利益方面是否存在劣势，如果存在，则需要考虑改进农产品或对该农产品进行重新定位。

（2）品牌评估

这一部分包含了消费者对于农产品品牌的情感反应。

（3）购买意愿

购买意愿是指消费者对农产品做出特定反映的倾向，即消费者是否决定购买该品牌农产品。此时消费者难以对农产品的一些具体属性做出反应，但需要对整个产品做出是否购买的决策。农产品经营企业可以通过对产品进行相关营销组合，分析消费者购买行为因素，以确定影响购买的主要原因。

因此农产品经营企业可以改变自己的产品以迎合消费者已有的态度，尽量不要尝试去改变消费者的态度，因为前者比后者付出的代价相对较小。

三、关于消费者购买行为的调查

（一）购买行为的调查步骤

购买行为的调查步骤为：确定调查目的、制订调查计划、搜集调查资料、整理分析资料、撰写调查报告。具体详述如下。

1.确定调查目的

为了有针对性地进行市场调查，避免盲目行动所造成的人力、财力的浪费，必须首先找出需要解决的问题及问题的关键所在，确定调查目的。

2.制订调查计划

调查计划主要包括如下内容：（1）调查目的；（2）调查项目，根据调查目的决定所需要调查资料的类型、项目及内容；（3）调查方法；（4）经费估计，一般是根据文件资料费、交通费、调查费、出差补助费、杂费等项目来进行估计的；（5）调查日程安排，根据调查过程中所需要做的各项工作、所需时间及先后顺序，做出调查日程安排，列出调查进度表。

3.收集调查资料

收集调查资料一般按照调查内容的需要，遵循从内到外、从现有到实地的原则进行。首先查阅内部资料，然后根据调查课题的需要到有关部门去查阅有关的现有资料，最后进行实地调查，取得所需要的第一手资料。

4.整理分析资料

整理资料主要包括以下几个方面：（1）清除错误资料，检查是否有由于样本选取错误或计算错误、询问表设计不当、询问记录不全等原因造成的错误资料；（2）分类编号，为了便于归档和统计，必须将资料按适当的分类进行编号；（3）统计分析，根据不同类型资料的要求，制成统计表、统计图，计算百分比、平均值。

5.撰写调查报告

根据调查情况和分析结论，撰写调查报告，供决策者参与。调查报告主要包括以下五方面：（1）调查目的；（2）调查方法；（3）调查结果及资料分析；（4）建议；（5）附录，将有关调查方法和调查结果的详细资料、统计表等附后，以便决策者查阅。

（二）购买行为的调查方法

1.询问法

询问法是指将调查事项以当面或书面或电话的形式询问被调查者，以获得预期资料的调查方法。询问法是一种常规的市场营销调研方法，也是获取原始资料的主要方法。询问法的调查方法主要有电话调查、邮寄问卷调查和人员访谈调查等。

2.观察法

观察法是指由调查人员或机器（例如相机、录音机或某种特定仪器）在现场通过观察并记录被调查者行为的一种搜集资料的方法。观察法的特点是被调查者感受不到其正处在被调查之中。这种方法虽然不直接向被调查者提出问题，但是可以通过直接观察事实或通过仪器进行收录，以判别被调查者在某种情况下的行动、反应和感受。观察法可分为直接观察法、亲身经历法、痕迹观察法、行为记录法、展销观察法等。

3.试验法

在因果关系的研究中，试验法是一种非常重要的工具。试验法是指通过试点取得经验，再由试点到试面进行推广的工作方法。当推出一种新农产品的影响策略时，可按调查的项目选择一定的地点、对象、规模来开展小范围内的试验，并对其结果进行全面的分析、评价，看有无大规模推广的价值，应如何改进才最有效等。常用的试验法有实验室试验、销售区域试验和模拟试验。

（三）抽样方法

在选择了相应的调查方法以后，需要对调查结果进行抽样以统计数据，可选择的抽样方法主要分为两类，即非概率抽样和概率抽样。

1.非概率抽样

非概率抽样是指依赖研究人员的个人判断而非随机原则选择样本个体。非概率样本简便、易行，但每个样本个体被抽中的概率不详，因此无法运用概率论和统计方法来推断总体，也无法计算抽样误差。这种抽样方法常用于探索性研究和预调查。非概率抽样主要包括便捷抽样、判断抽样、配额抽样和滚雪球抽样四种方法。

2.概率抽样

概率抽样是指在调查总体样本中的每个个体都具有同等可能性被抽中的机会。概率抽样又称随机抽样，是以概率理论和随机原则为依据来抽取样本，使总体中的每一个个体都有一个事先已知的非零概率被抽中。概率抽样法主要包括简单随机抽样、分层抽样、系统抽样和整群抽样四种方法。

本章小结

农产品市场营销的目的，是为农产品找到准确匹配的购买对象，从而满足消费者群体日益多样化的需求。市场营销是企业实现利润增加的主要职能。随着我国国民生活水平的不断提高，消费者不仅要求消费各种数量充足、质量上乘的农产品，而且还要求能够获得更好、更便捷的购买服务；除了满足生理需要，更期望获得心理上的满足。在市场竞争日益激烈的大环境下，农产品经营企业之间的竞争集中在对消费者的争夺上，谁的农产品和售卖服务能够赢得更多的消费者，谁就能在竞争中脱颖而出，占据较大的市场份额，否则将会失去竞争力和市场。因此企业应充分把握消费者对农产品的需求及购买行为规律，以便更好地开展市场营销活动。

现代市场营销是以消费者为中心，满足消费者需求的市场营销。本章从农产品消费者市场入手，讲述了消费者需要什么；影响农产品消费者市场的因素有哪些；什么因素促成消费者做出消费决策；不同收入阶层的消费者购买行为有哪些不同；不同消费群体的购买特点是什么，以及消费者的购物过程怎样；接着从经营者的角度出发，分析了什么是市场机会；告诉经营者怎样走向市场。

思 考 题

1. 什么是农产品消费者市场？
2. 农产品消费者市场有哪些特点？
3. 消费者对农产品的购买决策内容包括哪些？
4. 文化因素对消费者购买行为有什么影响？
5. 说明购买决策过程的主要步骤。

案例分析

案例一　小罐茶即将上新多泡装　推动茶叶从农产品到消费品蜕变

多泡装再次体现小罐茶的消费品思维、工业化思维及标准化产品，将对茶叶主流消费市场带来更多改变。

从2017年首届中国国际茶叶博览会收到致贺信到2019年中央一号文件将“茶”与“果”“菜”并列作为我国乡村特色产业之一——这一切表明，茶业正迎来前所未有的发展良机。

然而由于我国茶叶市场分散，品牌占有率和集中度低，中国消费者在茶叶消费方面并没有清晰的品牌概念。根据中国农科院茶叶研究所产业经济研究室曾发布的《茶叶品牌化消费行为与营销策略》报告显示，在品牌忠诚度方面，来自10座城市的10 000名茶叶消费者当中，只有11%的人购买的茶，明确来自同一家企业。

推进消费升级，就是要瞄准这些痛点、盲点，用更丰富的商品、更优质的服务，满足多姿多彩的消费新需求。日前，小罐茶在安徽合肥宣布推出多泡装的消息。据悉，多泡装从立项到上市历时约两年时间，是小罐茶继金罐系列之后的第二个重要产品系列。业界纷纷解读，这是小罐茶进入2.0时代的重要标志，多泡装承载着一个“饮品驱动”的茶叶新消费时代。

推动行业标准化

中国是茶叶的发源地，是世界上较早发现、栽培、加工、饮用茶叶的国家，也是世界上最大的茶叶生产国、消费国和贸易国之一。根据中国茶叶流通协会数据显示，2018年中国茶叶国内销售量达191万吨，同比增幅为5.1%，市场内销额达2 661亿元。中国农科院数据则显示，我国茶叶消费人群约为4.7亿。

由于价格不透明、品质不统一、饮茶繁琐化等问题，中国茶叶的消费潜力受到了一定制约。中国食品行业分析师朱丹蓬指出，中国茶行业目前有两个痛点，一是好茶体验的高成本，二是好茶体验的便利性。

作为国内茶市场的后来者，小罐茶在短时间内迅速跻身市场前列，这一傲人业绩离不开小罐茶构建的“全产业链+大研发”战略：对茶叶的生产和种植环节进行现代化布局和升级，为市场、研发、工厂和茶园等上中下游产业链树立了行业标准。

小罐茶团队2012年在决定进入茶产业后，就开始深入全国产茶区寻找好茶。他们发现，中国缺的不是好茶，而是好茶的认知标准：如何让消费者便捷简单地喝到真正的好茶，为此他们用了近四年的时间，行程40万公里才确立了产品思路。

在搭建产品体系的过程中，小罐茶团队迎难而上，从源头开始严控茶叶的质量，并制定采摘、工艺、品控等一套严格的标准，打造强大的品控、品牌、运营、渠道、服务等体系，把好每一个关口，从根本上保证小罐茶的品质。小罐茶携手制茶大师，统一等级、统一规格、统一价格等，建立起大家对好茶的认知标准。同时，邀请国际一流的设计大师，打造时尚、现代的产品形态，创新消费体验。

此外，小罐茶成立了“茶叶工业装备中心”和“茶叶研发中心”，分别聚焦茶叶工业化课题，以及研发具有高辨识度的茶叶产品。2017年底，小罐茶总投资15亿元在黄山建设全球茶业领域的首个智能化工厂——小罐茶黄山中央工厂。该工厂将集加工、仓储、物流全自动化于一体，成为中国茶行业的现代化智能产业基地，推动行业的工业化、智能化。

除了自我革新，小罐茶还联手高校的茶学、食品、医学等院系顶级专家团队，集合西门子、IBM等全球智能制造领域顶尖资源，以期共同加快中国茶行业转型的步伐。其中与IBM的合作格外引人关注。据了解，小罐茶将引进IBM为其量身定制的AI[1]自动除杂生产线，通过最先进的认知视觉检测识别茶叶中的各类杂质，同时自动化地完成从上茶、输送、拍照、分析、挑拣、复检、收集等茶叶除杂的各个程序，从而实现小罐茶加工生产线的自动化与智能化。这对中国茶业的创新升级意义重大。

瞄准主流消费群体

小罐茶创立伊始，就确立了产品多元化战略，致力于让更多人简单、方便地喝到好茶，满足不同人群在不同消费场景下的需求。伴随金罐系列的成功，小罐茶高标准的品质管控体系、生产供应体系也日趋成熟，这也为其他产品的诞生奠定了坚实基础。

历时两年多打造的多泡装系列产品，就是小罐茶产品多元化战略的又一次重要落地，更多针对自饮人群在差旅、商务等不同场景的需求。多泡装延续了小罐茶一直以来的指导思维，采取消费品思维、工业化思维及标准化产品，满足消费者希望产品容量大、使用自由度大、保鲜存储久等个性化需求，对大罐包装茶叶做了一次系统性创新。

作为小罐茶多元化战略的重要一步，多泡装与金罐系列有着明显的不同。

第一，金罐系列定位于高端人群，而多泡装更多的是针对数量庞大的茶叶自饮人群，他们也是目前中国茶叶消费市场的主力人群。第二，消费场景和目标方式也不同。金罐侧重于待客，而多泡装是基于主流喝茶人群自饮，用“一罐多泡”“容量大”“使用自由度大”“保鲜储存久”来满足他们的消费习惯。第三，价格上多泡装可以满足中端消费人群和年轻群体消费能力。

多泡装覆盖龙井、滇红、大红袍、普洱茶、铁观音和茉莉花茶6个品种，并延续了小罐茶对产品年轻化、时尚化的要求，以简约黑色为主色调，时尚又大气。同时与传统大罐相比，多泡装的体积、质量都恰到好处，携带比较方便。

此外，多泡装延续大师监制，制茶大师从采摘、工艺到品控、审评等全流程进行品质把关，多泡装还要经过从鲜叶、毛茶到成品茶的3次农残检测，以及从茶园到工厂的6道挑选工序。在正式出厂前，还要再次接受专业的科学审评，只有通过审评合格的茶叶，才能被装到罐内。

多泡装又做了系统性创新，特别采用了充氮保鲜技术（大红袍和普洱熟茶除外）、双重密封，以及使用食品级密封罐体，这些可以有效地让剩余茶叶减少外部潮湿、氧化等因素的影响，更持久地新鲜保存。

---
[1] AI即人工智能

综合看来，每罐多泡装为40～50克，价格150元，可以说小罐茶多泡装是一款高性价比的好茶。

小罐茶的初心是让更多的人简单、方便地喝到好茶，而多泡装的推出恰恰是小罐茶不忘初心的体现。多泡装将要面对的消费群体是整个茶叶市场中数量最庞大、也最为主流的茶叶自饮人群，未来势必对这一市场带来更多的影响，进而也会推动行业其他品牌开始去思考、创新。

朱丹蓬表示，从小罐茶产品线布局的金字塔结构来看，多泡装正好是在整个金字塔的塔腰，塔腰会把受众人群的深度和宽度都拉宽拉深。小罐茶多泡装无论是从定位，还是细分人群，或者其他各方面来说，它的市场是相当乐观的。

案例二　追问真假“土鸡蛋”：不少消费者吃了闷亏

随着生活水平的提高，人们在吃的方面越来越注重营养和健康，尤其是来自农家的鸡蛋，更是受到消费者的青睐，土鸡蛋、绿色鸡蛋、无公害鸡蛋、走地鸡蛋……在各大超市、集贸市场等地，鸡蛋品种琳琅满目。

报全媒记者多方探访，揭秘武汉鸡蛋市场现状。

同为鸡蛋　“待遇”不同

2019年6月9日，记者在中百仓储武汉秦园东路店看到，禽蛋类货架上摆满了各式各样的蛋品类产品，鸡蛋类又分散装和礼盒装。但无论是散装鸡蛋的标签卡还是礼盒鸡蛋的外包装上，都只标明了鸡蛋产地及价格，不再有“土鸡蛋”等字样，取而代之的是“鲜”“散养”“生态”等字样。

在武商量贩岳家嘴店蛋品类销售专区前，一名售货员指着刚刚上架的鸡蛋向记者介绍：“这是土鸡蛋……”话未落音，她随即改口：“这是鲜鸡蛋，散养的。”

“自从央视3·15晚会曝光‘好土’牌鸡蛋事件后，超市货架上的蛋品不再出现‘土鸡蛋’等字样了。”售货员解释道。她说，目前不再以“土鸡蛋”作为卖点。蛋鸡饲养环境、饲料种类是决定鸡蛋价格高低的重要因素。

记者走访发现，不只是这两家本土超市，沃尔玛、麦德龙等进驻超市也没有“土鸡蛋”字样的产品。

虽然不再明确标明哪些是“洋鸡蛋”哪些是“土鸡蛋”，但鸡蛋的“待遇”仍是千差万别。

在记者走访的四大超市近十个品种鸡蛋的报价中，最便宜的白壳鸡蛋价格为4.99元/斤，此外还有各家无公害鸡蛋7元/斤，更贵的还有9.27元/斤的木兰湖农养鸡蛋和13.8元/斤的木兰湖草虫山林鸡蛋。总体看，标明“生态”“散养”字样及原产地的蛋品比普通蛋品价格高出50%以上。

与正规商超集体下架“土鸡蛋”不同的是，一些集贸市场或农产品专卖店里，“土鸡蛋”依然保持着旺盛的生命力。

“当然是‘土鸡蛋’卖得更好。”武昌区青鱼嘴附近一菜场的摊主说，最便宜的“鲜白蛋”也就是平常所说的“洋鸡蛋”，零售价格是5.8元/斤，“土鸡蛋”零售价则为9元/斤。“‘土鸡蛋’拿货贵，零售价就贵了。”

当记者询问摊主“土”“洋”鸡蛋究竟有何差别时，摊主称“土鸡蛋”指的是农家散养、吃自家五谷杂粮的鸡所生的蛋，而“洋鸡蛋”指的是养鸡场用合成饲料笼养的鸡所生的蛋。“‘土鸡蛋’蛋黄颜色偏黄、味道更香，也更有营养。”

“土”“洋”之争　实为误区

到底什么是“土鸡蛋”？“土鸡蛋”营养价值到底怎么样?

“有人认为，农户家散养的鸡下的蛋才算‘土鸡蛋’；有人认为，不吃饲料的就算‘土鸡蛋’。其实，目前并没有明确的国家标准来区别鸡蛋的‘土’与‘洋’。”省市场监管局相关负责人坦言，多数消费者认为，“土鸡蛋”价格更高，所以营养价值更高，这其实是一个认知误区。

该负责人表示，很多人在选择鸡蛋的时候选择“土鸡蛋”，觉得它比一般的鸡蛋要安全、更有营养，因此宁愿花双倍的价钱去购买“土鸡蛋”。不少商家利用消费者的心理，以“土鸡蛋”的名字和价格售卖，实际上却是普通鸡蛋贴上“土”标签，让不少消费者吃闷亏。

国家市场监管总局检测数据表明，散养鸡蛋的蛋白质、碳水化合物、胆固醇、钙、锌、铜、锰含量略多一些，而脂肪、维生素A、维生素B_2、烟酸、硒等略少一些，但略多和略少的差别微乎其微，整体营养上基本没有什么差别。

既然“土鸡蛋”在营养价值上并不比“洋鸡蛋”高，为什么还有那么多人爱吃呢？有营养学专家认为，土鸡蛋中的脂肪含量更高，所以蛋黄较大，适合做煮鸡蛋和煎蛋，简单的烹调方法能将其优良的口感完全发挥出来。而普通鸡蛋的蛋清较多，适合做蒸蛋或打蛋花用。

做了20多年蛋品生意的枝江双圆禽蛋养殖有限公司负责人李绪平说：“真正农家散养鸡蛋几乎没有进入大型商超、农贸市场的可能。一是产量达不到，根本满足不了需求；二是生产成本太高，无法规模化……鸡蛋属于新鲜食物，常温下保质期只有1个月，即便是在5 ℃以下的环境，保质期也只有50天。”李绪平表示，选鸡蛋更应注重生产日期，出厂日期越近的鸡蛋越新鲜，口味也更上乘。

品质安全　才是首选

“民以食为天，食以安为先。消费者对土鸡蛋的热衷，本质上是对美好健康生活的追求。”黑龙江省市场监管局相关负责人表示，消费者无论选购哪种蛋品，最关键的是要注意食品卫生、生产日期等信息。现代化养殖场里，对饲养环境、饲料卫生、鸡蛋的保存和运输，都有严格的要求和控制，因此笼养鸡鸡蛋的卫生状况可能比散养鸡鸡蛋更有保障。

武汉大学经济管理学院副教授陈忠斌认为，想让消费者无后顾之忧，必须要解决关键性问题，就是企业要深化供给侧改革，向市场提供高品质的健康产品。禽蛋生产商要控制鸡的品种、选择合理的饲养方式，在疫病防控、抗生素使用等方面制定完整的技术规范，提高地方鸡禽标准化养殖水平，从而提升鸡蛋的品质。

关于鸡蛋，这些常识要知道

1.红壳鸡蛋比白壳鸡蛋有营养吗?

红壳鸡蛋比白壳鸡蛋唯一的优势在于蛋壳比较厚，储存时间长一些，但是其中所含营养是相差无几的。

2.蛋黄越黄越有营养吗?

鸡蛋中的蛋白质集中在蛋黄上，如果饲料中有青叶或者玉米，那么鸡蛋蛋黄的颜色就会加深，的确具有更高的营养价值。

3.煮鸡蛋时间越长越好吗?

专家指出：鸡蛋煮的时间过长，蛋黄中的亚铁离子与蛋白中的硫离子化合生成难溶的硫化亚铁，很难被吸收。

4.生吃鸡蛋更有营养吗?

吃生鸡蛋是非常危险的，因为生鸡蛋中很有可能带有沙门氏菌，吃生鸡蛋很容易感染，导致发烧、腹泻、腹痛等。

5.鸡蛋到底能不能和豆浆一起吃?

一部分人认为：豆浆中的胰蛋白酶抑制分子，与鸡蛋中的黏液蛋白相结合，会影响人体对营养成分的吸收。其实，豆浆在加热之后其胰蛋白酶就已经失活了，所以豆浆和鸡蛋是可以一起吃的。

6.感冒时不能吃鸡蛋吗？

专家指出：人在感冒发烧时，抵抗力有所下降，基本上是食不知味，体内缺乏营养，大家都知道鸡蛋中含有大量的蛋白质，所以吃鸡蛋对于病情的恢复是有所帮助的。生病时尽量吃鸡蛋羹、蛋花汤，不要吃油炸或者煎蛋。

7.产妇要多吃鸡蛋吗？

产妇坐月子时吃大量鸡蛋是我国的一个习俗，但在食物丰富的今天，已经不再适用。产妇应该保证食物的多样性，除了每天吃一两个鸡蛋，还要吃肉类、奶类、豆类、粮食和果蔬，以达到膳食平衡。

8.如何挑选鸡蛋呢？

挑干净的鸡蛋：不干净的鸡蛋本身可能会存在健康隐患，要吃就吃看着干净的鸡蛋。

看好蛋壳：新鲜的鸡蛋蛋壳上有一层霜状的物质，表面看起来没有光泽，摸起来也比较粗糙。

看好蛋重：相对而言，同样大小的鸡蛋，越重的越新鲜，水分物质挥发的越少。

听听声音：购买鸡蛋时可以拿起鸡蛋在耳边轻轻的摇晃，新鲜的鸡蛋没有声音，因为里面空间相对饱满，如果不新鲜，里面气室变大，就会有晃水的感觉。

来源：湖北日报

第四章　农产品产品策略

前导案例

五常大米节将在深哈两地同步举行

为进一步宣传五常大米，提高五常大米的品牌价值，2019年7月30日，第二届中国优质稻米之乡·五常（乔府大院）大米节新闻发布会在哈尔滨举行。据介绍，8月28日至31日，五常市将在深哈两地同步举办第二届中国优质稻米之乡·五常（乔府大院）大米节。

2018年8月28日至30日，五常市成功举办了首届中国优质稻米之乡·五常大米节，以“五常大米”金字招牌为基础，通过组织各项活动，动员各方力量，整合多方资源，大大提高了五常的城市知名度、吸引力和“五常大米”的品牌价值。2018年，五常大米品牌价值达677.93亿元，一年净增7.23亿元，连续3年蝉联地标产品大米类全国第一位。

第二届中国优质稻米之乡·五常（乔府大院）大米节由五常市大米协会主办，五常市乔府大院农业股份公司承办，将在深圳市坪山区和五常市同时进行。在坪山区举办本次大米节也是利用深哈合作，坪山和五常结为友好城市的契机，让大家进一步加深对五常投资环境和独特资源的深刻了解，进一步增强在五常投资创业的信心。

第二届中国优质稻米之乡·五常（乔府大院）大米节拟通过举办稻米高峰论坛、招商推介、稻米及农特山产品展示、洽谈、签约、订购、历史民俗文化展、地方美食鉴等活动，通过线上、线下多维度宣传，继续扩大五常大米节暨五常大米品牌知名度和社会影响力。

近年来，五常市通过建立标准、严格管控、强化营销、完善链条等举措倾力“打造顶级品质、打造最优环境、打造国际品牌、打造高效产业”，全面实施五常大米产业提升工程，农民增收、企业增效、财政增税、消费增信、品牌增值的“五增”目标已初步显现。

来源：黑龙江经济报

知识要点

（1）了解农产品的整体概念及销售分类、组合策略；

（2）掌握农产品的市场生命周期概念及特点与各阶段的策略；

（3）掌握农产品品牌及策略、创建与保护，农产品集体品牌和地理标志、农产品包装及其策略。

农产品经营企业在确定了目标市场定位以后，就要根据消费者的需要来研发和生产农产品，并利用相应的产品组合和品牌包装策略使农产品受到消费者的青睐。

第一节　农产品与农产品组合

一、农产品的整体概念及销售分类

农产品是指人们通过控制动植物的生命过程所取得的物质原料。联合国粮农组织将农产品分为广义农产品和狭义农产品两类。其中广义农产品包括农作物粮食和经济作物、水产品、畜产品、林产品；狭义农产品主要指粮食、水产品、畜产品，以及经济作物中的油料作物、饮料作物和糖类作物，但不包括林产品和经济作物中的橡胶、纤维。从广义农产品可以看出，农产品包括在农业活动中直接获得的未经加工的产品，以及经过分拣、去皮、剥壳、清洗、切割、冷冻、打蜡、分级及包装等粗加工，但未改变基本自然形状和化学性质的加工品。农产品不同于工业产品和服务产品，它有着非常显著的特点。

（1）农产品存在绝对需求。农产品是人类生存和发展的基础，任何人都对农产品存在基本需求，是人民生活必需品，或为生活必需品提供原料，特别是对粮食等农产品存在绝对需求，这种需求必须得到绝对满足，这是农产品最基本的特点。

（2）农产品需求稳定。农产品需求弹性小于供给弹性，农产品供给量发生的较小变化，很可能导致农产品的市场价格发生暴涨或暴跌。

（3）农产品生产具有明显的季节性、周期性，许多农产品还有明显的地域性。一般农产品生产都受季节限制，农作物的生命过程具有比较确定的周期，一旦生命（生产）过程开始，除非发生特殊情况，一般都会沿着孕育、生长、成熟和死亡的自然生命周期依次进行，很难进行人为调控，或者调控的余地很小，这使得农产品的市场价格对生产的调节具有明显的滞后性。

（4）农产品生产受气候条件影响大。农产品生产不像工业生产那样易于控制，农产品生产年度的产量难以保持稳定，市场提供能力无法确定。

（一）农产品的整体概念

农产品有其内涵和外延。农产品的整体概念是指提供给市场，用于满足人们某种欲望和需求的与农产品有关的生产、加工、运输、销售实物、服务、场所、组织及思想等一切有用物。农产品的整体概念包含三个产品层次，依次是农产品核心产品、农产品有形产品、农产品附加产品。农产品核心产品主要包括核心利益或服务；农产品有形产品主要包括质量、特征、形态、品牌和包装；农产品附加产品主要包括农产品的信贷、免费送货、保证售后服务、农产品知识介绍、种子栽培技术指导等。农产品的整体概念如图4–1所示。

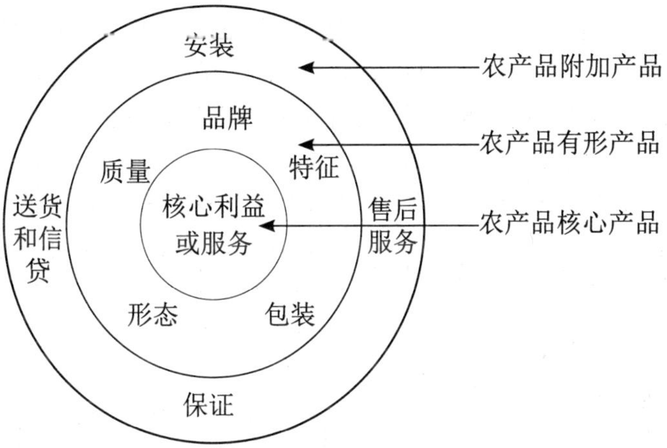

图4–1　农产品的整体概念

1.农产品核心产品

农产品核心产品是指消费者购买某种农产品时所追求的效用，是消费者真正的购买目的所在。这是消费者需求的核心，也是农产品的整体概念最主要的内容。消费者购买农产品，正是为了获得满足自身某种身心需要的核心利益或服务。因此企业生产及营销首先要着眼于农产品基本的效用和性能。例如消费者购买鸡蛋，是为了从鸡蛋中获得蛋白质；购买蔬菜、水果是为了获取维生素等。消费者购买的是农产品的营养而不是农产品本身。

2.农产品有形产品

农产品有形产品主要是指农产品中可见和可感觉到的要素。农产品有形产品是农产品核心产品实现的形式，即向市场提供的农产品实体的外观。它由五个标志组成，即农产品的质量、特征、形态、品牌和包装，它们间接地影响消费者对农产品的满意度和评价。其中质量好坏是农产品畅销与否的关键因素。农产品的特征、形态、品牌和包装也是农产品畅销的重要因素。一个优良的包装结构可以更好地展示商品，还能给消费者带来心情或使用上的愉悦。例如五彩辣椒、樱桃番茄等农产品的出现，打破了人们对传统农产品的认识，这些农产品在外观、形状等方面进行创新后，深受消费者欢迎，尽管价格高，但销量很好。

3.农产品附加产品

农产品附加产品也称延伸产品，是指消费者在取得农产品或使用农产品过程中所能获得的有形产品以外的利益，其中包括提供农产品的信贷、免费送货、保证售后服务、农产品知识介绍、种子栽培技术指导等。例如农民购买大型农资设备可以申请贷款，国家也于2004年出台了相关的补贴政策。附加产品是农产品的整体概念中的一部分，其存在有利于引导消费者刺激购买，并最终增强企业的竞争优势。

市场营销中的产品是产品的整体概念，因此消费者对农产品的评价要从整体概念出发，而不同企业在农产品质量上的竞争也就成为了农产品整体概念的竞争。随着生活水平的提高，人们对农产品的需求日益多样化、个性化，从而对各层次意义上的农产品要求更高。第一，消费者购买农产品追求的核心利益是能够买到营养价值高、口感味道好、卫生安全性强，以及无污染的优质绿色产品。第二，农产品的质量、特征、形态、品牌等有形标志也是影响农产品能否畅销的重要因素。第三，良好的服务是整体产品中日益重要的一部分。

由此可见，上述三种产品层次共同构成了农产品的整体概念，彼此不可分割。其中，核心产品是根本，但必须转化为有形产品才能得以实现，而且通过良好的服务和增值收益形成附加产品，能够进一步提高企业的市场竞争力。因此农产品经营企业要树立起农产品整体概念意识，只有提供农产品三个层次的最佳组合才能确立农产品在市场中的优势地位，才能够在竞争激烈的市场中占有相对的份额。

加强农产品服务，不仅能增强农产品的竞争力，而且能提高农产品的附加值。农业生产经营者必须树立农产品的整体概念，一是要通过科技创新逐步建立农产品技术质量标准体系，加快“绿色产品”生产，使农产品在营养价值、口感、口味、卫生安全等方面达到市场需求标准。二是要重视农产品的包装，使其做到“多样化、组合化、小型化、精品化、透明化、绿色化、国际化”。三是要搞好农产品商标注册、宣传和保护，加强品牌推广与扩展，树立农产品的品牌形象。四是要增强农产品服务意识，搞好农产品的分级、切割、保鲜等工作，建立配送服务等售后服务体系。

农产品的整体概念对于农产品市场营销管理具有重要的指导意义，是在市场经济条件下对农产品概念的完整、系统、科学的表述。

（二）农产品的销售分类

按照农产品的销售关系，可将农产品的销售分为以下几类。

（1）独立产品，即农产品的销售不受其他农产品在市场上销售的影响。

（2）互补产品，即农产品与其他的农产品在市场销售上相互依存，一种农产品销量增加会同时带动另一农产品销量增加，反之亦然。

（3）替代产品，即两种农产品在市场销售上存在竞争关系，彼此在消费者购买决策中可以互相替代，因此一种农产品销量增加会导致另一农产品销量减少。

二、农产品组合策略

在现代社会化大生产和市场经济条件下，农产品经营企业生产和经营的农产品往往有许多种，这就会涉及生产经营的产品组合问题。因此产品组合策略不仅要应用“产品整体”的概念，而且要对企业生产经营的全部产品的组合情况进行分析。只有选择合适的产品组合策略，才能从中获取最大化的整体效益。

（一）产品组合的含义

产品组合是指企业生产经营的全部产品的结构。产品组合由产品线和产品项目构成。所谓产品线又称产品大类，其是指产品类别中具有密切关系（或经由同种商业网点销售，或同属于一个价格幅度）的一组产品。产品项目是指某一品牌或产品大类，由尺码、价格、外观及其他属性来区别的具体产品。例如农产品经营企业生产经营大米、面粉、食用油，这就是产品组合，而其中的大米、面粉、食用油等就是产品线，大米中的粳米、籼米、糯米就是产品项目，产品项目还包括面粉中的高筋面粉、中筋面粉、低筋面粉和无筋面粉等，食用油中的大豆油、棉籽油、调和油等，因此农产品组合宽度表如表4–1所示；再例如中粮集团已经多年入选《财富》世界500强，业务横跨农产品、食品、酒店、地产等领域，但其旗下众多优秀品牌（例如“长城”葡萄酒、“福临门”食用油、“金帝”巧克力、“可口可乐”系列饮料、凯莱酒店、凯莱物业、“中粮”面粉、“COFCO”牌啤酒麦芽、中粮美特印铁制罐、华鹏瓶盖等，如图4–2所示）的知名度远高于中粮集团本身。

表 4–1 农产品组合宽度表

大　米	面　粉	食用油
粳　米	高筋面粉	豆　油
籼　米	中筋面粉	棉籽油
糯　米	低筋面粉	菜籽油
	无筋面粉	调和油

图4–2　中粮集团旗下品牌

企业的产品组合有一定的宽度、长度、深度和关联性。

所谓产品组合的宽度，是指一个企业生产经营的产品线的数目。产品线越多，产品组合就越宽，反之则越窄。如上述产品组合中，企业经营大米、食用油、面粉三条产品线，其宽度为3。

所谓产品组合的长度，是指一个企业的产品组合中所包含的产品项目的总数。如表4–1所示，农产品经营企业的产品项目长度为3+4+4=11。

所谓产品组合深度是指每个农产品所包含的花色、式样、规格的多少。如表4–1所示，大米的组合深度是3，面粉的组合深度是4，食用油的组合深度是4。又例如花生油有生食油（凉拌）和烹调油，其产品组合的深度是2；综合性的花卉商场经营的花卉不仅有盆花、干花、鲜切花，而且还有种球、盆景等，其产品组合的深度是5。

所谓产品组合的关联性，是指一个企业的各个产品线之间在最终用途、生产条件、分销渠道或其他方面存在的相关程度。例如许多粮食产品都可以作为畜牧产品的饲料，而畜牧产品，例如牲畜的粪便又可以成为一些粮食产品的肥料，因而可以说粮食产品的个别生产线与畜牧产品个别生产线之间具有一定的关联性。

一般而言，产品组合宽度的增加有利于扩大农产品经营企业的经营范围，提高经济效益，分散经营风险；产品组合深度的增加则有利于帮助农产品经营企业占领更多的细分市场，以满足消费者的需求从而增加企业效益；产品组合关联性的增强，有利于提高农产品的附加值，提高企业竞争力，并分散农产品在市场中的风险。因此农产品经营企业应当结合自身的发展目标和资源状况，从容面对复杂多变的市场环境，确定适当的产品组合，并对产品组合进行跟踪、分析、评价并不断调整，以保持最佳的产品组合状态。

（二）产品组合分析

产品组合分析主要是分析现有产品组合是否和企业的利润等目标要求一致。企业只有不断分析、评价、调整和优化产品组合，才能扩大销售，提高企业利润。

1.分析产品线中各个产品项目的销售和利润情况，并实施相应策略

每一个产品线中不同的产品项目的销售额和利润额是不同的，假设某农业综合企业的某产品线中，包含五个产品项目，第一个产品项目占整个产品线总销售额的50%，占总利润额的35%；第二个产品项目的比率分别为30%、30%。这两个产品项目的总销售额和总利润额占整个产品线的80%、65%。如果这两个项目突然受到竞争者的打击，该产品线的总销售额和利润额就会急剧下降。因此把销售额集中在少数几个产品项目上，就意味着产品线具有脆弱性，企业必须密切监视。另外如果第五个产品项目的销售额和利润额均只占产品线销售额和利润额的4%，则可以考虑停止生产经营这种滞销、效益低下的农产品。

2.分析本企业各个产品线的产品与竞争产品的对比情况，并采取相应对策

企业必须针对竞争者的产品线情况，分析自己产品线的定位问题，以实现产品最佳组合。例如假设某企业的一条产品线是乳制饮料，它的主要优良属性一个是营养价值，一个是味道。该企业的乳制饮料有A、B两个竞争者。A公司生产较高营养价值、味道甜的饮料和一般营养价值、味道甜的饮料；B公司生产高营养价值、味道甜的饮料，一般营养价值、味道甜的饮料，较高营养价值、味道甜的饮料和高营养价值、味道微酸的饮料。该企业根据市场上这两个竞争者的分布情况，权衡利弊，决定生产一般营养价值、味道微酸的饮料，把市场定位在B公司的旁边和B公司进行竞争。一般营养价值、味道微酸的饮料没有竞争者，是“产品空白点”。造成这种“产品空白点”的原因可能是生产这种饮料不合算，也可能是这种饮料市场需求不足，抑或其他公司没有发现，而某企业首先发现。可见进行产品项目市场定位分析，对于企业了解产品线、不同产品的竞争状况，以及占领细分市场意义重大。

（三）产品组合策略

农产品组合策略是指农产品经营企业基于市场的需求和内部资源，对农产品组合的宽度、长度、深度及关联性所进行的最佳组合策略。企业在调整和优化产品组合时，依据不同的情况，可选择如下策略。

1.缩减产品组合

当市场不景气或原料、能源供应紧张时，较长、较宽的产品组合不一定会为企业带来盈利的机会，反而会带来风险。因此需要对一些发展获利较少的产品线和产品组合项目进行缩减。此时缩减产品可能使总利润上升。这是因为从产品组合中剔除了那些获利很小甚至亏损的产品线或产品项目，使企业集中精力发展有活力的产品线或产品项目。但有时也会带来企业市场风险的增加。一般而言，在市场经济萎缩、行业内替代品出现，或者消费者需求偏好发生转变时，可以采用此类策略。

2.扩大产品组合

农产品经营企业利用其资源优势，可扩大农产品组合宽度并加深农产品组合深度，即增加产品线，拓宽经营领域。前者是在原产品组合中增加一个或几个产品线，扩大产品经营范围；后者是在原有产品线中增加新的产品项目。

如果农产品经营企业通过预测，认为在未来一段时期内现有产品线的销售额和利润可能会下降，则可以考虑在现有产品组合中增加新的产品线或加强其中有发展潜力的产品线；如果农产品经营企业想要增加产品特色或者进一步占有更多的细分市场，可以考虑在原有产品线中增加新的产品项目。一般而言，扩大产品组合，可以使企业充分地利用人、财、物等资源，分散风险，增强竞争能力。采用该策略的主要目的是为了分散企业的市场风险，尤其是在经济繁荣时期实行该策略，可以增强企业赢利的可能性，但由此带来的成本增加也不可忽略。

3.产品延伸

每一企业的产品都有其特定的市场定位。农产品经营企业根据市场需求的变化，可以对原有产品进行重新定位，或对产品线内的农产品项目进行适当延伸。产品延伸策略是指全部或部分地改变企业原有产品的市场定位，具体做法有向上延伸、向下延伸和双向延伸三种。

（1）向上延伸

向上延伸是指企业在原来生产低端产品的基础上，增加高端产品。例如企业原来定位于低端农产品市场，在高端农产品受到消费者青睐的情况下，企业就可以在原产品线内增加高端农产品项目从而进入高端市场。

然而实行该类型策略也存在风险，例如占据高端农产品市场的企业有可能会进入低端农产品市场；消费者对于农产品经营企业进入高端农产品市场持有怀疑的态度；企业的销售代理商和经销商可能没有能力经营高端产品等。

（2）向下延伸

向下延伸是指企业在原来生产高端产品的基础上，增加低端产品。例如某花卉企业原来只生产高端花卉，现在根据市场需要又同时生产一些中、低端花卉。

实行该类型策略的风险主要有：一，农产品经营企业在高端产品线中增加中低端产品项目，会影响原有消费者对企业产品品牌的信任度；二，原本经营高端农产品的经销商或代理商不愿意经营中低端农产品。

（3）双向延伸

双向延伸是指原定位于中端产品市场的企业了解市场优势以后，决定向产品大类的上下两个方向延伸，一方面增加高端产品，另一方面增加低端产品，扩大市场阵地。

实行该类型策略可以使农产品经营企业的资源得到充分利用，多种不同类型产品的生产能够更好地满足消费者的需求，将企业的经营风险分散。但需要注意的是，企业的产品延伸线要适度，否则过长的产品线会使企业的成本增加，利润减少。

第二节　农产品的市场生命周期与新产品开发

产品在市场上的销售情况及其获利能力会随着时间的推移而产生变化。企业应根据产品特性和市场需求相应地改变产品的市场营销战略，这样才能在动态市场中生存和发展。

一、农产品的市场生命周期概念及特点

农产品的市场生命周期是指农产品从进入市场到退出市场所经历的市场生命循环过程。农产品的市场生命周期指的是市场寿命，而不是使用寿命，其反映了农产品在市场中不同时期的销售情况及获利能力的变化，且受到宏观环境、市场竞争、供求状况等因素的影响。产品经过研究开发、试销，只有进入市场后，它的市场生命周期才算开始，产品退出市场，虽然仍能使用，但它的市场生命周期已结束。农产品的市场生命周期表明任何产品的市场寿命都是有限的，在农产品生命周期的不同阶段，农产品的市场占有率、利润率等均存在差异。

在一般情况下，根据农产品销售变化的情况，可以把整个农产品的市场生命周期划分为四个阶段，即导入期、成长期、成熟期、衰退期。农产品的市场生命周期曲线如图4-3所示。

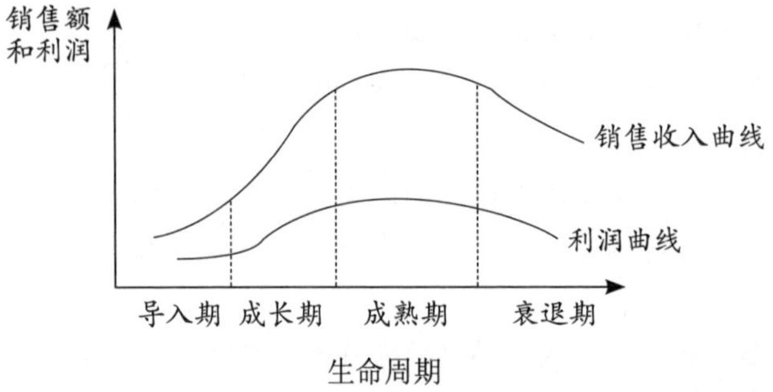

图4-3 农产品的市场生命周期曲线

（一）导入期

导入期是指农产品刚刚进入市场，处于向市场推广介绍的阶段。此时消费者对农产品还不了解，销售量很低，加上农作物选种的风险性，农户也不敢贸然种植，可能只有少数追求新奇的消费者购买。因此销售增长率低，一般不超过10%。为了扩大销售，需要大量的促销费用对农产品进行宣传推广。在这一阶段，由于技术方面的原因，农产品不能大批量生产，因此平均到每个产品上的成本高，农业企业的销售额增长缓慢，利润少，甚至有可能产生亏损。例如有机蔬菜的生产和销售，在刚刚进入市场时，由于广大消费者对它还不太了解，意识不够，导致有些企业出现微利，因此应加强宣传。

（二）成长期

成长期是指农产品销量迅速增长的时期。随着导入期销售取得的成功，农产品开始进入成长期。此时消费者对农产品已经了解并熟悉与接受，众多企业开始生产，生产规模逐渐扩大，生产成本相对降低，销售量和获取的利润都呈上升趋势。当农产品已具备大批量生产的条件时，生产成本再次降低，农业企业的销售量迅速增加，增长率超过10%，利润也迅速增长。但是在这一阶段，竞争也随之出现，并逐渐激烈。销售和利润的迅速增长使得有些企业看到有利可图，便纷纷进入市场，参与竞争，使同类农产品供给量增加，价格随之下降，企业利润增长速度逐渐减慢，最后达到市场生命周期利润的最高点。

（三）成熟期

成熟期是指农产品销量达到高水平的时期。此时市场需求趋于饱和，农产品的销售量和利润都达到了最高峰，但市场增长率开始下滑直至零增长，这标志着农产品开始进入了成熟期。在这一阶段，竞争达到白热化，价格战非常激烈，促销费用增加，利润下降。

（四）衰退期

衰退期是指农产品已过时，此时市场周围已经有了更强势的替代产品，农产品的销售量已不可逆转地开始下滑。竞争的加剧，导致有些农业企业经营陷入困境。新的农产品或代用品逐渐代替原有的农产品，消费者的消费习惯发生改变并转向消费其他产品，从而使原有的农产品销量迅速下降，利润迅速减少，此时标志着农产品已经进入衰退期。

需要说明的是，图4–3给出的是农产品的市场生命周期的一般规律，实际上由于受到各种主、客观因素的影响，某些产品并不一定按照生命周期的一般规律变化。有的农产品由于决策失误，刚上市不久就被淘汰，没有经过成长期、成熟期而直接跨入衰退期，有的农产品因长期无新产品或代用品与之竞争，或虽有新产品或代用品上市，但不能完全取代或淘汰原来的农产品，致使原农产品的成熟期无限延长。例如20世纪60年代，早生水蜜桃曾经在西安红火一时，但是不久就在市场上销声匿迹了，而“红富士”苹果却一直畅销不衰。

二、农产品的市场生命周期各阶段的策略

农产品的不同市场生命周期阶段的特征不同，因此需采取不同的市场营销策略。

（一）导入期的市场营销策略

在农产品导入期，农产品生产成本高、需求相对较小。由于消费者对农产品的陌生，还不愿意放弃以往的消费行为，而且价格决策难度大，高价限制消费者的购买，低价则面临成本难回收的问题。因此企业应通过各种手段把农产品投放市场，加强新产品推介，力争提高本企业农产品的知名度。此时营销的重点主要集中在促销和价格上。因此可采取以下四种策略。

1.快速掠取策略

这是指高价格、高促销的费用策略。农业企业在制定高价格的同时，开展大规模的促销活动，以求迅速扩大销售量，取得较高的市场占有率。高价格是为了能够在每一单位的销售额中获取最大的利润；高促销是为了引起目标市场中消费者群体的注意力，进一步加快市场渗透。

成功实施该策略将会赚取较大利润，快速回收投资数额。但需要注意的是，实施该战略需要具备一定的市场条件：大多数潜在消费者根本不了解该产品，部分已经了解的消费者急于求购，愿出高价；企业面临潜在竞争者的威胁，急需造势，以高价优质树立声誉，建立消费者对自己产品的偏好。例如绿色蔬菜、微型番茄等在上市之初大多采用这种策略。再例如20世纪90年代末，外国橄榄油开

始试探性进入中国食用油市场，从2003年开始，橄榄油在中国市场的认知度逐步提高，市场需求逐渐增大，但中国食用油市场依旧主要以豆油、菜油和花生油为主，橄榄油的市场份额相对较小。2005年中国粮油食品集团公司（以下简称中粮集团）致力于将“萨利维”打造成为中国高端食用油市场的领导品牌。这一举措遭到了许多质疑，就消费者的接受程度而言，还存在一个很大的文化和消费习惯的差异，因而需要相当长的一段时间以改变消费者的文化观念和消费习惯；同时，橄榄油在市场中的价格相当高，许多消费者因为价格过高而不选择购买。中粮集团打造的“滋采”品牌为开辟橄榄油高端市场，定价昂贵，每瓶（500毫升）高达58元，每年还投入千万元的资金用于市场培育、规范、引导，以提升消费者对于食用橄榄油的了解。

2.缓慢掠取策略

这是指高价格、低促销的费用策略。这种策略可以使农业企业降低营销成本，获取较高的利润。当满足农产品的市场规模较小，竞争威胁不大，市场上大多数消费者愿意以高价来支付，适当提高价格能够被消费者所接受等条件时，应适宜地实施该策略。

3.快速渗透策略

这是指低价格、高促销的费用策略。其目的是以最快的速度进入细分市场，占有最大市场份额。该策略能够帮助农产品经营企业迅速提高市场渗透率和市场占有率。实施该策略的市场条件是：一，该农产品市场容量大；二，潜在消费者对产品不了解，且对价格十分敏感；三，潜在竞争者众多；四，此时农产品单位成本随着生产规模和销售量的扩大而迅速下降。

4.缓慢渗透策略

这是指低价格、低促销的费用策略。低价格更容易使细分市场的目标群体接受新产品，低促销则可实现更多的利润。其目的是在市场竞争中以廉取胜，稳步前进。其采用的条件是：一，市场容量足够大；二，消费者了解该项产品且对价格比较敏感；三，有较多的潜在竞争者。

（二）成长期的市场营销策略

农产品进入成长期后，消费者的使用量大量增加，农产品购销两旺、市场价格渐趋下降，企业的销售量和利润都大幅度增加。但是市场竞争由于大批竞争对手的进入而加剧。此时农产品经营企业的重点是尽可能地延长产品的成长期，继续扩大市场占有率，树立农产品和企业形象。因此企业可采取的策略有以下几个方面。

1.改善农产品品质

改善农产品品质，增加绿色农产品和有机农产品的品种，可提高农产品的竞争能力，满足消费者更广泛的需求，吸引更多的顾客。

2.寻求新的子市场

加强市场调研，通过市场细分，找到新的尚未满足的子市场，根据子市场的需要组织生产，不断开辟新市场。例如运用地理细分标准，夏天将北方的蔬菜销售到南方市场。

3.改变广告宣传的重点

广告促销要从介绍农产品转移到宣传特色、树立新产品形象上来，确立农产品的知名度，维系老顾客，吸引新顾客。

4.在适当的时机采取降价策略

在适当的时机采取降价策略以激发那些对价格比较敏感的消费者产生购买动机和购买行为。

企业在采用以上市场策略时，会增强农产品在市场中的竞争力，但同时也会增加营销成本。因此在成长期农产品经营企业将会面临两难的决策，即选择“高市场占有率”，还是选择“高利润率”。一般而言，实施市场扩张虽会减少当前的利润，但能够增强企业在市场中的地位，有利于进一步扩大市场占有率。如果从长远的眼光看，“高市场占有率”将更有利于企业未来的发展。

（三）成熟期的市场营销策略

农产品进入成熟期后，主要经历三个阶段：一，成长成熟期，表明农产品销售的渠道趋于饱和状态，增长率上升较慢，进入该市场的潜在消费者较少；二，稳定成熟期，即该市场处于饱和状态，产品消费基本稳定，不同的企业拥有各自稳定的消费者群；三，衰退成熟期，此时销售水平开始下降，原有消费者的购买行为逐渐转移，缺乏竞争力的企业将被取代，新进入市场的竞争对手较少。这一阶段，企业重点应放在延长农产品的市场投放时间，保持农产品的市场份额上，并努力延长农产品的市场生命周期。因此企业可采取的策略有以下几个方面。

1.调整市场

这种策略不是要改变农产品本身，而是发现农产品的新用途或改变推销方式等，以使农产品销售量得以扩大。采用这种策略可从三个方面考虑。一，寻找新的细分市场，把产品引入尚未使用过这种农产品的市场，重点是要发现农产品的新用途，应用于其他领域，延长成熟期。例如消费者买花卉是为了欣赏，但当企业发现某些花卉除了欣赏之外，其发出的香味还具有驱蚊功能，就可以重新细分市场，宣传其新的功效，以此扩大市场占有率。二，寻找能够刺激消费者、增加农产品使用频率的方法。三，市场重新定位，寻找有潜在需求的消费者群体。

2.调整产品

这种策略是以产品自身的改变来满足消费者不同的需要，并吸引有不同需求的消费者。营销中的农产品，其任何一层次的调整都可视为农产品的再推出。改进农产品的质量或服务后再投放市场以满足消费者更多的需求。

3.调整市场营销组合

这种策略可以通过对农产品的产品、定价、渠道、促销四个市场营销组合因素加以改良，延长农产品的成熟期。例如在提高农产品质量、增加农产品花色品种的同时，可通过降低价格、购买折扣、补贴运费、延期付款、增加广告宣传、增设分销网点、增加人员推销的规模等方式，提高企业的竞争力。

农产品进入成熟期，意味着消费者已经认可该农产品的功能、品牌等内容，也意味着在消费中将更注重该产品的其他影响，例如服务是否到位、能不能彰显身份等。因此在该阶段农产品经营企业需要不断地增强消费者对于该产品及品牌的忠诚度。

（四）衰退期的市场营销策略

当农产品进入衰退期时，企业既不能一弃了之，也不能恋恋不舍，需要认真研究分析，决定采用什么策略，在什么时间退出市场。

衰退期的市场特点主要有：一，农产品的销售量迅速下降，消费者的消费行为已经产生转移；二，农产品价格下降至最低水平；三，大多农产品经营企业由于无利可图被迫退出市场；四，未退出该市场的农产品经营企业逐步减少农产品的附带服务，以减少促销费用。衰退期企业的做法是选择适当的时机和方式退出市场，因此企业可采取的策略有以下几方面。

1.继续策略

继续沿用过去的策略，在目标市场、价格、分销渠道、促销活动等方面保持原状。由于众多的竞争者纷纷退出市场，现有的顾客会集中到少数保持经营的企业，企业若提高服务质量，发扬经营特色，其销售量不一定减少。

2.集中策略

企业把能力和资源集中到最有力的细分市场和销售渠道上，缩短经营路线，从中获取利润。

3.缩减策略

精简营销人员，大力降低促销费用，并从忠实于本企业农产品的消费者中获取眼前利润。

4.放弃策略

对于衰退比较迅速的农产品，企业应放弃经营，把农产品完全转移出去或立即停止生产；也可以采取逐步放弃的方式，使其所占有的资源逐步转移到其他产品上。

三、农产品的新产品开发及其推广

（一）农产品的新产品概念

在现代市场营销理论下，“新产品”的概念比科学技术领域的“新产品”内容要广泛得多。农产品的新产品是指在农产品整体概念中的任何创新、改进和变化，都能够给消费者带来新的感受和满足的农产品。新产品在原理、结构、物理性能、化学成分、材料、功能和用途等某一方面或几个方面，均与原有产品有显著不同。

之所以要进行新产品开发，可以从以下几方面进行分析。

（1）新产品开发能够顺应农产品的市场生命周期的现实要求。农产品经营企业与农产品一样都具有生命周期。如果不开发新产品，当原来的产品走向衰落时，企业也就走到了生命周期的衰退期；如果企业能够不断开发新产品，当原有农产品衰退时，可利用新的农产品占领市场，以保证农产品经营企业始终保持鲜活的生命力。

（2）新产品开发有利于提高农产品经营企业的利润。企业开发农产品的新产品，即扩大企业经营的产品项目，使其能够满足更多的消费者需求。随着细分市场的扩大、产品销售量的增加，企业的市场占有率会有所提高，企业利润也会上升。

（3）新产品开发能够满足消费者需求的变化。消费者的消费结构随着生活水平的提高不断变化，农产品经营企业就需要淘汰难以适应消费者需求的原有产品，并开发新的产品以适应消费者市场的变化，以保证其在消费者心中的地位，从而占领或者扩大市场份额。

（4）新产品开发有利于提高企业在市场中的竞争力。农产品经营企业在与同行业的竞争对手进行竞争时，要想在市场竞争中占取先机，企业必须不断开发新产品，提高自身市场地位，以应对竞争对手，提高市场占有率。

具体地说，新产品可分为以下四种。

1.全新产品

这是指应用新原理、新技术、新材料或新结构制造的前所未有的产品。例如转基因大豆等食品的发明。类似这样的新产品是极为难得的。因为一项科学技术上的发明从理论到技术，从实验室到工业生产，需要经历很长时间，花费巨大的人力和资金，绝大多数企业是难以提供此类新产品的。

2.换代新产品

这是指在原有产品的基础上，部分采用新技术、新材料制成的性能有显著提高的新产品。例如“红冠龙”抗病西瓜是在西瓜枯萎病和炭疽病抗性人工接种鉴定筛选及其遗传规律研究的基础上，杂交组合而成，其品质、抗病性、丰产性、瓤色均优于对照品种西农8 号。这种新产品属于换代新产品。

3.改进新产品

这是指对原有产品在结构、包装或款式等方面做出改进的新产品。例如新疆哈密瓜过去只能鲜销和做成哈密瓜干。为扩大市场，后又开发出瓜脯、瓜酱、瓜汁等，这类产品与原有产品的差距不大，进入市场后也容易为消费者所接受。但由于这种创新比较容易，企业之间的竞争也就更加激烈。

4.仿制新产品

这是指对市场已有产品的仿制后，加上企业自己的品牌和商标，第一次生产的产品。从市场竞争和企业经营上看，在新产品的发展中，部分仿制和全面仿制是不可避免的。仿制产品能缩短产品开发的时间，降低设计成本，同时又能保证市场接受。例如山东寿光市的西红柿，原来都是大果型的品种，近年来引进了以色列“圣女”“朱丽”等樱桃西红柿小果形品种，其性状好，口感佳，深受消费者喜爱。但由于仿制产品需要付出一定的代价，例如购买专利等，企业从中得到的收益不一定很大。

随着消费者需求的不断提高，农产品消费领域随之不断扩大，农产品的新产品发展出现了如下趋势。

（1）新产品的科技含量不断提高。科学技术的迅速发展加快了农产品更新换代的速度，科技的进步有利于农产品经营企业淘汰原有的、过时的农产品，生产出更符合现代消费理念的新产品。农产品经营企业投入更多的科研力量到新产品开发中，以更多知识含量的新产品去开拓市场和增强竞争力。

（2）新产品呈现多元化，更加美观和适用。消费者群体的多样性导致其对农产品需求的多元化，因此农产品必须注重新产品的开发，通过多元化的农产品及其更美观、更适用的性能来满足消费者的需求。

（3）无公害、绿色和有机农产品获得较快发展。随着食品安全事件的频发和人们对健康的日益重视，消费者对无公害、绿色和有机农产品的需求呈现不断增长的态势，此类新产品的市场潜力正在显现。

（二）农产品的新产品开发原则

为使新产品尽可能满足市场要求，新产品开发应遵循以下几项原则。

1.新产品必须有市场潜力

新产品开发是从营销观念出发所采取的行动，因此首先必须是适应社会经济发展需要，适销对路的产品。没有市场的产品，对企业而言再新也没有意义。因此企业应开发有特色的产品，例如节能的产品、标准化的产品、使用安全可靠的产品，以满足市场需要。

2.新产品开发必须有开发和生产能力

新产品开发是一项高风险、高投入的活动，不能盲目进行，并且必须同时考虑企业的开发能力及开发出来后的生产能力。要研究新产品研制出来后，企业的生产条件（资金、技术、原材料等）是否具备。如果有了新产品而不能生产，新产品开发的经济效果也会大大降低。

3.抓好新产品开发管理

新产品开发也是一项非常复杂的活动，例如资源消耗大等，因此必须抓好开发管理，提高开发效率。开发管理包括开发计划、可行性研究、开发规划制定、实施过程，以及营销方案制定等一系列的工作。抓好开发管理是新产品开发成功的重要保证。

（三）农产品的新产品开发阶段

为了减少新产品开发中的风险，开发工作不但要遵循正确的原则，还要坚持科学的过程。尽管目前还很难找到一套现成的过程适用于所有的企业，但新产品开发一般应经过以下几个阶段。

1.寻求创意

创意来源于各个方面。创意是为了满足消费者新的需求而产生的，因而新产品的开发也从创意开始。创意是新产品开发过程中最关键的一步。一是消费者的需求是寻求新产品构想的重要来源，企业可以通过直接向消费者调查及接待消费者来信来访，了解他们的需求；二是科技人员，他们的科技攻关对企业开发新产品非常重要；三是竞争对手，从竞争对手的产品中可以看出哪些产品是受消费者欢迎的；四是企业的推销人员和经销商，由于他们经常和消费者接触，因此他们了解市场需求；五是发明专利权代理人、大学及科研机构、市场营销研究机构等。不管创意来自哪里，其产生不外乎四种方式：灵感、偶发事件、消费者需求与创造技巧。企业应注意发现消费者需求，广泛收集新产品的开发素材。

2.甄别创意

农产品经营企业在形成对新产品创意的基础上，必须对出现的新产品创意进行筛选，尤其需要采用科学的评价系统和方法分析比较各种创意，筛选出最佳的创意，以便将目标集中在有开发前途的产品上。同时，农产品经营企业的筛选应遵循一些标准，例如市场成功的条件、企业内部环境、销售条件、利润收益条件等。企业在对新产品创意进行筛选时，既要防止对那些好的创意的潜在价值估计不足，以致漏选而失去机会，又要防止误选了缺乏营销前途的创意，以致造成失败。为此应制定新产品创意评价表，就质量目标、技术水平、市场规模、竞争状况、技术能力、资源状况等项目逐一进行评价。要尽可能地吸收企业各个部门有经验的管理人员和有关专家意见，正确地确定评价项目及其标准，以提高筛选的准确程度。

3.形成与检验概念产品

形成与检验概念产品是指在前期创意的基础上，将最佳创意具体化，明确新产品的性能、用途和价格等，使之形成明确的农产品整体概念，并试制成样品。概念产品是指企业欲使顾客接受而形成的关于产品的一种主观意志，而产品创意只是形成产品的一种可能性。一种产品创意可能衍生出许多概念产品。概念产品形成以后，还要进行概念的检验。可邀请潜在的消费者及专家对概念产品进行讨论评价，并根据他们提出的问题和意见，与相似产品的属性相比较，最后通过实物模型和文字表达出来。

例如一家食品厂打算生产一种口味鲜美的营养奶制品，这种产品既有较高的营养价值，又具有特殊鲜美的味道，食用简单方便，只需加开水冲饮。这是一种奶制品创意，为了形成鲜明的产品形象，则需要转化为产品概念。为此企业在产品概念中应回答以下几个问题。

（1）目标市场消费是儿童、成人、病人还是老人?

（2）使用者从产品中得到的主要益处是营养、方便、美味、提神还是健康?

（3）适合在早餐、午餐、晚餐还是夜宵饮用?

根据这些问题，企业就可以形成这样几个明确的产品概念：一，为中小学生提供一种快速早餐饮料，提供充分的蛋白质、维生素等营养；二，一种可口的快餐饮料，供成年人中午饮用提神；三，一种康复饮品，适用于老年人夜间就寝时饮用。

4.市场分析

市场分析是指对新产品市场需求、预计销量、成本、利润等财务指标和消费者意愿等进行调查分析，研究新产品的上市能否达到企业设想的目标。

此外，还要考虑“机会成本”问题，即由于将资金投入某项新产品开发，而不能用在其他用途所要失掉的利益。

5.产品开发

产品开发是把概念产品转化为实物产品的试制过程。这是新产品开发的重要步骤，只有通过产品开发，投入资金、劳动力、设备等，使农产品概念实体化，并发现不足，经过改进设计，才能证明其可行性。在这个阶段，既要制出样品实物，又要设计好商标及包装，还要进一步检查新产品中存在的问题，检查与判断概念产品在技术和商业上的可行性，以决定是否继续试制或及时加以改进。需要注意的是，新产品开发必须使其样品具有产品概念所设计的所有特征。

6.市场试销

新产品的样品经过部分消费者试用基本满意后，企业可根据改进后的设计进行小批量试生产，在有选择的目标市场中做检验性试销。

7.批量上市

新产品试销或试用成功后，应根据收集到的消费者意见，进一步提高产品的功能和质量，对产品的整体设计再做进一步修改，即可考虑规模化生产。此时应注意产品何时、何地投放市场，向谁推出新产品，如何推出新产品几个问题，解决这几个问题后，可以有效地进行市场推广，从而占领细分市场。

（四）新产品推广的四个策略

向消费者推广新产品有一定的经验可循。有研究表明，消费者接受新产品的过程分为五个阶段，即认识—说服—决策—实施—证实。

（1）认识，这是农产品消费者获得新产品信息的开始阶段。新产品的信息一般来源于农产品经营企业的广告宣传、产品包装介绍等渠道。消费者在这个阶段对新产品的认识只是一般性的了解。

（2）说服，消费者在认识新的农产品后，对此产生了消费的欲望，此时消费者说服自己。

（3）决策，在这个阶段，消费者将衡量新产品的使用价值及可能承担的风险等问题，从而做出购买决策。

（4）实施，消费者开始购买并试用新产品。通过试用，消费者对购买产品的认识将进一步加深，同时消费者会对该产品进行评价以决定是否重复购买。

（5）证实，消费者消费新的农产品后，如果产品可满足其需求，则会放弃旧产品选择继续使用新产品，反之则不然。

针对消费者接受新产品各阶段的特点，农产品经营企业可通过以下几种营销策略进行营销活动。

1.市场导向策略

市场导向策略是以市场为导向，充分利用网络、报纸、杂志、电视和广播等媒体的广告和宣传，向消费者介绍新产品的性能、品质和功效，引导并说服消费者购买。该策略要求农产品经营企业投入大量的广告宣传资金，努力开拓新的市场，打开产品销售局面。但由于外部因素的存在，市场容易被模仿者占领。

2.技术领先策略

技术领先策略是企业着重攻克技术难题，生产科技含量高的新产品，并以新技术为亮点，通过向消费者展示新产品的技术含量来开拓市场。技术领先策略适用于行业领先者和导入期产品。农产品经营企业要完成新产品的技术领先，意味着产品将出现根本性的重大创新。这种创新一旦取得成功，必然会引来大量的模仿创新和相关配套产业的创新。因此企业需要尤为注意知识产权的保护，适当地进行技术转让，注意自主创新产品的自我完善。

3.竞争模仿策略

竞争模仿策略是模仿同业竞争者在新产品外形和品牌策略等诸多方面的成功经验来开发市场、推广产品。模仿策略要求农产品经营企业吸取行业先行者的经验和教训。该策略是一种渐进性的创新策略，每一次创新都会使产品得以改进，但不会出现质的创新，竞争模仿策略使模仿企业降低了新技术的开发费用和新市场的开发费用，因而企业可以在产品外形设计、品牌建立等方面集中大量的人力和物力。

4.综合策略

综合策略是以上各种策略结合使用、互为补充。

在新产品的推广过程中，由于社会地位、消费心理、个性等因素的影响，不同消费者对于新产品的反应也存在差异，应充分利用不同特点消费者的需求，制定不同的综合销售策略，多快好省，最大限度地开发市场。

新产品的整个市场推广过程、消费者的反应与农产品的市场生命周期曲线相似，因此农产品经营企业应当根据该特点为企业制订产品生命周期各阶段的相应营销战略。

第三节　农产品品牌与包装

一、农产品品牌及其策略

（一）农产品品牌的含义

1.农产品品牌的概念及组成要素

农产品品牌是农产品整体产品概念的重要组成部分，表现为名称、标志、符号或它们的组合，其用途在于辨认企业或其产品与服务，以使之与同类产品及服务相区分。品牌的实质是代表农产品经营企业对消费者在农产品特性及服务上的一贯性承诺。

品牌名称是指农产品中可以用语言称谓的部分；品牌标志是指品牌中不能用语言表达，但可以用符号、图案或明显的色彩或字体标志的部分，例如麦当劳金色的字母M；品牌角色是指一般以人或拟人化的标志注解产品的载体，例如明星代言人、康师傅、郑大厨等；品牌商标是指经工商管理机构认同的标志组合，商标使用时应在工商局注册，用“R”或“注”标注，未经注册的商标，法律不予保护。

品牌的使用是商品的生产者或经营者，而不是消费者。品牌的标志物是商品，而不是物品。使用品牌的目的是为了让消费者易于识别该商品与其他商品的区别，树立良好的形象和信誉，扩大其市场占有率。商标是经注册而受法律保护的品牌标志，它只能附着于商品参与市场流通，不允许脱离商品单独在市场上买卖，否则被视做违法行为。一项合法的注册商标依其知名度、美誉度和产生的经济效益，可以评估其价值，它是企业的一项无形资产，可作为产权进行转让买卖。

2.农产品品牌的命名

品牌名称是品牌的核心元素，响亮的、深厚文化底蕴的、朗朗上口的品牌名称，是品牌命名所追求的。农产品品牌名称要有助于建立和保持品牌在消费者心中的良好形象；有助于充分体现农产品的属性能给消费者带来利益；有助于使农产品区别于同类其他农产品；要符合大众心理；注意民族习惯的差异性；要符合法律规范。

（二）农产品品牌的种类

农产品品牌的种类可从不同的角度划分，即按品牌的构成、品牌的用途、品牌的使用者分类。

1.按品牌的构成分类

按这种方式可将农产品品牌分成四种基本形式，即文字品牌、图形品牌、符号品牌和组合品牌。

（1）文字品牌，即直接用文字构成的品牌。文字品牌包括汉字品牌和字母品牌，例如“伊利”“盼盼”或“BYD”等。

（2）图形品牌，即仅由图形构成的品牌。例如上海产的“如意”牌压力暖瓶的品牌便是一枚玉如意的图形；天津产的“金鸡牌”鞋油，雄鸡图形便是其品牌。图形品牌中还包括由文字变化组合而成的图案。例如“回生”品牌是由回生两字套写的三角形图案。近来，越来越多的企业品牌采用汉语拼音的字头加以艺术处理组合的形式。

（3）符号品牌，即由各种符号构成的品牌。它起源最早，几千年前便有以符号标明产品出处的记载。符号品牌中，有字号、徽章等历史上古老的符号，也有现代的符号，例如三菱公司的三个菱形组成的符号、中国标准缝纫机公司的“T”形符号等。

（4）组合品牌，即由文字、图形、符号相互结合而构成的品牌。例如广州产的黑妹牙膏的品牌，以黑白相间的图形图案与汉语拼音、汉字共同组合而成。

2.按品牌的用途分类

按这种方式可将农产品品牌分为营业品牌、产品品牌和等级品牌。

（1）营业品牌，也叫“厂标”，是把企业的标记、名称作为品牌使用于产品，作为区别自己同他人产品的标志。对同一家生产或经营的产品，使用同一厂标，可以建立产品及企业的信誉。例如我国的“娃哈哈”饮料、“同仁堂”中药等，都是营业品牌。

（2）产品品牌，也叫“个别品牌”，是指将特定规格、品种的产品与其他产品区分开，在个别产品品种上使用的品牌。一个企业可以生产和经营不同品牌的产品。例如我国青岛同泰橡胶厂生产的各式轮胎分别用“骆驼”“金鹿”“工农”等产品品牌。

（3）等级品牌，是指同一企业为使消费者区分同种产品的质量、规格、档次而使用的产品品牌。例如上海体育用品公司的“牡丹”牌乒乓球拍，便是比“红双喜”牌乒乓球拍低一个档次的品牌。

3.按品牌的使用者分类

咱这种方式可将农产品品牌分为制造品牌和销售品牌。

（1）制造品牌，是指标示产品制造者的品牌。例如“海尔”电器为青岛海尔集团制造，日本家电类的“日立”“松下”等也是制造品牌。

（2）销售品牌，是指标示产品销售者的品牌。虽然在市场上制造品牌占支配地位，但是一些大型零售商已经开发出他们自己的品牌。例如美国著名的零售企业西尔斯创造了许多品牌——“顽强”牌电池、“工匠”牌五金工具等，越来越多的百货公司、超市和药店在推出有特色的商店品牌。此外，还有“家族品牌”“备用品牌”等其他类别的品牌。

（三）农产品品牌的作用

市场营销实际上是产品品牌的竞争，因此农产品品牌在农产品经营企业发展中具有举足轻重的地位与作用。

1.农产品品牌创造产品差异和扩大市场份额

受到法律保护的农产品商标是消费者识别特定农产品的标志，能够有效地将本企业优质的农产品同市场上的其他农产品相区别，从而降低价格弹性，扩大市场份额。

2.农产品品牌促使企业重视产品质量和推进关系营销

农产品品牌是农产品经营企业重要的无形资产，提高农产品质量是提高农产品市场美誉度，且增加企业无形资产的重要途径，既使企业有利可图，也使消费者从中受益。同时农产品品牌也意味着存在一批品牌偏好的老消费者，他们的品牌忠实度越高，品牌就越易于传播，从而更容易被新的消费者所接纳，对于传播农产品经营企业的形象和加强与上、下游厂商的关系及衔接也大为有利。

3.农产品品牌体现农产品经营企业的经营理念

农产品品牌不仅注入了企业的文化与经营理念，而且依靠良好的市场美誉度传播了企业精神、促进了市场拓展。

此外，农产品品牌也能为消费者带来许多益处。

（1）农产品品牌能够使消费者容易识别所需的产品，有利于消费者选购农产品。

（2）农产品品牌能够维护消费者的利益。农产品经营企业为了维护本企业品牌的形象和声誉，会注重其产品的质量及带给消费者的利益，因而消费者可以在农产品经营企业维护自身品牌形象的同时获得有保障的购买利益。

（3）农产品品牌能够促进农产品的改善从而使消费者受益。农产品经营企业为了适应消费者需求的变化，会不断更新产品、改善产品，使该品牌农产品符合消费者需求的变化及市场竞争的客观要求。

（4）农产品品牌有益于提升国家竞争力。实践证明，具有国际竞争力的企业数量的多少决定了一个国家的经济发展水平，也决定了一个国家的经济竞争能力。品牌是一个国家的希望，品牌塑造的好坏与否直接关系到国家经济的发展、国家竞争力的提高。

（四）农产品品牌的策略

1.品牌提供者策略

其是指农产品经营企业采取何种策略来运用品牌和发挥品牌的作用。一个好的生产者品牌不仅能够创造产品差异，帮助消费者识别农产品，还能大幅度提升企业形象，增强企业的核心竞争力。

2.品牌名称策略

如果农产品经营企业选择“生产者品牌”，其品牌名称策略有如下方法。

（1）差别品牌策略，即同一个农产品经营企业使用多个产品品牌，利用产品的定位不同来区分品牌之间的差异。例如雀巢奶粉有力多精、能恩、安骼等品牌。此种策略各品牌市场推广费用较高，而且品牌繁多也会使企业形象模糊。因此该策略很难被农产品经营企业采用。

（2）统一品牌策略，即农产品经营企业的所有农产品均只使用同一个品牌。这样企业就能够将所有资源和精力用于培育一个品牌，提高品牌的知名度。此策略的缺陷是单一品种产品发生问题会影响整套产品线所有产品。

（3）个别分类品牌策略，即农产品经营企业将农产品进行分类组合，并分别使用差异化的品牌。这不仅可以避免统一品牌的弊端，而且容易引起消费者的消费欲望和购买欲望。

（4）个别品牌与企业名称结合策略，其一般做法是在个别品牌前冠以农产品经营企业的统一品牌，例如汇源果汁、伊利纯牛奶。这样既给农产品赋予了企业美誉，又使农产品体现出自身特性。

（5）企业名称与农产品品牌合一策略，该策略省去了农产品经营企业形象推广和农产品市场促销的双重广告费用，不仅提高了企业的经营管理效益，而且使企业及农产品的标志更简明和易于识别。

（6）多品牌策略，即一种农产品使用多个不同的、竞争性的商标。该策略能够树立农产品经营企业实力雄厚的形象，提高市场份额，有利于形成品牌储备和推出新产品。但施行该策略的成本过高，企业资源分散不能突出某个特定农产品的品牌优势。

3.品牌拓展策略

其是指在农产品经营企业原品牌获得市场认可后，今后推出新产品是否采用新品牌，其重要形式有以下两种。

（1）延伸品牌策略，这是指农产品经营企业利用市场反应良好的品牌来推广新的农产品，或是利用原有品牌来延伸农产品的新功能、质量、规格甚至包装，从而满足市场的多样化需求。

（2）品牌创新策略，与延伸品牌策略相反，当原有品牌声誉下降，或新的农产品与原有品牌特质差异明显时，农产品经营企业就会改进或合并原有品牌，通过渐变或突变的方式创新品牌，适应市场变化，给消费者带来全新的感觉。

品牌拓展策略能够有效地实现品牌无形资产的转移与发展。其优点在于促进新产品顺利进入细分市场，降低产品进入市场的推广费用，降低市场风险等，同时能够强化农产品的品牌效应，促进品牌增值。

（五）农产品品牌推广的影响因素

随着农产品市场愈发激烈的竞争，成功推广一个农产品品牌变得十分困难，除了要正确选择品牌推广方式之外，还需要注意影响品牌成功推广的因素。

1.目标定位

农产品品牌推广要与农产品经营企业对农产品的目标定位相一致。

2.产品类型

农产品一般可分为消费型农产品和再加工型农产品。根据不同产品类型，选择不同的推广方式，以期达到目标。前者主要供消费者个人或家庭直接消费，其品牌推广应以广告为主；后者主要用于食品加工企业、餐饮企业等的再生产或再消费，其品牌推广以人员推销为主，其他手段为辅。

3.生命周期

一般情况下，农产品的导入期应以报导式的广告为主，结合其他促销方式鼓励消费者勇于试用新产品，旨在提高产品品牌的知名度；成长期应加强广告和促销力度，促使消费者购买，旨在提高品牌的美誉度；成熟期的推广重点是提醒老顾客重复购买，旨在维持市场份额。

4.产品包装

包装是农产品品牌持续传播的主要载体，其外包装的形式、美化程度直接影响到产品销量乃至品牌形象。

5.推广预算

农产品经营企业的品牌推广费用要与企业实力相匹配，量力而行。

二、农产品品牌的创建与保护

（一）创建农产品品牌应树立正确的观念

1.树立全面正确的品牌观念

名牌有三个基本要素，即知名度、美誉度和忠诚度。大多数企业尤其是农产品加工企业对品牌的认识仅限于知名度，而忽略了美誉度和忠诚度这两个至关重要的因素。

2.树立质量是品牌基石的观念

一般意义上，人们对“名牌产品”的基本判断是质量“信得过”，尽管这种认识不全面，但毕竟是客观现象。因此市场对品牌的评价标准第一条就是质量。对农产品而言，由于涉及消费者的健康，质量更是关键。

3.树立持续发展的品牌观念

创建好的品牌是一项复杂的系统工程，尤其是农产品受自然条件和市场的双重制约，农产品创建名牌决非一蹴而就，我们应有可持续发展的态度，稳扎稳打，要有“十年产品，百年品牌”的理念。

4.树立民族意识

在国际市场上，每个品牌所代表的都是一个国家、一个民族，诸多单个品牌影响的积累便构成了国家的品牌形象，尤其是知名的品牌，代表着国人的共同价值观，是国家、民族综合国力的重要组成部分。因此品牌创建不单纯是一个利益问题，更是一个涉及民族和国家形象的问题，树立国际品牌形象时应慎重考虑。

（二）创建农产品品牌应有的政府支持

农产品品牌建设是实施名牌战略的核心，是一项同技术工程一样需要投入人力、物力和财力的系统工程，其政策性和专业性都很强，若没有政府主管部门的支持和协调，就难以取得满意的结果。因此农产品创建名牌需要政府支持。

在此过程中，政府应给予农民更多的引导、支持和关怀，鼓励其进行品牌创建的信心；加强农产品质量标准化体系、检验检疫体系建设和管控；增加对公共产品的投入，农业生产与农产品加工中基础设施的建设（水利、道路交通、农村电网、通讯、能源供给设施等）能够增强农业抗自然灾害的能力；应在建立名牌产品的评价指标体系中注意考虑农产品的特殊性，建立并完善其评价体系；调整现行农业特产税政策，鼓励农民参与生产种植；如能将农业保险纳入农业保护政策体系中，将使保险对农业的支持作用得到进一步发挥。

三、农产品集体品牌和地理标志

（一）农产品集体品牌和地理标志的概念

1.农产品集体品牌的概念

农产品集体品牌的表现形式是集体商标。集体商标是指由工商业团体、协会或其他集体组织的成员所使用的商品商标或服务商标，用以表明商品的经营者或者服务的提供者属于同一组织。集体商标属于开放型商标，只要申请使用并符合条件者都可以使用，这是由农产品的生产特点所决定的。然而农业生产与工业生产不同，农业生产者和生产地分散，为了使分散的生产统一起来，形成一个具有某种联系的组织，注册农产品集体商标，是一条重要途径。现阶段，农产品集体商标占农产品商标的比重还不大。

2.农产品地理标志的概念

农产品地理标志是指标示农产品来源于特定地域，产品品质和相关特征主要取决于自然生态环境和历史人文因素，并以地域名称冠名的特有农产品标志。

（二）农产品集体品牌和地理标志的申请

1. 农产品集体品牌的申请

随着农业经济的发展，近两年农产品商标注册呈上升趋势。我们认为，农产品注册商标不仅是国家保护农民智力劳动成果的法律手段，农产品品牌建设是企业产品大计，与人们的日常生活息息相关。同时，也是实施农产品名牌战略，带动一方农业经济发展的必然途径。

（1）市场竞争环境要求参与竞争的农产品注册商标

在世界贸易组织框架内，市场经济就是法制经济的意识将逐渐深入人心，注册农产品商标，是农产品取得法律保护地位的唯一途径，没有法律地位的农产品终究要被他人侵蚀、淘汰。在现代市场中只有注册商标才享有专用权，才受到法律保护。

（2）证明商标和集体商标对农业产业化的作用

在现代市场中，适合农户分散性作业的商标是农产品原产地证明商标和集体商标。

农产品原产地证明商标是用来证明名特优农产品原产地水土气候条件、传统耕作方法、独特优秀品质的载体，是一种质量保证的标志。原产品牌不具有独家性，并且不明确产权的特点，是一种公共资产。

集体商标是指由某个组织以集体名义申请注册的商标，商标专用权归整个集体所有的商标。

2. 农产品地理标志的申请

（1）申请农产品地理标志登记的农产品，应当符合以下几个条件。

①称谓由地理区域名称和农产品通用名称构成；

②产品有独特的品质特性或者特定的生产方式；

③产品品质和特色主要取决于独特的自然生态环境和人文历史因素；

④产品有限定的生产区域范围；

⑤产地环境、产品质量均符合国家强制性技术规范要求。

（2）符合农产品地理标志登记条件的申请人，在向省级人民政府农业行政主管部门提出登记申请时，需要提交以下几项申请材料。

①登记申请书；

②申请人资质证明；

③产品典型特征特性描述和相应产品品质鉴定报告；

④产地环境条件、生产技术规范和产品质量安全技术规范；

⑤地域范围确定性文件和生产地域分布图；

⑥产品实物样品或者样品图片；

⑦其他必要的说明性或者证明性材料。

（3）省级人民政府农业行政主管部门自受理农产品地理标志登记申请之日起，在45个工作日内完成申请材料的初审和现场核查，并提出初审意见。符合条件的申请人，将申请材料和初审意见报送农业部农产品质量安全中心；不符合条件的申请人，在提出初审意见之日起，10个工作日内将相关意见和建议通知申请人。

四、农产品包装及其策略

（一）包装及农产品包装的定义

根据中华人民共和国国家标准GB/T 4122.1—2008的定义，包装为在流通过程中保护产品、方便储运、促进销售，按一定的技术方法而采用的容器、材料及辅助物等的总体名称；也指为了达到上述目的而采用容器、材料和辅助物的过程中施加一定技术方法等的操作活动。

其他国家或组织对包装的含义有不同的表述和理解，但基本意思是一致的，都是以包装功能和作用为其核心内容，一般有以下两重含义。

（1）关于盛装商品的容器、材料及辅助物品，即包装物；

（2）关于实施盛装和封缄、包扎等的技术活动。

农产品包装是指采用适当的包装材料、容器和包装技术，将农产品包裹起来，以使农产品在运输和储藏过程中保持其价值和原有状态的包装材料及包装技术活动。

（二）农产品包装的设计要素

包装设计是一种运用符号来体现产品意识的营销方式。好的包装设计往往能够迅速的形成消费者识别认知农产品包装的要素。例如商标或品牌的标记，以便于识别是什么产品；包装图案；包装材料；产品标签，包括制造者的地址，即产地、商品的名称、成分、品质、数量、使用方法、用量、生产日期、有效期等。包装标志，是在运输包装的外部印制的图形、文字和数字等，例如发货人和收货人的运输标记、小心轻放等指示性标记、防火等警示性标记。农产品包装，体现了商品的质量和价值，增强了农产品的市场竞争力，提升了附加价值。长期以来，我国的农产品销售一直对包装不够重视，普遍存在“一流产品、三流包装”的现象，这也是许多农产品卖不上价钱，品牌效应难以发挥的主要原因。农产品包装设计要素主要有以下几点。

1.做好农产品包装的条件

（1）综合体现农产品特性

充分体现农产品特性及包装要求是做好包装的基本条件。如果不了解农产品的特性及其加工和储藏运输过程中可能发生的非生物的内在生化反应和生物所引起的变质反应，就很难制定出符合技术要求的包装方案。

（2）全面掌握包装材料性能

包装及其使用材料应符合安全原则，安全是包装最核心的作用之一。农产品包装要确保关键要素齐全，给予消费者明确的指导。如果不了解各种包装材料和容器的性能，就难以根据包装农产品的防护要求，选择既能保护农产品风味和质量，又能体现其商品价值的包装材料。

（3）系统了解包装技术

由于同一种农产品可以采用不同的包装技术而达到相同或相近的包装要求和效果，因此在包装要求和效果一定的条件下，对包装技术的选择范围相对较大，只有系统地了解包装技术，掌握技术发展动态，在包装设计中才能游刃有余，使设计丰富多彩。

（4）体现农产品的市场定位和对环境的适应性

农产品包装必须考虑市场定位、运输方式及目标市场的气候和地理条件等因素。例如公路运输比铁路运输有更高的缓冲包装的要求。对农产品包装而言，商品流通区域的气候条件对农产品内部成分的化学变化、农产品微生物及其包装材料本身的阻隔性都有很大的影响。一般而言，在较高温湿区域流通的农产品，其包装要求应更高；在寒冷区域流通的农产品，其包装要求应避免使用遇冷变硬脆化的高分子包装材料，等等。

（5）合理设计

在综合体现农产品特性，全面掌握包装材料性能，系统了解包装技术，体现农产品的市场定位和对环境的适应性要求的基础上，如何进行合理设计就成为成功的关键。通过包装设计对商品信息周全布局、合理排序，决定着包装能否成功。

2.评价农产品包装质量的原则

包装工作的综合性要求，使得包装质量的评价具有复杂性。由于评价的角度不同，评价的标准具有很大的差异。因此了解包装质量标准体系是做好包装工作的重要内容，没有标准就无规范可言，然而包装标准并非唯一的，在此仅从原则上予以界定。

（三）农产品包装的作用

1.保护农产品

众所周知，农产品在从产区到销售区的装运过程中极易损耗，因此保护农产品免于受损和确保数量，是农产品包装的基本目的。过去蔬菜在运输到销售整个环节中都没有包装，因此损耗较大。现在许多蔬菜存放在塑料泡箱中，有利于蔬菜的保存和减少损耗。

2.便于装运、储存和使用

农产品物质形态各异，理化性状也大相径庭，进行适当的包装不仅有利于节约上市时间和降低流通费用，而且便于储存、计数及销售管理。对于消费者来说，恰当的包装也利于在使用过程中起到指导作用。例如近几年出现针对单身白领设置的净菜市场。净菜是指将新鲜蔬菜经过整理（例如去掉不可食用部分）、洗涤、消毒等加工程序后进行包装销售，消费者在购买后可以直接烹饪。这样节省了许多时间，而且保鲜时间较长。

3.美化农产品，提高市场竞争力

包装精致的农产品能够对消费者的感官进行刺激并激发其购买欲，从而有效增加农产品的附加价值。同时，包装后的农产品利于消费者识别，一定程度上可以避免仿制和假冒。从而维护企业声誉，增强农产品经营企业的市场竞争力和经济效益。

（四）农产品包装的策略

科学合理的包装设计必须在一定的包装策略框架下按一定程序进行。选择不同的包装策略将得到不同的包装效果。

1.突出农产品用途和使用方法的包装策略

突出农产品用途和使用方法的策略是通过包装的文字、图形及其组合告诉消费者，该农产品是什么样的产品，有什么特别之处，在哪种场合使用，如何使用最佳，使用后的效果是什么，这种包装策略主要应用于日常生活中较为少见的消费品或新概念农产品及休闲农产品，例如方便农产品等。

2.突出农产品形象的包装策略

突出农产品形象是指在农产品包装上通过多种表现方式突出该农产品是什么、有什么功能、内部成分、结构如何等形象要素的表现方式。这一策略着重于展示农产品的直观形象。

3. 突出农产品特殊要素的包装策略

任何一种商品化的农产品都有一定的特殊背景，例如历史、地理背景，人文习俗背景，神话传说或自然景观背景等，包装设计中恰如其分地运用这些特殊要素，能有效地区别同类产品，同时使消费者将产品与背景进行有效链接，迅速建立概念。

4.展示企业整体形象的包装策略

企业形象对产品营销具有四两拨千斤的作用，因此很多企业从产品经营之初就注重企业形象的展示与美誉度的积淀。运用这种包装策略的企业文化积淀比较深厚。有的企业挖掘企业文化透彻，并且能与开发的农产品有机地融合起来宣传，既达到了展示企业文化，介绍其产品，给消费者留下深刻印象，又达到了促销的目的。

本章小结

对于农产品营销，产品策略主要包括产品的独特性和服务的差异化。产品的独特性主要体现在地理位置、品质、外形、包装等方面；而服务的差异化则应由购买者的感觉来衡量，能不断地达到消费者的目标水准也可以看作高服务质量，特别是农产品的质量、安全性和营养价值备受关注。

本章从农产品整体概念的理解入手，介绍了农产品的三个产品层次；明确了农产品组合的相关概念；了解了农产品组合的策略；阐述了农产品市场生命周期的内容及不同阶段的特点；介绍了新产品开发及其推广内容；分析了农产品品牌和包装的重要性。

思　考　题

1.什么是农产品的整体概念，它包含哪三个产品层次？
2.什么是农产品的长度和宽度？
3.农产品的市场生命周期分为哪几个阶段？
4.分析农产品新产品开发的阶段。
5.说明农产品包装的策略。

案例分析

案例一　白菜变身记

我是一棵白菜，生长在黑龙江省红星农场有限公司，这块黑土地用10年时间让我美丽转身，变成有机白菜，通过加工让我有了多重身份，身价倍增。

田中变身份

来到黑龙江省红星农场有限公司地界，一块块“国家有机产品认证示范区”“国家级有机食品生产基地”这样的“重量级”大牌子映入眼帘，这里就是酸菜前身——有机白菜的家。2003年，红星农场有限公司选择开发较晚、无污染的地块进行白菜、大豆等有机基地的建设和转换工作，4万亩有机基地通过了欧盟、美国、日本及国内认证机构的认证。

基地建设中，公司注重管理体系的建立和种植流程的规范。从有机食品的计划、物资使用到生产、加工、贮藏、运输、销售等各环节都制定了严格、具体的操作规程，并在有机产品生产单位的仓库、晒场、作业机具上都“烙”上了四个大字“有机专用”。

为了使每一棵白菜都出类拔萃，红星农场有限公司可下了不少“功夫”。通过秸秆还田、增施农肥，改良了有机基地土壤；通过GPS导航、耕深监测，提高了有机基地作业标准；通过推广良法，试验示范，完善了有机农业种植模式；通过标准化的农机管理，机械灭草，降低了有机作物种植成本；通过液粪追施，补肥提质，提高了有机作物产量品质；通过破土培垄、大垄栽培，提高了有机作物的抗逆性。

罐内变酸菜

2007年10月，红星农场有限公司建成全国首家有机酸菜加工厂——北大荒亲民有机食品有限公司。

最有名的要说誉为“天下第一大酸菜罐”的有机酸菜腌渍罐了，有不少客商和学者都是慕名而来，想亲眼目睹大罐的风采。有机酸菜腌渍罐直径4.5米、高6米，每个罐一次可腌渍有机白菜60吨，相当于一节火车皮的容量，50个罐体清一色的采用316L食品级的不锈钢，罐罐管道相连，实时精准温控。

公司总经理于孝滨视每一棵白菜都如“珍宝”。与东北农业大学共同研发加工工艺，他要求工人们要经过好几道的整理工序后，才能将“白白胖胖”的有机白菜送入发酵罐，并选择盐、水和乳酸菌成为有机白菜的合作伙伴，来陪伴40余天的漫长发酵期。有机白菜在科学的工艺下摇身一变，成了有机酸菜。

手上变精品

亲民工匠经过17道标准化生产工序，精挑细选，精心包装，提高了产品质量，抬高了酸菜身价。

原料要求株高30厘米以上的长棵实心菜，入罐前经过两次喷淋式清洗，入罐密闭发酵，出罐前的半成品要进行亚硝酸盐、酸度、食盐等多项指标的严格检验，出罐后的半成品要在生产线上挑选去根分级，再用气泡清洗机对挑选后的半成品清洗，然后切丝、整理、包装，包装后的袋装成品不能有气泡、烫袋、褶皱、夹菜叶等现象。加工车间的最后一道工序是将成品袋进行水浴杀菌。0～15℃是有机酸菜最喜欢的温度，经过化验员按照国家标准及企业内控指标检验后，进入成品库，遮光保管。

“质量追溯”为17道工序把关。2009年，建设农垦农产品质量可追溯系统，从种植管理、生产加工和产品销售3个方面采集追溯信息，规范、真实地填写每一项农事活动、生产加工和产品销售记录。现在每一袋酸菜都有自己唯一的“户口”——追溯码，码上有种植地块、生产日期、产品种类等，有效地保证了生产原料的可控性和产品质量。

有机酸菜在亲民工匠的手中，塑造成了一袋袋精品。

远销变名牌

有机酸菜品质好，更要把名扬。“亲民食品”2011年被认定为黑龙江名牌产品、著名商标；2012年被评为“全国百佳农产品品牌”；2013年“红星酸菜”被国家质检总局实施地理标志产品保护；2014年名列最受消费者喜爱的100种产品；2015年荣获“龙江特产食品”；2016年博览会获金奖；2017年国际农产品交易会获金奖；2018年荣获行业领跑者品牌。

“市场的认可和消费者的口碑取决于营销方式的创新。”谈起营销手段带给企业的发展活力，红星农场有限公司董事长姜耀辉侃侃而谈，并制定出了“三步走”计划。做实线下，提升市场品牌占有率；做活线上，扩大品牌知名度；做优服务，赢得品牌满意度。在大跨步、快发展下，“亲民食品”有机酸菜，成为了健康餐桌上的“宠儿”。

来源：黑龙江经济报

案例二　二九〇分公司积极打造“互联网+品牌农业”发展产业链

二九〇分公司立足特色优势产业，始终坚持把实施商标品牌战略作为推进产业转型、品牌强市、创新发展的重要抓手，大力推进“互联网+品牌农业”战略建设，加大农产品品牌营销力度，打开富农增收的新路径。

通过“互联网+品牌农业”的模式，不仅为多个系列的农产品营销和种植户对接搭起"鹊桥"，更实现了"小品牌"与"大市场"的无缝对接。

来源：黑龙江经济报

案例三　从莽莽荒原到中华大粮仓

从莽莽荒原到中华大粮仓——北大荒 黑土地上写传奇

这是一片神奇的黑土地：一年的粮食产量，能为1亿国人提供一整年口粮。

72年前，这里只是一片人迹罕至的莽莽荒原。先后由14万转业复员官兵、10万大专院校毕业生、20万内地支边青年、54万城市知识青年组成的垦荒大军，别羊城、离巴蜀、辞云贵、渡浦江，义无反顾地投身于一场人类历史上伟大的拓荒活动。

72年沧桑巨变，北大荒为国家战略而生，与祖国共同奋斗成长，如今已开发建设成国家重要商品粮生产基地、丰盈富饶的中华大粮仓。

2018年9月下旬，习近平总书记在东北三省考察时，来到黑龙江农垦建三江管理局调研，强调中国人的饭碗任何时候都要牢牢端在自己的手上。他双手捧起一碗大米，意味深长地说："中国粮食！中国饭碗！"总书记的嘱托与关怀，为北大荒人注入了无穷动力。2018年，黑龙江农垦农作物总播种面积4 339.5万亩，粮食调查产量456亿斤，实现"十五连丰"。

北大荒精神代代相承　改革攻坚蹄疾步稳

"我22岁来到友谊农场，一辈子没待够，骨灰也要留在北大荒。"今年88岁的刘焕高老人是北大荒第一代农垦人，"'早起三点半，归来星满天，啃着冰冻馍，就饭雪花汤'。以前这里没有路，没有房，住在马架子、地窖子里，总问什么时候能吃上一顿饱饭，如今做梦也想不到能成为中华大粮仓！"

"艰苦奋斗、勇于开拓、顾全大局、无私奉献。"老人上了年岁，吐字迟缓，却能将北大荒精神一字不落地说出。

"上世纪80年代，垦区开始兴办职工家庭农场，改革经营体制；90年代国家又批准农场建立现代农垦企业制度为主要内容的第二期改革试验；2000年完成了管理体制、产权制度等改革。"回顾改革历程，刘焕高如数家珍。

近些年，一些农场和企业生产经营出现困难，为破解政企不分、管理粗放等问题，北大荒人迎难而上，赋予北大荒精神新的时代内涵。

2015年底，中共中央、国务院印发《关于进一步推进农垦改革发展的意见》。2018年底，北大荒农垦集团总公司成立，标志着黑龙江垦区从政企合一的管理体制整建制转入集团化企业化经营管理体制，实现了农垦体制的历史性创新。今年以来，集团加快履行企业经营职能、推进重点企业上市融资，以运营主体的身份在全国各地参与投资建设和生产经营活动，将113个农（牧）场整合为108个有限公司，全部完成公司注册。

改革红利渐显。今年3月6日，雄安新区传来喜讯：唐河生态产业基地项目方案编制单位比选，北大荒成为中标单位第一名！春暖花开，一些下属农场公司开设的花卉展销中心、旅游农业园红红火火、人潮如织。

“只有全面深化农垦体制改革，才能让北大荒脱胎换骨。我们要在体制改革上实施农业航母战略，闯出一条国有农业经济发展壮大之路。”北大荒农垦集团总公司（农垦总局）党委书记、局长、董事长王守聪说。

农业现代化插上科技翅膀　保障国家粮食安全

“种地几十年，变化就像天和地！”友谊农场农户李长江感触很深，“就拿育秧来说，俗话说‘好秧八成粮’，育秧太重要了。过去自己在家催秧，少说也得半个月。现在农场提供智能化车间，恒温恒湿，利用水循环智能催秧，7天浸种，1天就能出芽，产量还提高了。”

放眼垦区各地农场，大马力机械、科学化种植早已是日常标配，智能化也在稳步推进。

在七星农场农业综合数据处理中心，巨型屏幕连接着地块里200多个传感设备，实时监测着作物的生长和田间管理情况。

“大田农业物联网，利用大数据技术改变种植生产管理方式。我们在高附加值的绿色农产品上做文章，建立了食品安全追溯系统，无论身在何处，消费者都可以通过手机实时查看有机水稻种植的水质、土壤、空气情况。”七星农场场长彭荣君介绍。

从开垦初期年产粮只有0.048亿斤，到去年产粮456亿斤，跳动的数字展示着大粮仓的实力。国家需要时，这里会主动发挥国家抓得住、调得动、能应对突发事件的作用。2003年非典期间，北京粮食供应紧张，垦区连夜制米，第二天，装满新米的列车驶向北京，摆上了北京各大超市货架；2008年汶川大地震后，用3天时间紧急加工2 000余吨大米，通过专列运往四川灾区……

历经72年开发建设，垦区已累计生产粮食4 370.7亿公斤、向国家交售商品粮3 444.3亿公斤。目前，垦区四大水利工程体系基本建成，有效灌溉面积2 850.9万亩，占耕地总面积的65%；建成生态高产标准农田2 616万亩，占耕地总面积的59%；主要农作物耕种收综合机械化水平提升到99.7%。

塑造品牌延伸链条　农户市场无缝对接

“红色是火龙果的，紫色是紫薯的，绿色是菠菜的……”在江川农场吉裕香食品加工有限公司加工车间，总经理刘明向记者展示五颜六色的“大米面条”。“我过去卖米，去年开始在农场的鼓励下搞大米深加工，两个月销售量就达到10万多元。”刘明说。

“1斤米市场价3元，变成面条就是8元，还供不应求。”江川农场经济管理部部长张凤国介绍，按照总公司“打造新型粮商”的目标，农场致力“全民营销”与品牌效应，让农户与市场无缝对接，实现有效供给和农户增收。

九三非转基因大豆油、完达山“乳此新鲜”巴氏鲜奶、北大荒有机米、北大荒丰缘高筋小麦粉……历经岁月洗礼，北大荒的一张张品牌名片、一件件明星产品在全国亮相。如今，垦区已拥有54家国家级和省级龙头企业。

“5年前我一无所有，在农场号召下开始养奶牛。”长水河农场职工杜龙江曾经是出了名的穷户，这几年终于尝到了生活的甜头，“有完达山撑腰，不管市场咋样，我们收入都是稳定的，一年能挣5万元。”

“品牌是一个农业企业核心竞争力的集中体现。企业坚持与基地牧场签订收购合同，共担市场风险。目前，我们年兑现奶资近20亿元，使10万余农户受益，并拉动相关产业链上近30万人就业。”完达山乳业党委副书记侯雪坤表示。

72年风雨兼程，北大荒收获满满。2018年，集团实现产业增加值1 083.8亿元，居民人均可支配收入28 789元，新增就业3.1万人，城镇化率达86.5%，人均住宅面积达32.9平方米。

大地回春，黑土地上的人们在奋斗，黑土地的传奇故事还在延续。

来源：人民日报

第五章　农产品价格策略

前导案例

邪了门了，咱到底要吃几块钱一斤的苹果?

2019年6月8日，央视财经的一条报道播出后的推文在网络上热转，大标题是：必须曝光这场资本炒作！天价苹果的幕后，竟是这一群“庄家”！这群“庄家”是长在哪里的“庄稼”？是长在期货市场的“庄稼”。小标题：苹果变“金果”：期货贸易推高苹果价格！其实这篇报道正好是为苹果期货正视听的。库里没货可卖，目前的苹果主产地又因干旱长势并不乐观，那么目前苹果期货价格走高，正是苹果期货市场6 600多法人客户对苹果行情的真实判断。这不正说明苹果期货价格反映了现货行情，实现了期现结合？把产业发展的预警信号，说成是农产品价格波动背后的“推手”，这才是应该引起我们“警惕”的！

首先，让我们紧紧围绕着该报道来分析一下。2018年4月初的霜冻，不少主产区产量比2017年减少40%，收购价格比哪年都高，红富士苹果一斤卖到5元，比往年长了一倍，减收并不明显。这说明市场价格与收购价格涨幅是一致的；洛川某大型果品贸易商在2018年10月以4元到4.5元的价格收苹果，苹果出库价从4月份的6元一斤涨到5月份的7元一斤。这说明贸易商销售价格也就是增加了每斤2元的半年保管费用，并无暴利；最终这批苹果以每斤8块钱价格出售，每斤足足赚了2元钱。这说明该记者不知道一斤苹果出山区上高速进城市到超市需要经过怎样的周折，我告诉你这里面还是没有暴利。至于那些有人赚了几百万的道听途说，实在不应该成为央媒报道的语言。至于个别农户绝收，也不能作为产经分析的依据。有人做期货赚了钱？那他赚的就是这个池子里那个赔钱人的钱，是他对行情判断赢来的钱。现货再短缺，期货市场也是有人赚，有人赔；有时赚，有时赔。没有什么“创富故事”。郑州商品交易所农产品部副总监吕保军告诉笔者，苹果作为世界上首个鲜果类期货，没有定价可参考依据。苹果上市头一个生产季就遇上特大冻害，整个期货行业的风管管理子公司都投入到产业调研中去，形成了基础信息数据。在此基础上，郑商所也在苹果期货上市10个月后修改了相关合约，严格控制波动，实现了每个合约有持仓，每个月份有交易，全面活跃。虽然去年减产导致苹果期货价格上涨，但没有离开基本面，产业经营效益比没有期货的时候大大提高。去年的梨与苹果同样受灾，由于没有期货调研预警，一上市还是往年价格，等发现现货匮乏再涨价，梨已经销售完了，农民遭受损失。而苹果由于早期的期货价格发现，收购价格一步到位，最大限度保护了农民利益。2018年，郑商所组织期货公司实施的“保险+期货”试点，实现了理赔1 000多万元，发挥了期货市场助农扶贫的社会和经济双重效益。

来源：中国农网

知识要点

（1）掌握农产品定价依据及影响农产品定价的因素；

（2）掌握农产品定价的目标、程序及基本方法；

（3）掌握新产品定价策略、生命周期定价策略、折扣定价策略、促销定价、地理定价及价格变动策略。

第一节　农产品价格影响因素

农产品经营企业不仅应提供给消费者具有一定品质的产品，更应提供一个合理的农产品价格。为了增加销售收入和利润，农产品经营企业要给农产品制定基本价格，并对其进行适时调整。价格是市场营销组合中难以控制的因素，涉及生产者、经营者和消费者等多方利益，影响市场对农产品的接受程度。

一、农产品定价依据

价格是农产品营销的重要内容，价格制定得当将刺激农产品销量的增加，提高市场占有率，增加农产品经营企业的利润。农产品价格制定过高会制约消费者的需求导致销售额下降，而制定过低则会影响经营者及生产者的利润。农产品定价的依据是价值规律理论。价值是价格的基础，农产品价格是农产品价值的货币表现形式。因此农户和农产品经营企业在进行农产品定价时，需要考虑相关依据。

$$农产品价值 = C + V + M$$

其中，C为农产品生产过程中所消耗的生产资料价值减去固定成本；V为劳动者为自己的劳动所制造的价值减去可变成本；M为劳动者为社会生产的剩余产品的价值。农产品价值是由生产领域和流通领域的劳动消耗共同作用的结果。

农产品价格＝生产成本＋流通费用＋国家税金＋农产品纯收益（盈利）

生产成本和流通费用可以用$C+V$表示，国家税金和农产品纯收益则是剩余价值的货币表现。因此农产品价格是其价值的货币表现形式。

农产品价值决定价格，但价格并非与其价值始终保持一致。在市场上发生的农产品交易受到多种因素的影响和制约，例如供求关系、市场结构和政府干预等，这些因素经常会使农产品价格与价值发生悖离。从较长时期角度看，农产品价格是以价值为中心并围绕其上下波动的。

二、影响农产品定价的因素

农产品价格的制定主要分为两类：一是政府定价，即农产品经营企业对所出售的农产品价格没有决策权，例如粮、棉、油等需遵循国家统购统销价；二是市场定价，即农产品经营企业根据自身情况定价，由农产品的质量、市场供求状况等因素决定其价格。

农产品价格形成及其变动是农业经济中最复杂的现象之一。

随着农产品市场变化，农产品价格还应适时调整。在制订价格时，一般受如下几种因素影响。

（一）定价目标

定价目标是产品的价格在实现以后企业要达到的目的。企业的定价目标从属于企业的经营目标。企业的定价目标是以满足市场需要和实现企业盈利为基础的，它是实现企业经营总目标的保证和手段。同时又是确定企业定价策略和定价方法的依据。企业面临的市场环境和竞争条件不同，企业的目标就会有差别。不同的企业有不同的目标，即使同一企业在其不同发展阶段的目标也不尽相同。因此任何企业都不能独立地确定价格，而是必须按照企业的目标市场战略及市场定位战略的要求来进行，农产品定价也是如此。例如黑龙江北大荒农垦集团一直致力于将自己打造为“绿色、阳光、生态”的代名词，致力于成为中国最大的现代农业品牌，其农产品的价格一直处于中等位置。一方面高于一般中小企业生产的产品，以树立“品牌”“可靠”的形象；另一方面价格避免过高，树立贴近老百姓生活的形象，也避免造成消费者对产品“利润空间大，暴利”的怀疑。

（二）产品成本

成本是产品价格构成中最基本、最重要的因素，也是产品价格的最低经济界限。任何农产品经营企业都不能随意制订价格。从长期来看，任何农产品的价格都应高于所发生的成本费用，即农产品价格要能补偿农产品生产及市场营销的所有开支，以及经营者为其承担的风险支出，企业才能获得利润，生产经营活动才能继续进行。因此成本高低对农产品定价具有重大影响。但这并不排斥在一段时期在个别产品上，价格低于成本。在一般情况下，产品的成本高，其价格也高，反之亦然。生产成本则是农产品成本最重要的组成部分，其构成为固定资产折旧、劳动对象和低值易耗品方面的支出（包括种子、肥料、农药、饲料、燃料、水电和机耕等费用支出）、劳动报酬支出、生产管理费（包括办公费、差旅费、借款的利息和违反经济合同的罚款等），即生产成本由固定成本和可变动成本组成。在理论上，从长期而言，农产品价格不应低于总成本；从短期而言，价格不应低于可变动成本。农产品经营企业的定价应该要能够补偿可变动成本后存在剩余，才能补偿固定成本。当固定成本得到补偿后，企业才有可能产生利润，因此可变动成本被认为是农产品经营企业定价的最低界限。

例如近年来诸如种子、化肥、农药、农机、农用柴油等农业生产资料涨价、水资源的消耗和紧缺、供应农民所需要的商品和服务的涨价等，均导致农产品生产过程中的成本持续加大，进而使得农产品价格上涨。从经济学角度来讲，农产品成本可表述为：农产品总成本、农产品边际成本及农产品边际贡献。

1.农产品总成本

农产品总成本是农产品生产与销售环节的总支出，它等于固定成本与变动成本之和。其中固定成本是指农产品生产及营销过程中，相对于变动成本在一定时期和一定业务量范围内基本不变的费用，例如农业机械设备折旧、管理人员基本工资、保险费等；变动成本是指那些在一定范围内随着业务量的变动而发生变动的成本，例如购买农药、化肥等生产资料的费用。如果将总成本分摊到每个农产品上，就构成单位农产品平均耗费成本，称之为农产品单位成本。

农产品单位成本是指农产品卖者决定是否长期从事农产品生产经营与加工的下限，如果卖者预期长期价格低于单位成本，就会退出农业经营。

2.农产品边际成本

农产品边际成本是指在一定的农产品产量和销量下，每多生产和营销一单位农产品所对应引起的农产品总成本的增加量。经济学中边际成本公式可以表达为：

$$MC=\frac{\Delta TC}{\Delta Q}$$

式中，MC为农产品边际成本，ΔTC为农产品总成本增量，ΔQ为生产和营销农产品增量。

3.农产品边际贡献

农产品边际贡献又称为边际利润，一般可分为单位农产品的边际贡献和全部农产品的边际贡献，其计算方法为：

单位农产品边际贡献 = 农产品销售单价 – 单位农产品变动成本

全部农产品边际贡献 = 全部农产品销售收入 – 全部农产品变动成本

（三）市场供求

产品价格除受成本的影响外，还受市场供求的影响。供给与需求规律是市场经济中最基本的经济规律。一般来讲，了解农产品成本是为了确定农产品价格底线，了解供求关系，是为了给出农产品一个合理的市场价格以期求得盈利。

当产品价格高于某一水平时，将无人购买，因此市场需求决定了产品价格的最高限度。一般地，市场需求随着产品价格的上升而减少，随着价格的下降而增加。农产品定价过程中一定要了解市场供求关系与价格变动对市场需求的影响程度（需求弹性）和价格变动，以及对市场供给的影响程度（供给弹性）。

1.农产品需求及需求弹性

农产品需求是指消费者在既定的时间和地点，以适当的价格所购买的农产品的数量。农产品经营企业定价受到市场需求的影响，即受到农产品供给与需求的相互关系的影响。从市场角度来讲，这种需求又可分为现实需求和潜在需求。一般来讲，农产品需求越大，其价格越高，正所谓“物以稀为贵”，但价格攀升又限制了需求进一步扩大，最终导致供求平衡，形成均衡价格；而需求下降，也会导致价格下降。反之，价格变动影响市场需求量，从而影响农产品销售量，进而影响农产品经营企业目标的实现。农产品市场需求受农产品价格和消费者收入变动的双重影响。

当农产品价格低时，会增加产品的需求量；当农产品价格高时，会减少产品的需求量。需要注意的是，营销中的需求是指有效需求，即消费者能够且愿意购买的产品数量。表5–1显示的是玉米价格和购买数量之间的对应关系。

表5-1　玉米价格和购买数量之间的对应关系

每蒲式耳价格 / 美元	购买的数量 /10 亿蒲式耳
4.00	3.0
3.75	3.4
3.5	3.8
3.00	5.0
2.75	5.7
2.5	6.4
2.25	7.2

资料来源：[美]理查德·库尔斯等. 农产品市场营销学. 北京：清华大学出版社，2006：118.
注：蒲式耳（英文为Bushel，缩写BU）是一个计量单位。在美国，1蒲式耳相当于35.238升（公制）

需求弹性是指农产品卖者面对的决定价格上限的需求影响因素。作为生活必需品的农产品需求价格弹性小，降低价格也难以做到薄利多销，提高价格亦难以减少需求量。当消费者货币收入增加时对这些产品需求量的增加幅度也是有限的。反之，作为高档食品的农产品需求价格弹性大，收入既定的情形下，提高价格会减少销量。消费者收入的增加会使这类产品的需求量增加。

2.农产品供给

农产品供给是指在一定时间、地点和市场价格下，市场可以销售的农产品数量。供给规律是指价格和市场供给之间的关系。一般来讲，价格越高，意味着市场需求旺盛，有利可图，供给或意愿供给的数量就会越多；反之，价格越低，意味着市场低迷，供给的数量就越少。表5-2为玉米的需求表。

表5-2　玉米的需求表

每蒲式耳价格 / 美元	供给的数量 /10 亿蒲式耳
4.00	5.6
3.75	5.5
3.5	5.4
3.00	5.0
2.75	4.7
2.5	4.4
2.25	4.0

资料来源：[美]理查德·库尔斯等. 农产品市场营销学. 北京：清华大学出版社，2006：119.

农产品供给价格弹性是指某种农产品的市场供给量对其价格变化反应的灵敏度，即农产品供给量变动率对价格变动率的比率。由于农产品生产时期较长、短期内生产设备、劳动等生产要素无法大幅度增加，从而供给无法大量增加，供给弹性小。但本期农产品价格会影响下一期农产品的产量，即从长期来看，农产品供给弹性大。

影响农产品价格需求弹性的几个因素如下。一是生活必需程度，农产品对人们生活的必需程度越高，弹性越小；二是农产品的可替代程度，容易被替代的农产品需求弹性较大；三是农产品的用途广泛性，用途越广的农产品需求弹性越大；四是消费者收入水平的差异；五是价格变动时间的长短，在其他条件一定的前提下，价格变动的时间越长，需求弹性越大；六是消费者的消费习惯、地理差异等也会影响农产品需求价格弹性的变化；七是农产品供给受到气候等自然条件的影响比较明显，进而影响到农产品的季节性价格波动。

3.农产品均衡价格

农产品均衡价格是指农产品供给量与需求量相等时的价格，也可以认为是农产品供给价格与需求价格相等时的价格。从市场角度看，农产品供给与需求在相互作用过程中，会经历一个此消彼长的过程，并逐渐趋向一种均衡，形成相对稳定的市场均衡价格。均衡价格所对应的农产品数量就是均衡数量。需要注意的是，农产品市场均衡价格不是政府指导价，而是指在没有外部干涉情况下由农产品市场供求双方所自发决定的。如图5-1所示，表示的需求供给曲线决定均衡价格，其中*SS*为供给曲线，*DD*为需求曲线，两线交点*E*为均衡点，即需求与供给相等的点，*E*所对应的价格即为均衡价格。

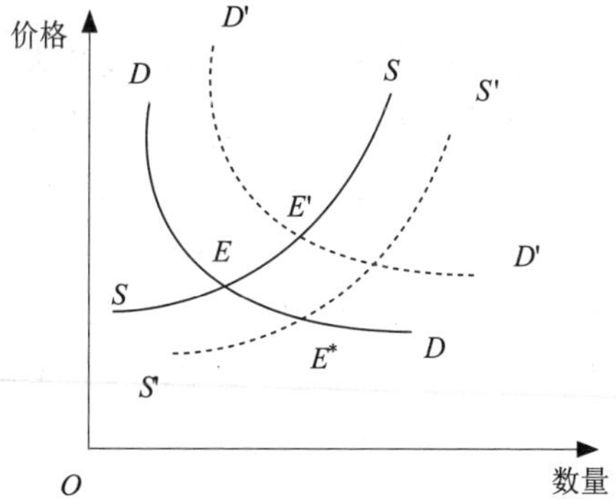

图5-1 需求供给曲线决定均衡价格

一般来讲，农产品需求增加，需求曲线会上移，由DD移到$D'D'$，其均衡点会上升，由E到E'，相应的价格和均衡数量会增加；反之，农产品需求下降，均衡价格也随之下降，均衡数量也会随之减少。因此结论是一般情况下，农产品需求变动会引起农产品均衡价格与农产品均衡数量同方向变动。

如果农产品供给增加，供给曲线会下移，由SS移到$S'S'$，其均衡点会下移到E^*，此时均衡价格下降会引起均衡数量增加；反之，农产品供给减少，其均衡价格会上升，均衡数量会减少。因此结论是农产品需求变动会引起农产品均衡价格反方向变动，农产品均衡数量同方向变动。

（四）竞争

除了农产品自身品质和市场供需关系外，市场竞争是影响农产品价格的关键性因素之一，特别是当农产品具有同质性时，价格竞争成为产品竞争的“利器”。例如芹菜，如果时间成本和路程成本可以忽略不计，那么谁的芹菜单价便宜一些，消费者就愿意买谁的，谁就可能赢得消费者。实际上，这种竞争取决于竞争环境和竞争者两方面，具体包括竞争者产品价格及质量、市场结构及非价格竞争策略。

1.竞争者产品价格及质量

农产品定价应当了解其竞争者所提供农产品的品质及价格，较为充分地进行横向比较，如果两者产品质量差别不大，则定价趋同；如果品质明显较好，价格可以高一些；反之，则可以低一些。也就是说，在农产品定价中，企业要关注农产品质量的相对水平。被冠以“地理标志”“名牌产品”“绿色食品”与“有机食品”等的农产品在市场竞争中具有明显优势。

2.市场结构

市场结构是指一个行业内部买方和卖方的数量及其规模分布、产品差别的程度和新企业进入该行业的难易程度的综合状态。一般情况下，如果市场上卖者众多，且产品具有同质性，定价只能随行就市，依照现行市场价格来定；如果市场上有较多卖者，但产品之间存在差异，就存在较大的定价空间和选择自由；如果市场只有少数卖者，产品差异小，定价自由度也相对小一些，市场上可能存在价格之间的微小差异，一般情况下，消费者会选择价格较低的商家；如果市场上只有一家卖者，则会形成市场的独家垄断，在法律和政策允许下，会形成一定程度的“垄断价格”。

3.非价格竞争策略

企业竞争过程中非价格竞争是指企业通过不断地采用新技术、新工艺，提高管理水平，改进产品质量，改善包装和外观式样，加强售后服务，注重广告促销效果，以提高产品的市场占有率，实现盈利目的。非价格竞争所强调和突出的是产品价格以外的因素。现代农产品企业之间的竞争越来越倾向于非价格竞争，非价格竞争的实质，就是通过整体的营销活动扩大需求，开展竞争。

（五）政府价格管制

农产品定价关系到一国的食物供给安全问题，农产品价格过高会影响低收入者对食物的获取及消费。如果农产品涨价，会带来一系列经济和社会问题，会造成社会的不安定情绪。由于市场机制的盲目性和自发性，市场经济存在难以克服的弊端，需要对农产品的市场价格进行干预，因此政府对农产品价格进行干预，在各国都是普遍存在的。他们主要通过制定一系列的政策和法规对市场价格进行管理，这些政策和法规为农产品经营企业制定价格提供了重要的参考依据。

在实际运作中，政府价格管制可以分为政府定价和政府指导价。其中，政府定价是指政府有关部门（例如价格主管部门）依照《中华人民共和国价格法》规定，按照定价权限和范围制定的价格，往往涉及与国计民生关系重大、带有战略性质的农产品，例如粮食、油料、棉花等大宗农产品。政府指导价是指依照《中华人民共和国价格法》规定，由政府价格主管部门或者其他有关部门，按照定价权限和范围规定基准价及其浮动幅度，指导经营者制定的价格。政府指导价的范围一般涉及重要农产品。

法律是保证政策实行的强制性措施。国内涉及农产品价格下限的保护性法律以《中华人民共和国反不正当竞争法》为主。其中第11条规定：“经营者不得以排挤竞争对手为目的，以低于成本的价格销售产品。有下列情形之一的，属于不正当竞争行为：销售鲜活产品；处理有效期即将到期的产品或者其他积压的产品；季节性降价。”联合国《消除或控制限制性商业惯例法律范本》对价格的限制中规定，下列一些价格行为即被视为滥用的行动或行为：“对竞争者的掠夺性行为，例如使用低于成本的价格消灭竞争者。”

结合上述法律可见，鉴于农产品的特点，对农产品以低于成本的价格销售，是作为特例允许的。

（六）其他因素

1.消费者心理

无论哪一种消费者，在消费过程中，必然会产生种种复杂的心理活动，并支配消费者的消费过程。因此，消费者的心理也是农产品定价必须考虑的因素。

2.企业或产品的形象因素

企业有时还需要根据企业理念和形象设计的要求，对产品价格做出限制。

第二节　农产品定价的目标与方法

一、农产品定价的目标

任何农产品经营企业在制定农产品价格时都需要考虑目标市场战略及市场定位。农产品定价的目标是指农产品经营企业在对其生产或经营的农产品进行价格制定时，有意识地要求达到的目的和标准。就农产品卖者的定价目标而言，首先在国家农产品最高限价和最低保护价规范的框架下确定；其次要考虑由需求界定的价格上限和由成本界定的价格下限；最后取决于价格上、下限之间存在的同种产品生产者的价格水平。不同的定价目标会有不同的定价决策，当以利润为目标时，则需要考虑追求的是当前利益还是长远利益，同时要明确这个定价是否能使农产品在市场竞争中处于有利地位。

具体来讲，农产品定价有以下几种目标。

（一）以国家需要为目标

农产品与其他商品不同，存在特殊性，农产品具有特殊的社会价值，尤其是粮食等基本农作物，不仅是人类赖以生存和发展的基本资料，还是整个社会生存与发展的基础，也是轻工业、食品加工业等许多行业原材料供给的基础，具有关乎国计民生的战略地位。

（二）以保护农业生产者的根本利益为目标

政府为支持和保护农业发展，维系农产品的正常生产供应和市场价格水平，需要对农业生产者给予价格补贴，限制农产品收购的最低价格，例如实行市场保护价等，从而强制规定农产品收购的保护价格。

（三）以获利为目标

在市场经济条件下，获取利润是企业或个人从事农产品生产经营活动的重要目标。农产品定价中以获利为目标是指在农产品定价过程中在考虑生产与销售成本的基础上，加上农产品生产经营者较为满意的利润来确定价格，一般分为获取投资收益、获取合理利润和获取最大利润等。但需要注意的是，采取这种定价目标的企业要制定合适的投资收益率，同时要确保其所生产经营的农产品较竞争对手农产品具有明显优势。

（四）以保持或提高市场占有率为目标

一定的市场占有率是企业生存和发展的基础，农产品市场占有率在很大程度上决定着生产经营者的竞争力和经营绩效。从长远来看，提高市场占有率决定着生产经营者的命运，因此农产品经营企业为了巩固或提高市场地位，往往需要以维持或扩大市场销量为目标来制定农产品价格。为了保持原有市场份额或提高市场份额，需要生产经营者在较长时期内维持低价，进行促销，力求排挤竞争对手，保持其农产品的销售量与销售额稳步增长，或者应付竞争对手的进攻，防止新的竞争者进入市场。以销量为目标制订农产品价格，有时会难以保证较高的利润率。

以市场占有率为定价目标，农产品生产经营者需要分析自身的竞争实力和市场条件。若没有足够的资金和成本优势为基础，其生产能力与市场份额的扩大不相适应，所生产的农产品生命周期过短，市场需求容量不大，就不宜以这一目标作为定价目标。

（五）以应付竞争为目标

当农产品生产经营者受到生产能力过剩、市场竞争激烈和消费需求变化等因素困扰时，往往会把求生作为主要的追求目标。其定价目标就是排挤竞争对手或阻止新的竞争对手进入。以此为目标的农产品定价通常很低，此时竞争力较弱的中小企业会选择让出市场份额。

（六）以树立企业或产品形象为目标

价格不仅体现农产品价值，而且还体现生产经营者的形象和产品形象。有一种说法不无道理：今天的企业竞争不是在进行产品竞争，而是在进行品牌竞争。打造优秀的农产品品牌，可以有效地实现“优质优价”，可提升批发价格来提高市场售价，同时又可提升产品在公众心目中的形象，构成了生产经营者的无形资产，以此为定价目标可收到意想不到的效果。

二、农产品定价的程序

一般来讲，农产品定价需要经过六个步骤，即确定定价目标、测定需求、估计成本、分析竞争对手、选择定价方法及确定最终价格。

（一）确定定价目标

企业的定价目标一般是多元化的，所以在定价过程中首先应根据目标市场选择原理，通过系统分析，特别是SWOT分析，明确定价目标。

（二）确定市场需求

企业通过对农产品市场的预测及现状分析，当企业确定了定价目标之后，并不意味着马上就可以做出正确的定价策略，还必须对产品的需求状况进行测定，特别是借助市场细分，充分认识市场潜能，有针对性地确立市场有效需求。

（三）估计生产经营成本

估计生产经营成本是企业制定定价策略的一个重要基础。在定价过程中，需求与成本所起的作用是不同的，前者主要是对企业的产品形成一个价格上限，后者则主要是形成企业产品价格的下限。

（四）分析市场竞争者

企业在定价过程中，需要了解竞争对手的每种产品的价格和质量状况。这一目的可以通过派出相关人员对竞争对手的产品进行采物比较来达到，也可以直接购买竞争对手的产品，以了解其性能、质量方面的优缺点，还可以向消费者征询其对各个竞争者产品的价格与质量的意见。在对竞争对手产品和价格状况有了详细的了解之后，企业就可以以自己的定价为出发点，或高或低或相同，通过有目标的定价策略来实现自己产品的竞争性定位。

（五）选择定价方式，确定最终价格

企业根据调查情况，结合自身特点，根据企业产品的扩张力大小，确定价格区间，选择合适的定价方法，进行科学定价，使价格尽可能地体现农产品价值，同时要进一步顾及符合国家的相关法规、政策，充分考虑各方因素后，确立最终价格。

三、农产品定价的基本方法

农产品定价是一种需要考虑到多方面因素的复杂过程。在实际工作中，农产品经营企业往往难以全面顾及所有方面，因此企业定价主要有以下几种方法：成本导向定价法、需求导向定价法及竞争导向定价法。

（一）成本导向定价法

成本是确定农产品价格时首先要考虑的问题。成本导向定价法是以农产品生产经营成本为基础，加上一定的利润和税金来制定农产品价格的一种定价方法。成本是企业生产经营过程中所发生的实际耗费，客观上要求通过商品的销售而得到补偿，并且要获得大于其支出的收入，超出部分则为企业利润。这种方法是农产品经营企业较常用、最基本的定价方法。

（二）需求导向定价法

需求导向定价法又称顾客导向定价法、市场导向定价法，这是一种以消费者对农产品价值的理解程度和需求强度为依据的新型定价方法，是指农产品在定价时以消费者对农产品价值的理解和需求为基础，通过市场调查，根据市场需求变化情况，较为充分地了解消费者购买意愿、农产品及其价格接受程度等。在此基础上，农产品生产经营者选择与自己产品相适应的较好的市场反应价格作为自己产品的价格。

（三）竞争导向定价法

农产品市场竞争是比较激烈的，为了简化方便，不少农产品生产经营者以竞争者的价格水平为参考进行定价。竞争导向定价法是根据竞争者的农产品价格来制订本企业农产品价格的一种方法。其特点是价格的制订会以竞争对手的价格作为依据，与农产品经营企业的农产品成本及市场需求状况没有直接关系。具体有以下几种方法。

第三节 农产品定价策略

农产品定价策略是指农产品经营企业为了实现预期的经营目标，根据企业自身条件和外部环境，对农产品选择最优定价时所采取的策略。在实际营销过程中，农产品经营企业还需要考虑和利用灵活多变的定价策略，考虑到打折、促销和运费等随时变化的因素，适当调整产品价格。

一、新产品定价策略

农产品经营企业刚刚推出的新产品往往成本较高，消费者对其了解不够，竞争者也可能尚未发现细分市场商机。新产品的定价策略选择恰当与否，直接影响了新产品能否顺利打开和占领消费者市场，此时企业可以采取如下三种新产品定价策略。

（一）撇脂定价策略

农产品经营企业在新产品投放市场之初将价格制订的很高，这样利用新产品对消费者产生的吸引力短时间内就能获取高额利润。该策略就像撇走烧热牛奶上面一层精华的油脂一样，故而得名。

运用该策略要具备一定的条件。首先，市场要有足够的购买者，需求缺乏弹性，高价会使他们产生这种产品是高档产品的印象，即使把新产品价格定得很高，市场需求也不会大量减少；其次，高价使需求减少，但不致抵消高价所带来的利益；最后，在高价情况下，仍然独家经营，短期内竞争者难以推出类似农产品。

（二）渗透定价策略

与撇脂定价策略相反，渗透定价策略是指农产品经营企业在新产品投放市场之初将价格制订的相对较低，以逐渐渗透和排它的办法吸引消费者的购买，并获得赢利和较高的市场份额。这种策略利用了消费者追求“价廉”的心理，因此适用该策略的条件是农产品的市场规模和需求价格弹性大，价格稍微调低就会带来需求量的大增，企业的生产成本和经营费用会随着生产经营经验的增加而下降，同时，低价也不会引起实际和潜在的竞争。运用该策略，企业比较容易得到渠道商的支持和消费者的认可，从而提高市场占有率，而且低价策略在一定程度上能有效阻止竞争者的介入。

（三）满意定价策略

满意定价策略是介于撇脂定价和渗透定价之间的折中策略，此时的新产品价格适中，兼顾了生产者、消费者和中间商的利益，也容易得到消费者的认可。

撇脂策略由于定价过高，有损消费者利益，容易遭到消费者排斥，具有一定的风险；渗透定价策略由于定价过低，尽管对消费者有利，但容易引起与竞争对手的价格战，而且价格低意味着利润较低，此时企业的资金回收极其缓慢，一般的企业难以承受；而满意定价策略因其能使生产者和消费者都比较满意而得名，有时它又被称为“君子价格”或“温和价格”。该策略对农产品经营企业和消费者都很公平合理，比较适合于需求价格弹性较小的农产品种类，但由于定价比较保守而不太适合竞争激烈的市场环境。满意定价策略由于获得的是平均利润，既可吸引消费者，又可以避免价格竞争，从而在市场上可以站稳脚跟，获得长远发展，但需要注意的是，企业与消费者双方都比较满意的价格是难以协调的。

上述三种新产品定价策略均各有利弊，其使用方法取决于实际的市场环境。农产品经营企业应从企业实力、市场特征、产品特性、消费者购买力及价格敏感度等多方面出发，综合分析并灵活运用，不可生搬硬套，以致适得其反。

二、生命周期定价策略

一般来说，农产品经营企业在农产品从导入期进入成长期、成熟期直至衰退期的生命周期，不同阶段会制订新的价格或调整原有价格。

（一）导入期定价策略

这一阶段需要让消费者熟悉、认可农产品，因而为了把产品的信息传播出去，农产品经营企业需要花费较高的宣传费用，同时需要选择分销渠道，此时可参考新产品定价策略制订较高或较低的农产品价格。

（二）成长期定价策略

随着农产品的宣传扩大，竞争逐渐加剧，更多的消费者了解农产品并开始购买，此时农产品销量增长较快，农产品经营企业不必贸然降价。但如果企业在新产品上市初期采取了撇脂策略，在竞争加剧后可以结合实际情况来适当降低农产品价格以占领市场。

（三）成熟期定价策略

在这个阶段，由于消费者已经对农产品的熟悉程度逐渐加深，同类产品间差异不显著，品牌的忠诚度开始发挥作用。此时的农产品销量达到最高水平并开始回落，市场竞争加剧，农产品经营企业可以考虑采取降价促销策略。但如果竞争者较少也可维持现价。

（四）衰退期定价策略

在衰退期，消费者的购买兴趣发生转移，农产品销量迅速下降，农产品经营企业应果断降价，甚至低于成本价促销。但如果竞争者均已退出市场，企业也可考虑维持现价甚至提高价格，以保持赢利或减少损失。

三、折扣定价策略

所谓价格折扣是为了鼓励消费者及早付清货款、大量购买、淡季购买，酌情降低其基本价格的价格调整策略。折扣定价策略是指农产品经营企业通过各种折扣和让价的办法吸引消费者购买本企业的农产品，从而扩大销量，提高市场份额。该策略增加了销售的灵活性，给消费者带来了实惠，因而经常被企业采用。

价格折扣的主要类型包括现金折扣、数量折扣、功能折扣和季节折扣等。

四、促销定价

很多顾客一进超市就首先关注黄色的促销价签，如果农产品销售市场在大多数消费者是价格敏感型消费者的情况下，运用促销定价是很能吸引消费者眼球的，特别是节假日的“买一送一”活动、“优惠大酬宾”活动等。促销定价常采用的方法有以下几种。

（一）牺牲品定价

超市和粮油副食店以少数与人们日常生活息息相关的农产品作为牺牲品，降低价格来吸引更多的消费者光顾超市，借以增加客流量，带动其他商品销售。

（二）心理定价

心理定价，即企业在制定价格时，运用心理学的原理，根据不同类型消费者的购买心理来制订价格，包括尾数定价、高价、习惯定价、分档定价、整数定价和声望定价。定价本身是对消费者心理的一个探知过程，可以采取尾数定价的方法，在制订产品价格时不取整数，刻意保留尾数，以表明价格制订“精确”并“便宜”。

五、地理定价

由于农产品生产与区域气候、地理环境等具有较为密切的关系，企业可以根据不同地区特点制订不同价格。一般情况下，本地产品在本地销售价格要低一些，异地销售由于涉及仓储、运输、保险、保鲜等诸多环节，其价格自然要相对高一些。地理定价主要有以下几种方式。

（一）FOB产地定价

FOB，即为离岸价，为国际贸易术语。卖方须负责将某种产品（货物）运到产地某种运输工具上交货，并承担一切风险和费用，而交货后的一切风险和费用（含运费）由买方承担。但由于一些鲜活农产品，例如蔬菜、水果具有易腐性，长距离运输显然对远方的客户存在不利影响。

（二）统一交货定价

对全国不同地区的消费者，不论远近，企业都实行统一价格，运费按照平均运费计算。统一交货定价的优点是简便易行，适于开拓异地市场，但对本地和近地区的客户不利。

（三）区域定价

区域定价也叫作分区定价，就是把全国（或某些地区）分为若干价格区，分别制订不同的地区价格。例如山东某大型蔬菜批发基地将其市场划分为北京市场、天津市场、济南市场等不同区域，根据实际运输、包装成本，当地居民收入水平等因素，分别制订蔬菜价格。

（四）基点定价

基点定价，即选定某些城市作为基点，然后按“厂价+运费”的方式来定价，这里的“运费”是指从基点城市到消费者所在城市的运费。

（五）运费免收定价

由卖方承担（或部分承担）运费，买方只需支付农产皮价款。这里需要注意一个前提，即销售的规模经济，规模经济可以降低农产品平均成本，将运输成本进行内部消化。

六、价格变动策略

在我国市场经济的大环境条件下，宏观经济环境和农产品市场供求发生变动时，农产品经营企业就有必要采取相应的策略主动调整原有价格。

（一）降价策略

农产品经营企业降价的原因包括以下几个方面。

（1）农产品生产旺季，生产能力过剩，需要扩大销售数量，但又不能通过农产品品质改进和增大销售力度等扩大市场时，采用该种策略。

（2）在激烈的市场竞争中，农产品经营企业的市场占有率逐渐下降时，采用该种策略。

（3）农产品经营企业成本费用低于竞争对手，使得农产品有降价的余地，有些潜在消费者因为自身消费水平的限制无法购买相关的农产品时，采用该种策略。

农产品经营企业通过降价以吸引这部分潜在消费者，从而提高市场占有率，扩大生产和销售量，进一步降低成本费用。在实际操作中，率先降价的一般都是有实力的企业。但必须重视的是，降价也存在风险，消费者会认为产品质量无法保证，从而影响品牌忠诚度。

（4）在经济萧条时期，消费者的购买能力不足，价廉的农产品是他们的选择，此时农产品经营企业需要降价以适应消费者的购买水平。

（5）根据农产品寿命周期的变化进行调整，相对于导入期的高价格，进入成熟期后，随着市场竞争的加剧，降价有利于吸引更多的消费者。

在降价之前，卖方应向自己的代理商、经销商保证，降价后对他们原来的进货或存货按新价补偿降价损失，使长期客户及该商品分销渠道的各个环节的利益得到保证，从而在开拓新市场范围时不影响原有市场占有率。

由于农产品经营企业所处的区位、环境及降价原因各异，选择降价的方式各不相同，具体来说包括直接降价和间接降价两种。前者是指直接降低产品价格；后者是指企业保持农产品原有价格不变，通过折扣、买送等方式降低产品的实际价格。后者比前者更为灵活。

（二）提价策略

提价策略是指在市场营销中，为了适应市场的变化及自身条件的变化，农产品经营企业将农产品原有的价格调高。虽然此举会给公司带来负面效应，例如消费者不满、竞争力下降等，甚至还会受到政府的干预，但仍存在一些情况使得企业必须提高价格。

（1）通货膨胀，物价上涨，成本费用提高，使农产品经营企业不得不提高农产品价格。

（2）农产品供不应求，难以满足所有消费者的需求。在这种情况下，农产品经营企业可以选择提价。提价方式例如取消价格折扣、在产品大类中增加价格较高的项目或者直接提价。

农产品经营企业采用提价策略时，一般有两种方式。一是直接提价，即直接提高产品价格；二是间接提价，即农产品经营企业，通过减少分量、减少价格折让等方式，而原价格维持不变的方法。

一般而言，降价容易提价难，提高农产品价格容易引起消费者的不满，严重则会引起政府的干预。因此在方式选择上，应尽可能地采取间接提价，把提价的不良影响降到最低，并努力让消费者理解并接受。不论如何调整价格，为了企业未来的长远发展，应当多与消费者沟通，多留意消费者的反映，以免降低企业形象。

本章小结

农产品与人民的生活生产息息相关，农产品经营企业要给农产品制订基本价格，并对其进行适时调整。价格是市场营销组合中难以控制的因素，涉及生产者、经营者和消费者等多方利益，影响市场对农产品的接受程度。

思考题

1. 农产品定价的影响因素有哪些?
2. 农产品定价的目标是什么?
3. 农产品定价的方法有哪些?
4. 农产品定价分为哪些过程?
5. 举例说明农产品定价策略。

案例分析

案例一　龙江大粮仓迈向大厨房

金秋飘香，稻浪千层，又到了丰收的时节。

“中国粮食，中国饭碗。”习近平总书记在东北三省考察时强调，中国人的饭碗任何时候都要牢牢端在自己的手上，为秋收的龙江带来了巨大的鼓舞与激励。打好中国粮，端好中国碗，龙江正以奋斗的姿态，耕耘在沃土上。

时逢首个“中国农民丰收节”闭幕，在这片黑土地上，“金色麦浪”寄托着农民的希望，更寄托着中国粮食的希望。在肇源县洪益昌米业有限公司，董事长王洪波对记者说：“习总书记来我省视察时提出的‘把大粮仓变成绿厨房’正是农民所希望的，我们不仅要把地种得好，更重要的是要把真正有机的、绿色的、优质的大米沿着产业链直接推向百姓的厨房和餐桌上。”

丰硕龙江丰收年。2018年，黑龙江省的农业生产又将迎来丰收。时下，放眼龙江大地，沃野鎏金、大豆摇铃、稻菽飘香，到处一片丰收的景象，黑龙江省正用沉甸甸的收成向全国报告“中华大粮仓”丰收的喜讯。

“作为‘中华大粮仓’，黑龙江省的丰收，意味着国家粮食安全有了最根本的保障。”省农委主任王金会说，黑龙江省以保障国家粮食安全和农民持续增收为核心，大力推进农业供给侧结构性改革，加快构建现代农业“三大体系”，推动“粮头食尾”“农头工尾”，着力做好“三篇大文章”，加快调结构、转方式、育动能、促增长，全省农业农村经济发展继续保持稳中有进、持续向好态势。

天赋异禀的黑龙江农产品素以品质优良、有机安全著称，绿色食品已成为黑龙江现代农业的金字招牌和亮丽名片。而如今，“加快推进由大粮仓变成绿色粮仓、绿色菜园、绿色厨房”正成为黑龙江省的发展目标和生动实践。

在首届“中国农民丰收节”上，王洪波被评为黑龙江省水稻大王，从仅会种地向会管理营销转变，变资源为商机、变粮食为财富、变农民为商人。王洪波带领合作社的社员们主动研究市场，了解市场奥秘，更加注重产品包装设计、宣传展示、体验互动等多元手段，搞营销、闯市场。

“建设国家可靠大粮仓、百姓放心绿色大厨房”，下一步我省将继续做好农业绿色文章，打好有机、非转基因这张牌，开展好有机认证、产地认证，在市场化上发力，提高农产品品牌竞争力。全省有机肥施用量达到1 600万吨。农业“三减”示范面积达到3 500万亩以上。绿色、有机食品认证面积力争突破8 000万亩。

黑龙江省是农业大省，也是全国种植面积最大、总产最高的优质粳稻产区，水稻生产具有得天独厚的资源优势和产业优势。10月9日至11日，2018中国首届国际大米节精彩上演，稻作文化展区、水稻品种展区、精品大米展区、包装材料展区、衍生产品展区、焖煮工艺展区、精品工具区、碾米机展区、品鉴互动区9个展区、260个展位，涵盖了水稻全产业链的各环节。通过展、评、论、谈、品等形式，提升龙江优质大米品牌影响力，加快推动黑龙江由大粮仓变成绿色粮仓、绿色家园、绿色厨房，好产品卖出好价钱，好产品占领大市场，推动农业由注重高产高效向优质高效转变，由注重传统农业向绿色有机品牌农业转变。

“以前人们关心的是能否吃饱饭，而现在人们更关心的是能否吃‘好’饭。”黑龙江省社会科学院经济研究所副所长孙浩进说：“龙江农业农村经济正积极向好，有利因素增多，粮食继续增产，农产品价格保持稳定，农民收入将继续较快增长。农村深化改革，农业农村发展动能加快转换，这样一个好形势，将为龙江经济向高质量发展和全面深化改革提供重要支撑，也为我省实施乡村振兴战略奠定了重要的基础。”

来源：黑龙江经济报

案例二　统一价格定制　统一产品标准　统一营销策略
——北大荒探索“营销共同体”新模式

1947年，北大荒人第一次创业，承担起屯垦戍边、发展生产、支援国家建设、保障国家粮食安全的重要使命。

如今，为了积极服务国家战略、打造国际化大粮商、参与全球农业竞争，北大荒踏上了“二次创业”之路。历经近半年的集团新体制模拟运行，再次放眼北大荒，一个个大型绿色农产品生产基地跃入眼帘，一个个抱团经营的大企业走上国内外经济舞台中央，一个个带动集团增效员工增收的产业项目落地生根，一幅充满生机与活力的画卷正徐徐展开。

“两化一改革”　整装再出发

以垦区集团化、农场企业化为主线，推动资源资产整合、产业优化升级，建设现代农业大基地、大企业、大产业，努力形成农业领域的“航母”。

2017年12月6日，北大荒农垦集团总公司召开新体制运行动员大会，标志着做实北大荒集团迈出关键一步，垦区集团化和农场企业化改革进入到实质性操作阶段。北大荒集团成为农垦航母的核心力量，建立起以集团总公司为核心、以产业公司集群为支撑、以农（牧）场公司和生产基地为保障的完整经济体系。北大荒集团作为母公司经营垦区全部国有资产和资源，按国有资本投资运营公司模式运行，成为集团的资本运营中心。集团组建了新体制运行工作领导小组，从全垦区选拔100余名优秀干部，组成发展战略组、财务组、大项目组等11个工作组，按照现代企业制度模拟运行。

随着垦区集团化、农场企业化改革号角的吹响，农场办社会职能改革有效推进，为农垦企业卸掉了包袱，使北大荒这艘农业领域的“航母”轻装上阵、破浪远行。2017年以来，首批共涉及43个农（牧）场先行开展企业化改革，占农（牧）场总数的38%，为推进农场企业化改革打好了基础。2018年，所有农（牧）场将实现财务核算、政企社企分开；11月，将完成全部113个农（牧）场的“五分开”，改造成农（牧）场有限公司。

“双控一服务”　建设大基地

总局党委坚持“双控一服务”，即一方面控制生产前端，通过采取农业投入品的统供统购，提供优质价廉投入品；一方面控制后端，通过农产品的统一营销，推进保底加分红的产品销售。同时，全力打造“数字农服”，为农业生产提供全程专业化的服务，确保标准化生产和绿色化生产全覆盖，定制式生产，数字化经营。

在锁定生产端方面，为控制农业生产投入品采购成本，集团总公司健全惠农利农的社会化服务体系，起草了农业生产投入品（农药、肥料）直供实施办法，并与国内外知名农化企业就成立合资公司事宜进行了洽谈。通过联合、联营、联盟等多种形式，让垦区上下成为一个整体，在生产端控制生产资料采购渠道。

营销是企业前进的引擎。为将营销能力再提升，渠道再拓宽，集团坚持外联内合，探索建立“北大荒产品统一营销”商业模式，统一品牌营销，统一价格定制，统一产品标准，统一营销策略，统一合作主体，在市场端控制大宗农产品价格，向规模要效益。在对外合作中，集团探索北大荒产品“走出去”营销模式，形成了北大荒产品在全国的先导布局。积极与京东、招商农产品、永辉超市等大型企业开展洽谈合作，推进北大荒以全系产品形式，开拓新的市场和渠道。

围绕提供全程专业化服务，集团依托大数据平台及云计算，全力打造“数字农服”，即以订单和金融为先导，锁定2B、2C两个渠道，利用区块链+农业、智慧供应链管理、物联网系统、农业生产信息管理系统等技术手段，在种、管、收、储、运、加、销全产业链形成闭环，为囊括农户、供应商、采购商在内的用户提供全程保姆式服务，建立农户信用评价体系和农产品信誉评价体系，降低生产经营成本，形成共同利益驱动体，形成控制力、抗风险能力和影响力。同时，北大荒集团还与京东集团达成协议，共同组建北大荒·京东农场。

“一体两翼”　建设大企业

北大荒集团以“一体两翼”为抓手，建设现代农业大企业。北大荒集团以食品和农副产品加工业为主体，以科技创新和资本运营为纽带，通过提高经营规模、资本规模和品牌规模，降低和消除了市场风险，带动小企业和小农户发展。

将北大荒米业、九三粮油、完达山乳业等产业公司作为集团的利润中心，通过产权一体、参股控股、契约联结等多种形式，围绕主业，以项目对农（牧）场进行资源整合，打造稻米产业、大豆产业、乳品产业等“产业龙头+基地”的全产业链产业集团，使产业链上的前后端各主体紧密相连，形成大型企业集团带动产业公司、国有农场、新型经营主体和传统小户的一体化经营体系，进而使产业各要素形成命运共同体，具有更强的抗风险能力和生命力。

为延长产业链、提升价值链，集团正积极争取国家政策，整合资金集中建设农业“产业园”“科技园”“创业园”，努力为农业生产、加工、物流、服务融合发展提供载体，加快提高产业园区的孵化能力。同时，大力提升科技创新驱动力，将重点建设宝泉岭、九三、建三江3个省级绿色食品产业园区，加快建设红兴隆、牡丹江等6个绿色食品产业园，引导农产品加工企业和项目进入绿色食品产业园区，发展绿色健康高端食品加工业和农畜产品精深加工业，培育一批循环型、低碳型产业集群和示范性生态食品工业园区，实现由粮食基地向粮食精深加工和绿色食品基地的跨越，形成不同层次的高科技含量、高附加值产品体系。

为发挥金融的放大器作用，集团探索“金融+产业+基地”的机制与模式，引进大型央企和境内外知名金融投资机构入驻垦区，建设服务型金融平台，完善金融服务体系。积极对接国家开发银行、中国银行等金融机构，以及华润、中信、招商局等战略合作伙伴，洽谈金融项目。同时，与省银监局多次接洽，为集团设立财务公司，组建资金监管平台，设立产业基金，广泛开展前期调研，提高利用金融工具进行资本运作的能力，为集团各企业的农产品生产、收购、储存、加工和流通提供资金服务。

“三库一中心” 建设大产业

总局党委明确以“三库一中心”为依托，在产地建设仓储供应库、在城市建设消费分销库、在大型物流节点建设中心物流库。同时，建设以现货为主的仓单式交易中心，用分布式仓储和金融属性的公开透明交易，牢牢掌握产品控制权和价格话语权。通过完善和延长产业链条，形成以标准化生产、精深加工、现代物流和社会化服务为主要内容的现代农业产业体系。

目前，京东北大荒无人超市及便利店项目正在全力推进，现已完成“京东北大荒无人超市旗舰店”项目选址工作。无人超市设置“北大荒产地直供”专区，选品工作正在进行。同时，制定了“北大荒京东无人超市”及北大荒京东便利店在哈尔滨市四大主城区的布局方案。目前，已有16家北大荒青农协便利店完成店面维护和新店开业。

北大荒通航+无人机项目正在推进实施中，构建 “有人+无人”通航物流体系，逐步辐射黑、吉、辽东北三省通航物流。京东集团还与北大荒通航、农垦科技职业学院、农垦职业学院共建京东北大荒飞服学院。与京东无人机部门共建研发中心，在植保无人机领域开展整机生产研发合作。与京东集团共建京东农业研究院，将北大荒京东农场作为植保无人机服务对象。

目前，北大荒集团正广泛谋求合作，与中信集团、招商局集团、华润集团、中化集团、京东集团、国开行等大型企业集团和金融机构进行洽谈，建立战略合作关系，在粮食和农产品营销、开发生物质能源、肉食品加工及分销渠道建设、金融及资本运作等方面，形成实质性合作项目。

此外，江苏海田有机缓释肥项目、北大荒通用航空公司与中航油合作项目、闫家岗农场农业综合体项目等40余个产业项目正在积极洽谈、对接中。一个个产业项目将成为推动黑龙江农垦经济发展的提速引擎、农业转型升级的核心支撑、打造农业航母的主要动力……

来源：黑龙江经济报

第六章　农产品渠道策略

前导案例

阿里巴巴开启海伦鲜食玉米网售之门

日前，阿里巴巴兴农脱贫“一县一业”海伦站暨海伦农家小菜园启动仪式在黑龙江省海伦市向荣镇向新村举行。海伦农家小菜园的富硒鲜食玉米是主推产品，贫困户足不出户就可以将产品通过阿里巴巴平台销往全国各地。

海伦市是国家级贫困县，享有“黑土硒都”盛名，有耕地465万亩，其中鲜食玉米种植面积10万亩，主要以速冻产品为主，通过农贸市场、经销商销往北上广深一线城市和日韩等国家。由于产品天然富硒、含糖量高、口感黏糯，备受消费者青睐，但也存在冷链物流不健全、优质销售渠道短缺、地域品牌没有知名度等产业痛点。

此次海伦市与阿里巴巴合作，将主推海伦农家小菜园鲜食玉米，以电商扶贫、精准到户为核心，采取“阿里巴巴+龙头企业+村集体（合作社）+农户（贫困户）”模式，定向计划种植，订单收购，实行统一品种、统一技术指导、统一种植标准、统一监督管理、统一回收销售、统一质量标准，通过建立数字化农业、农品溯源体系、渠道分销平台、前置销地仓、消费分级标准等举措，多渠道销售海伦玉米，解决发货时长等痛点，实现优品优价。据估算，通过与阿里巴巴深度合作，2019年，海伦鲜食玉米销售额将达到1亿元，销售鲜食玉米3 000万穗，直接带动农户1 355户、涉及4 500多人；间接带动农户2 000多户，涉及6 500多人，可增加农民收入1 000万元。

海伦市与阿里巴巴实施合作的龙头企业为黑龙江省海农壹品供应链管理有限公司，在农家小菜园项目的实施中，海农壹品发挥龙头企业在脱贫攻坚中的帮带引领作用，积极参与对接，目前公司已与前进、向荣等4个乡镇签订了《鲜食玉米小菜园种植合同》，签约种植面积近8 000亩。公司目前已在阿里巴巴旗下天猫平台开设了4家天猫旗舰店。

启动仪式上，中国林业官方旗舰店、谷绿农品旗舰店等10家天猫商家大咖与海伦市政府签订了意向合作书，将在海伦富硒农产品推广和农业扶贫等领域展开全面合作。

来源：中国农业信息网

知识要点

（1）掌握农产品分销渠道的含义、类型及成员之间的关系；

（2）掌握农产品批发分销渠道、零售分销渠道；

（3）掌握农产品供应链管理的含义、农产品加工、农产品库存管理及农产品物流；

（4）掌握农村合作经济组织的含义与类型、农民专业合作社的创建与管理、农产品经纪人的含义与工作程序。

第一节　农产品分销渠道

一、农产品分销渠道的含义

所谓农产品分销渠道，是指农产品从生产者向消费者流通过程中经过的一切取得所有权或协助所有权转移的组织或个人串联的通道。分销渠道始于生产者，终于消费者，中间环节包括各种批发商、零售商和中介组织与经纪人。

具体来讲，分销渠道包括以下几方面含义。

（一）分销渠道始于生产者，终于消费者。它组织了从生产者到消费者的整个商品流通过程，而非其中一个阶段。

（二）农产品流通过程中的中间商（例如批发商）是分销渠道的积极参与者。在农产品从生产者到消费者的转移过程中，会发生多次交易，每次交易都是企业或个人的买卖行为，可表示为生产者–批发商–零售商–消费者，中间商组织收购、运输、储存、销售等活动，将农产品从生产者手中送到消费者手里。

（三）在分销渠道中生产者向消费者转移农产品是以其所有权的转移为前提的。农产品流通过程反映的是农产品价值形态变换的经济过程，因农产品货币关系使其所有权得到转移的买卖过程，才构成分销渠道。

（四）分销渠道是指某种农产品从生产者到消费者所经历的过程。分销渠道不仅反映农产品价值形态变化的经济过程，也反映其实物运动的空间路线。

二、农产品分销渠道的类型

农产品分销渠道一端连接生产，一端连接消费，包括了产品从生产者到消费者完整的流通过程，其中包括各种批发商、零售商、商业批发机构（交易所、经纪人）。随着农产品生产地域性和消费普遍性矛盾的日益加剧，给现有的分销渠道带来挑战，现代农产品市场的需求仅仅靠单一的销售渠道已经无法满足。须加快发展农产品分销渠道，建立完善的农产品分销渠道体系，以适应竞争日益激烈的现代农产品市场环境现阶段，农产品市场中主要存在以下几种分销渠道的组织形式。

（一）生产者—消费者

这种模式又叫作直销渠道，是指农产品生产者不经过任何中间商直接将产品销售给消费者，直接实现从田间到餐桌，是最直接、最简单的渠道类型。这种情况一般发生在农产品生产地距离消费者比较近的情况，例如农民在集市或者道路两旁摆摊设点，出售自家的蔬菜瓜果；或者生产者与大宗农产品消费团体签订合同，按合同销售。这种模式分销能力差，辐射范围小，销售的产品数量有限。

1.直接分销渠道的优点

直接分销渠道非常直接，没有任何中间环节，有利于生产者避免经纪人、中间商、零售商的层层加价；有利于农产品生产者与消费者沟通信息，卖者可以深入地了解目标市场的需要，而买者可以更好地掌握农产品的性状；有利于加快农产品流转，降低农产品在流通过程中的损耗；生产者可以针对最终客户开展促销活动。

2.直接分销渠道的缺点

由于绝大多数农产品的购买特点是少量、多样、重复，因此生产者仅靠自身力量设立销售网点将会大大分散精力，最终可能导致事与愿违，难以快速拓展市场；中间商在了解市场行情、消费者需求方面比农产品生产者经验丰富，市场营销能力更胜一筹，生产者舍弃其在专业领域的优势，以己之短开拓市场将会寸步难行。

（二）生产者—零售商—消费者

这种模式是指农产品生产者将产品销售给零售商，再由零售商转卖给最终消费者，中间增加一道零售环节。例如农户将自己种植的瓜果转卖给附近集市内专门从事瓜果销售的零售店。现阶段的农产品超市对接也属于此种类型，农户将农产品转卖给超市，再由超市卖给最终消费者。这种销售渠道环节较少，适用于鲜活农牧产品（例如草莓、活鱼）销售。

（三）生产者—批发商—零售商—消费者

这种模式是指生产者将农产品出售给批发商，批发商再转卖给零售商，最后出售给消费者，这一模式中的批发商和零售商包括产地的和销地的。例如在寿光蔬菜生产基地，批发商大量收集蔬菜并运往到北京的消费批发市场，在市场中出售给零售商，零售商最终在集贸市场销售，我国大中城市消费者就主要通过这种渠道。这种销售渠道适合储存期较长的畜产加工品（例如罐头类食品、皮毛类制品）。

（四）生产者—收购商—批发商—零售商—消费者

这种模式中，收购商起到了集中、分散货物的作用，农产品的收购商有两类：一类是基层商业部门设立的独立核算的收购站和供销社，他们收购农副产品，然后交给市县商业批发企业；另一类是个体商贩，他们走街串巷收购农副产品，然后转卖给批发企业。例如很多个体商贩到农村收购药材及土特产，然后转卖给当地批发企业。由于收购商了解市场行情，销售经验丰富，因而推销成功率高。

（五）生产者—加工者—批发商—零售商—消费者

这种模式是生产者将农产品出售给加工商，再经由批发商等环节。采用这种模式的是原始形态不适合消费者直接消费，必须经过加工的农产品；在此种模式中，加工是整个农产品流通过程的基础环节。这种渠道主要适用于需要加工后才能销售的农畜产品。例如生猪、菜牛等需要先运到屠宰场屠宰、加工，然后才能进一步销售。采取这种渠道必须在农产品产地设有农产品加工厂，方便生产者直接出售农产品。

以上是农产品营销活动中最基本的渠道模式，在实际生活中，农产品营销渠道更加的复杂多样，同一市场会存在多种渠道并列或者交叉，所有渠道的目的就是实现农产品由生产者向消费者转移。

如果农产品分销经过两个或两个则以上中间环节，则称为长渠道；农产品经营企业仅采用一个中间环节或直接销售，则称为短渠道。长渠道的环节多、分布密，能有效地覆盖市场，扩大农产品销售范围和规模，但中间环节较多也带来流通费用高、价格调整余地小、信息反馈慢等弊端。鉴于长渠道复杂的关系，应协调好各环节之间的关系，短渠道削减流通环节和流通费用与流通时间，加快信息反馈，大大提高了农产品分销效率，但短渠道降低了渠道成员的风险分担能力，也难以延伸市场范围和拓展覆盖面。从生产者的角度来看，渠道的长度越长，获取终端消费者的信息难度越大，渠道控制的难度也越大，因而农产品经营企业的营销人员在设计分销渠道时需要把握对某些中间环节的取舍。

三、农产品分销渠道成员之间的关系

（一）农产品分销渠道参与成员分析

1.生产者

农产品销售渠道中的生产者包括农户、农产品生产企业、农产品加工企业和农业生产资料生产企业。从我国目前农业发展趋势来看，单个小农户直接参与销售渠道的作用日益不明显，处于市场地位中的底端，取而代之的是大型农户、农产品初加工和深加工企业、商业流通企业等龙头企业，在市场交易过程中优势地位明显。农产品在生产过程中容易遇到各种自然灾害和运输的风险，还面临较大产后损失。在市场经济条件下，龙头企业与农户签订购销协议，农户负责生产，营销及运输由合同另一方承担，龙头企业对农产品进行专业化的集货和分类包装，促进了销售渠道效率的提高，对生产者的生产成本进行有效保障。

2.消费者

农产品消费者包含城乡居民和集体消费者，例如学校食堂、部队、政府机关及一些企业。消费者对农产品品质的要求，随着经济的发展和人民生活水平的提高而不断提高，其需求的变化直接影响农产品销售渠道的服务内容和方式。

3.批发商

农产品批发商是指把农产品卖给那些为了转售而购买的零售商和中间商。他们在市场上交易次数较少，但交易量很大，并且他们拥有较雄厚的资金，对交易产品的规格、性能等有较深刻的了解，具备一定的专门知识，对市场变化更敏感，抵御风险能力也较强。

4.零售商

以从事农产品零售业务为主要收入的组织或个人。农产品零售商主要包括农产品集贸市场、专营商店、便利店、超市及摊贩等，其呈现分布广泛，散而小等特点，直接影响着消费者。

5.其他主体

其他主体包括农产品运输仓储公司、配送中心、加工企业等。我国从事农产品运输仓储业务的公司包括从原国营农产品流通企业转化过来的粮食储运公司、外贸部门的流通加工企业和保鲜冷冻企业，从事农产品运输服务的个体及私营企业，以及一些有外资背景的农产品储运企业。配送中心主要是大型连锁超市建设的具有集货、流通加工、分捡、配送功能的农产品配送中心。加工企业包括农产品初深加工企业，他们在农产品分销渠道中扮演着越来越重要的角色。

（二）农产品分销渠道成员之间的关系

农产品分销渠道成员之间的关系是指在渠道中各成员之间的交往状态和合

作深度。零售商在长期的渠道关系中，可以在进货、产品推广及促销津贴等方面获取竞争优势。批发商在市场信息的获取和特殊产品推广等方面可以获取竞争优势，加工商在提升农产品附加值和树立农产品品牌等方面可以获取优势。分销渠道成员之间的关系决定了销售渠道的效率，也是渠道畅通的保障。农产品分销渠道成员之间关系包括四种形态：不同渠道之间的多渠道关系、同一渠道不同层次成员之间的纵向关系、同一层次不同成员之间的类型关系、同一层次相似成员之间的横向关系。在这四种关系形态中，纵向关系，即渠道上下游之间的关系，一直是研究的重点，也最具有现实意义。

以渠道成员之间的互相影响及关系的密切程度可以分为以下三种类型。

1.松散型关系

松散型关系只指渠道成员之间相对独立，每个成员只关心自身的最大利益，执行各自的分销功能。松散型的渠道关系稳定性差，往往具有临时性交易的性质，容易引起冲突，渠道不能形成明确的分工协作关系，渠道整体效率比较低。

2.合作型关系

合作型关系是指渠道成员之间为了保证农产品营销顺利开展，建立的比较固定的合作关系，往往是由于双方之间交易次数增加，建立信任关系而开展合作。

3.伙伴型关系

伙伴型关系是指农产品渠道系统内的成员之间建立在高度相互信任和共同长远发展目标的基础上，致力于共同发展且兼具稳定性与灵活性的长期、紧密合作关系。

第二节　农产品分销中间商

农产品分销中间商是处于农产品生产者和消费者之间，从事农产品流通，促进农产品交易，具有法人资格的农产品经营机构或个人。中间商的存在能够解决农产品生产者直接营销的资金问题，使农产品顺利到达消费者；能够在一定程度上以分销减少营销过程的成本；能够节约农产品生产经营企业或个人的人力、物力成本；能够有效加快农产品流通，降低交易次数，较少资金和农产品在流通领域的积压。

一、农产品批发分销渠道

（一）农产品批发商的含义与作用

农产品批发商处于农产品流通过程中的中间阶段，以农产品生产企业和零售商为交易对象，一方面向生产企业购买农产品，另一方面转手向零售商批发农产品。批发商是农产品流通的关键性环节。

批发商在农产品营销渠道流通过程中的作用如下。

（1）批发商是农产品生产商的推销中心和零售商的采购中心，其存在大大减少了买卖双方的交易次数，节省了流通费用。

（2）批发商对农产品的分类、分级，不仅方便了零售商组织销售，也适应了零售商快进快销、农产品品种多而数量少、资金周转快的特点。

（3）批发商汇集了生产商和零售商两方面的信息，是生产者与消费者信息沟通的桥梁，不仅提高了农产品市场的透明度，也减少了生产商和零售商的盲目性。

（4）批发商可以通过仓储和运输调节不同时间、地区的农产品供求，产生良好的地点效用和时间效用。

（5）批发商还具有广告宣传、提高农产品口碑、诱导消费者购买欲望等多种服务功能。

（二）主要的农产品批发商

1.独立批发商

独立批发商是指自己从农产品生产商处进货，取得农产品所有权后再批发出售的农产品经营机构或个人，是批发商的最主要的类型。

2.经纪人和代理商

经纪人和代理商不取得农产品的所有权，只是在农产品生产商与零售商之间从事购销方面的洽商和有限服务，其主要职能是促成农产品交易，并以此获取佣金。经纪人和代理商又分为农产品经纪人、生产商代理、销售代理商、采购代理商等几种主要类型。

3.生产商的分销机构及零售商的采购办事处

两者均属于自营批发业务的内部组织。前者具有农产品储运和销售服务的职能，主要从事农产品销售，没有仓储设施和库存，设置目的是改进农产品存货控制、销售和促销；后者的作用与经纪人或代理商类似。

二、农产品零售分销渠道

（一）农产品零售商的含义与作用

零售是指所有向最终消费者直接销售产品和服务，且产品和服务用于个人及非商业性用途的活动。农产品零售商处于生产者或批发商与最终消费者之间，在农产品分销系统中数量最多，也是农产品流通的最后一个中间商环节。零售商购买农产品的目的是向消费者出售从而获利，它既是生产者的营销者和消费者，要从事分级整理、促销和收集需求信息，也要向消费者提供满意的农产品。零售商通过把农产品从生产商或批发商转移到目标市场，从而创造空间效用；通过库存随时向消费者供应，从而创造时间效用；通过所有权转移来承担风险，从而创造所有权效用。

（二）主要的农产品零售商

1.商店零售商或零售组织

其主要有连锁超市和农贸市场两种形式。跟传统的农贸市场相比，连锁超市采取统一采购、统一配货、统一定价的经营方式。统一采购是指直接从农产品生产基地进货，最大限度地减少中间环节和流通费用；统一配货是指经过严格的筛选、包装、加工和检测，不仅能保持生鲜农产品新鲜和食用安全，还能够多元化地满足市场需求。另外，连锁超市的营业时间长、购物环境也较好。尽管如此，农贸市场也有其优势，例如营业时间早、蔬菜和水果等价格明显低于超市、可以讨价还价等。

2.非商店零售商

非商店零售商包括两类：一是网络营销，是基于开放便捷的国际互联网络，通过数字化信息和网络媒体对农产品开展的一系列营销活动，此种方式目前在我国飞速发展，节省人力、物力，营销成本较低；二是直接销售，可以分为上门推销和举办社区促销会等形式，由于此种方式需大量人力，因此营销费用较高。

农产品中间商是农产品分销渠道的重要组成部分。在市场营销活动中为生产者和消费者带来了方便，也缓解了生产与需求之间的矛盾，为农产品顺利进入市场创造了良好的条件。农产品经营企业应做好市场调研，准确地掌握中间商的具体情况，通过系统分析从而选择出适合本企业的中间商，建立农产品分销系统，为农产品进入消费领域创造良好的条件。

第三节　农产品供应链管理

在经济全球化的趋势下，随着我国加入WTO，我国农产品开始面临各发达国家农产品的强有力挑战和竞争，如何使千家万户农民生产的农产品，通过高效低耗的物流体系送达消费者手中，增强农产品的市场竞争力，如何推进农业产业化及保障农产品的安全优质，是我国农产品生产、加工、流通企业面临的主要问题。为了解决这些问题，必须对农产品供应链进行科学有效地管理。

一、农产品供应链管理的含义

我国农产品供应链管理的含义，即围绕农产品物流中心，以降低物流成本，实现物流增值服务为目的，通过对农产品物流过程的信息流、物流、价值流进行优化控制，从农产品生产者开始，经过物流企业的增值服务，由物流网络将产品送到最终消费者手中的将生产者、物流企业、物流中心、零售商、加工厂、制造厂，直到最终用户连成的一个整体的功能网络结构。

农产品供应链管理包括对信息流、物流、资金流、商业流的管理控制，涉及产前环节、产中环节、产后加工环节、存储环节、流通环节、消费环节、售后服务环节，是一个将供应商、制造商、分销商、零售商直到消费者连成的整体的功能网链结构模式。

二、农产品加工

（一）农产品加工的含义及类型

农产品加工是指用物理的、化学的和生物学的方法，使原料农产品向制成品转化，使初级农产品向高级农产品转化的生产活动。农产品加工是农产品从生产领域进入消费领域的重要环节，是实现农产品价值并增值农产品价值的重要过程。国际上通常将农产品加工业划分为五大类，即食品、饮料和烟草加工；纺织、服装和皮革工业；木材和木材产品加工；纸张和纸产品加工；橡胶产品加工。

（二）农产品加工的原则及方式

1.农产品加工的原则

我国现阶段正在大力发展农产品加工业，推进农业产业化经营，满意消费者日益丰富的需求。结合实际，发展农产品加工业要遵循以下几个原则。

（1）市场导向原则

在市场经济条件下发展农产品加工业，就要将产业发展放到大市场的背景中去考虑，而不能把目光局限于本地和眼前的小市场。

（2）因地制宜原则

发展农产品加工业要兼顾当地自然条件、原材料资源、劳动者素质、交通情况、市场距离及企业自身的投资能力等，选取优势加工产业在适宜地点开发，以求降低市场风险和产品成本。

（3）突出特色原则

农产品加工业具有原材料基地较广、技术含量和生产成本相对较低的特点，其市场竞争也必然很激烈。要在竞争中立于不败之地，就得讲求产品的特色。只有开发的产业和产品“与众不同”“人无我有、人有我优、人优我特”，才能有市场、有效益、有竞争力。

（4）适度规模原则

适度规模经营可以降低产品成本和经营费用，有利于先进技术的推广运用，利用现有资源和条件创造较好的效益。

2.农产品的加工方式

（1）自主加工

自主加工是指拥有加工能力的单位自购农产品的原料进行生产加工。例如精米厂自己采购优质稻谷加工生产优质米。该形式的优点是能根据市场需要灵活安排加工任务，有效监督产品质量，降低产品加工成本，保证成品发货时间；缺点是前期设备投入成本大，偶有供需脱钩的情况产生。

（2）作价加工

作价加工是指农产品经销单位向加工单位作价出售农产品原料，再向加工单位收购加工制成品。例如供销社将收购的农产品出售给加工厂加工，然后再向工厂收购所需要的农产品加工品。该形式的优点是有利于加工单位加强加工原料和产品的管理，加强成本核算，保证产品适销对路；缺点是农产品原料出售与制成品收购过程分离，使加工企业与经销单位处于对峙地位，在农产品原料和农产品加工品交易时，容易讨价还价，影响成品质量和价格，不利于产品及时进入市场、占有市场。

（3）委托加工

委托加工是指农产品经销单位通过支付加工费，将农产品原料交付给加工企业加工，同时回收加工品的一种加工形式。同作价加工相比，委托加工一般要回收所有主产品和副产品，或以副产品抵加工费。该形式的优点在于可以降低加工成本，保证加工任务及时完成；缺点是容易出现偷工减料，浪费原料或者加工产品品质不稳定等现象发生。

（4）联合加工经营

联合加工经营是指农产品的生产、加工及其销售在经济上、组织上结合在一起的加工经营形势。该形式的特点是在互惠互利、相互服务的基础上，实现农产品生产单位、加工单位和销售单位之间紧密的或松散的联合，做到农工商一体化，产供销一条龙。

（三）农产品加工的方法

农产品加工的方法大致可以分为粗加工和精加工。一般来说，如果只需要以农产品自身的使用价值为主要营销目的，就只需要选择工艺简单的粗加工或原料加工，在保证农产品品质的基础上，便于农产品的储藏和运输；如果是以价值增值为主要目的，就应选择加工工艺比较先进和复杂的精加工或成品加工，这样能更好地提高农产加工品的品质，以满足消费者需求。

比较常用的加工方法主要有以下几种。

1.简单物理加工

该加工方法主要包括净化、分类分等、改变物理形态等。净化即农产品的除杂去废加工，其目的是清楚农产品中的各种杂质和废物。净化加工包括挑选、整理、水洗、除尘、水沉、风干、切削、摘除、过筛等。

2.腌渍加工

该加工方法用盐或糖、酱油、麻油等调料品将农产品腌渍起来，其作用在于密封储存，并改进产品品味食性，增强产品营养价值和使用价值。鲜活农产品通常采用这种方法加工，例如涪陵榨菜。

3.配兑加工

该加工方法将有关的农产品按一定的配方兑在一起，组合成新产品。采用配兑加工的产品主要有各种中成药和饮料。例如汽水，便是由水、苏打水、柠檬酸、色素和果汁等按一定的比例配兑而成。

4.提取提纯加工

该加工方法采用物理或化学的方法，提取包含在农产品中的汁液。提纯是指用相关方法将杂质和农产品分离，以提高产品纯度，例如油脂过滤、蜂蜜提纯等。

5.干燥脱水加工

该加工方法按一定的标准，采用烘、烤、晒等办法使农产品中的多余水分脱离出去。该加工方法便于农产品的储藏或进一步加工。例如鲜果制成干果，方便面里面的蔬菜料包等都采用了干燥脱水加工方法。

6.保鲜加工

该加工方法采用冷冻、冷藏、保鲜剂、密封包装或者杀菌消毒等手段处理农产品，以抑制农产品的新陈代谢，防止腐败变质。超市里面密封包装的蔬菜瓜果就是保鲜加工的典型例子。

上述农产品的加工方法可能涵盖不全面，归类也不是绝对的，农产品加工具体用什么方法，需要参照农产品属性、外部条件及加工目的等情况而选择采用何种方法。

三、农产品库存管理

农产品库存管理作为农产品供应链管理的重要环节，合理的库存能够防止生产中断，节省订货费用，改善企业服务质量，间接地降低企业运营成本，而且有助于产生一定的经济效益。研究农产品库存管理具有重要的现实经济意义。

（一）库存的含义及分类

1.库存的含义

库存是指为了使生产正常而不间断地进行或为了及时满足客户的订货需求，必须在各个生产阶段或流通环节之间设置的必要的物品储备。通过适量的库存，用最低的库存成本，实现最佳或经济合理的供应。

2.库存的分类

按照企业库存管理日的的不同，库存可以分为以下几种类型。

（1）周转库存

周转库存又称经常库存，是指为了满足日常需求而建立的库存。

（2）安全库存

安全库存是指为了防止由于不确定因素（例如突发性大量订货或供应商延期交货）影响订货需求而准备的缓冲库存。

（3）过程性库存

过程性库存是指处于加工或等待加工而暂时处于储存、运输状态的商品。大量的库存可能积聚于生产设备上，特别是在装配操作上。

（4）季节性库存

季节性库存是指为了满足特定季节中出现的特定需求而建立的库存，或指对季节性生产的农产品在出产的季节大量收储所建立的库存。

（5）时间效用库存

时间效用库存是指为了避免商品价格上涨造成损失，或者为了从商品价格上涨中获利而建立的库存。

（6）积压库存

积压库存是指因商品品质变坏或损坏，或者是因没有市场而滞销的商品可存，还包括超额储存的库存。

（二）农产品库存管理的含义及功能

1.农产品库存管理的含义

农产品库存管理是指根据外界对库存的要求和企业订购的特点，预测、计划和执行补充库存的行为，并对这种行为进行控制的一系列活动，重点在于确定如何订货，订购多少，何时定货。

2.农产品库存管理的功能

农产品库存管理不仅以实现各部门的功能为目标，更要以实现企业的整体效益为目标。农产品库存管理在企业经营中的功能可归纳为以下几点。

（1）增强生产计划的柔性

激烈的市场竞争造成的外部需求波动性是正常现象，加强库存管理能够减轻生产系统即时供应成品的压力。

（2）防止中断或脱销

农产品企业为保持生产的连续运行不致中断，保证生产的计划性、平稳性，以消除或避免销售波动的影响；库存管理可以平衡供求关系、生产与消费关系，起到缓冲供需矛盾功能。

（3）创造农产品的“时间效用”功能

“时间效用”就是同一种商品在不同的时间销售或消费，可以获得不同的经济效果或支出。例如为了避免商品价格上涨造成损失或为了从商品价格上涨中获利而建立的投机库存，就是利用了库存的这一功能。

（4）缩短订货周期

产品的生产周期与生产系统的库存成正比，与产出率成反比。一般而言，库存高生产周期长，会加大生产管理的复杂性与难度，使企业难以保证产品交货期。做好库存管理既能缩短产品生产周期，保证产品的交货期，又能提高生产系统的柔性，提高对用户多样化需求的服务能力。

（5）降低物流成本的功能

对生产企业而言，保持合理的原料和农产品库存，可以消耗或避免因上游供应商原材料供应不及时而需要进行紧急订货而增加的物流成本，也可以消除或避免下游销售商由于销售波动进行临时订货而增加的物流成本。

（三）农产品库存管理的基本决策

1.农产品库存管理的基本决策内容

农产品库存管理的基本决策目标是在现实的资源（资金、仓库面积、供应者的政策等）约束下，满足订货需要而又使库存成本达到最低。因此农产品库存管理就是将物品的库存维持在预期库存水平上的一套管理技术。它的核心是如何确定这个预期的库存水平，以及如何经济而有效地维护这个库存水平。物品的库存量是在不断变动着的，因此只能用平均库存水平来代表库存量的多少。

2.影响库存管理的基本决策的因素

（1）需求的性质

需求性质的不同对库存管理决策有着决定性的影响。

（2）提前期长短

提前期是指从订购或下达生产指令时间开始，到物品入库的时间周期。

（3）外部依赖性

外部依赖性主要表现为所需要的物品是自制还是外购。若是外部采购，应着重从经济性，即节约成本的要求来确定它们的供货数量和供货次数。若是自制，不但需要考虑成本，还需要考虑生产能力的约束、生产各阶段的节奏性等因素来确定供货的数量和时间。

（4）服务水平高低

服务水平是指由库存满足用户需求的百分比来决定的。

（四）农产品库存管理的相关费用概述

1.订货费用

订货费用是指为补充库存而需要订购物品时发生的各种费用。它包括办理订货手续、物品运输与装卸、验收入库等的费用，以及采购人员的差旅费等。

2.保管费用

保管费用是指物品在仓库内存放期间发生的成本。它包括仓库管理费用，存放过程中发生的变质、损坏、丢失、陈旧、报废等的损失费用，以及保险金、税金、占用资金的利息支出等费用。

3.购置费用

购置费用是购置物品时所花费的费用，即购置物品所支出的货款，等于物品的单价与需求量的乘积。如果物品的购置费用不受批量大小的影响时，在库存管理决策中可以不考虑这项费用；但当采购量影响物品价格时，例如供应商对购货量大的物品给予优惠价格时，则必须考虑此项费用。

4.缺货费用

缺货费用是指由于不能满足用户需要而产生的费用。它包括两个方面：一是由于完成误期任务而追加的生产与采购费用。二是由于没有及时满足用户需求误期产生的赔偿费用。

四、农产品物流

农产品物流是指为了满足消费者需求而进行的农产品实体及相关信息从生产者到消费者之间的物理性流动，即以农业产出物为对象，通过对农产品进行加工、包装、储存、运输和配送等物流环节，做到农产品保值增值，最终送到消费者手中的过程。

（一）农产品物流的特点

农产品物流由于农产品本身的属性及供需情况等原因，有其自身的特点，主要表现在以下四个方面。

1.农产品物流数量大，品种多

我国农产品种类繁多，主要有粮食、油料、水果、蔬菜、烟草、茶叶、畜禽产品、水产品、土特产品和中药材等。随着人均耕地面积的减少，以及农业人口转移等因素的冲击，农产品的自给率不断下降，大部分的农产品都需要物流。

2.农产品物流要求高

一是由于农产品与工业品不同，它是有生命的动物性与植物性的产品，具有鲜活易腐烂的特性，价值容易流失，因此农产品的物流特点要求“绿色物流”，在物流过程中做到不污染、不变质；二是由于农产品价格较低，一定要做到低成本运行；三是由于农产品流通涉及保证与提高农民的收入，因此在物流过程中，一定要做到服务增值，即农产品加工转化和农产品加工配送。

3.农产品物流难度大

一是包装难，初级农产品形状、质量参差不齐，造成物流过程中标准化程度低；二是运输难，单位农产品体积大、价值低，平均物流成本高；三是仓储难，由于农产品的属性特点，对于仓储环境的温度和湿度等条件有严格的要求，对基础设施的功能要求较高。

4.生产的集中性和消费分散性

农产品生产地与销售地相分离，且生产地域十分广泛，与工业物流和商业物流相比，物流主体间相互选择的余地很大，容易产生较多的交易费用。

（二）我国农产品现行物流模式及利弊分析

当前我国农产品物流主要有四种模式：直销型、契约型、联盟型及第三方物流模式。它们各有利弊，目前都不能形成我国农产品物流的主导模式。

（1）直销型物流模式是由农户或农产品基地自营配送，将农产品送到批发市场或用户手中。这种形式适用于流通数量较少、流通范围较小的状况，在目前大流通的格局下，已经不适应经济社会发展的需要。

（2）契约型物流模式主要有四种形式：“农户+运销企业”“农户+加工企业”“公司+农户+保险”和“公司+合作社”。该模式的优点是克服了加工企业、大型连锁超市和农贸市场批发商原料来源不稳定的问题，为农产品销售一定程度上带来了相对稳定的渠道，也提高了对农产品质量的控制力度。该模式的缺点是农民在与企业谈判过程中处于弱势地位，农民利益容易受到侵害，违约现象频发；企业直接面对分散的农户，市场交易成本较高，配送成本也难以有效控制。

（3）联盟型物流模式是农产品批发市场、农产品生产者、批发商、零售商、运输商、加工保鲜企业通过利益联结和优势互补形成的战略联盟。该模式的优点是能够带动各方积极参与，节省了交易成本；专业化分工明显，提高了交易效率，各参与方在合作与竞争中发挥自身优势；也为物流主体建立了公共交易平台，使交易双方有更多的可选择性。该模式的缺点主要体现在由于处于同一个战略联盟下，随着交易量的扩大，管理效率比较低，而且中间批发商仍然会对直接生产者和消费者进行信息封锁。

（4）第三方物流模式是随着市场化程度的提高，出现专门从事农产品储运和流通加工的中间组织。它们不从事任何直接的农产品生产和销售活动，而专门承担农产品从原料到销售整个环节的运输活动。该模式的优点是促进了流通与生产的分工合作，降低了流通成本，提高了流通效率，有利于实现物流标准，成为我国农产品物流发展的方向。该模式的缺点是目前还处于起步阶段，涉及范围非常有限，而且这种模式对管理人员的素质要求非常高。

（三）农产品物流成本的含义及构成

农产品物流成本是指在农产品物流过程中，为了提供有关的产品或服务要占用、耗费一定的劳动，劳动的货币表现形式即称之为农产品物流成本。

农产品物流成本一般包括库存成本、运输成本、服务成本、管理费用。按功能不同可分为以下几种成本。

1.存货持有成本

该成本是指农产品在仓储阶段所发生的仓储费用、资金利息及库存资金占用的机会成本。

2.运输成本

该成本是指农产品在运输（公路、铁路、承运、空运等）过程中所发生的费用。

3.装卸成本

该成本是指在农产品装卸、搬运过程中所发生的费用。

4.加工成本

该成本是指农产品在加工过程中所发生的费用。

5.信息成本

该成本是指农产品物流企业在信息发布、采集方面的费用。

6.包装成本

该成本是指农产品在配送前所发生的包装费用。

7.管理费用

该成本是指农产品物流企业在内部管理中所发生的费用。

8.逆向费用

该成本是指由于退货或包装物回收等发生的费用。

9.其他费用

该成本是指意外损失所发生的费用，例如失去市场先机、货物保管不善等而造成的货物损失。

第四节　农民合作社与农产品经纪人

一、农村合作经济组织的含义与类型

（一）农村合作经济组织的含义

农村合作经济组织是指在家庭承包制经营的基础上，依照加入自愿、退出自由、民主管理、盈余返还的原则组建，按章程进行共同生产经营活动，谋求全体成员共同利益的经济组织。农村合作经济组织是当前我国乡村的专业合作社、社区合作社、专业协会、各类经济联合体、合作社的联合社等组织的总称。

（二）农村合作经济组织的类型

农村合作经济组织形式适应我国现阶段农业生产力发展水平，在农村经济中发挥着重要作用，其主要有以下三种形式。

1.专业合作经济组织与专业（行业）协会

专业合作经济组织是指农民按照行业或生产经营同类农产品的产业链联合起来的合作经济组织。

专业（行业）协会与专业合作经济组织在外延上有交叉但并不重叠。从发展趋势上看，专业（行业）协会将逐步完成由工商局登记注册转到民政局登记注册，规范为服务性社团组织。

2.社区性合作经济组织

（1）土地股份合作社

土地股份合作社是指一定社区范围内的农民以自己拥有的农村土地承包经营权折价入股，土地集中与劳动力联合进行农业生产经营的一种经济组织形式。农民形象地概括为“土地变股权、农户当股东、有地不种地、收益靠分红”。

（2）资本联合型股份合作社

组建资本联合型股份合作社，各地做法都是通过集体资本（包括现金、实物和不动产）折股量化，实现社员人人持股，从而使社区共有的资产“产权清晰、权责明确、民主监督、科学管理”，减少集体资本经营的风险，增加资本收益。

（3）村级集体经济组织改革型股份合作社

这在苏浙沪地区有较快的发展，其中无锡市村级集体经济股份合作制改革最为典型。其是以产权制度及其治理格局重构为核心有序展开的。

3.经济联合体或生产组合

“经济联合体”或“生产组合”，是农民在农业生产经营中对资本和劳动力需求超过家庭经济资源能力时，而发生的一种简单的组织行为，是两个或两个以上共同出资、共同经营、共负盈亏的合伙人组成的临时性组织。

二、农民专业合作社的创建与管理

（一）农民专业合作社的成立原则

1.成员以农民为主体

为坚持农民专业合作社为农民成员服务的宗旨，发挥合作社在解决“三农”问题方面的作用，使农民真正成为合作社的主人，《农民专业合作社法》规定，农民专业合作社的成员中，农民至少应当占成员总数的80%，并对合作社中企业、事业单位、社会团体成员的数量进行了限制。

2.以服务成员为宗旨，谋求全体成员的共同利益

农民专业合作社是以成员自我服务为目的而成立的。参加农民专业合作社的成员，都是从事同类农产品生产、经营或提供同类服务的农业生产经营者，目的是通过合作互助提高规模效益，完成单个农民办不了、办不好、办了不合算的事。这种互助性的特点，决定了它以成员为主要服务对象，决定了“对成员服务不以赢利为目的、谋求全体成员共同利益”的经营原则。

3.入社自愿、退社自由

农民专业合作社是互助性经济组织，凡具有民事行为能力的公民，能够利用农民专业合作社提供的服务，承认并遵守农民专业合作社章程，履行章程规定的入社手续的，都可以成为农民专业合作社的成员。农民可以自愿加入一个或者多个农民专业合作社，入社不改变家庭承包经营；农民也可以自由退出农民专业合作社，退出的农民，农民专业合作社应当按照章程规定的方式和期限，退还记载在该成员账户内的出资额和公积金份额，并将成员资格终止前的可分配盈余，依法返还给农民。

4.成员地位平等，实行民主管理

《农民专业合作社法》从农民专业合作社的组织机构和保证农民成员对本社的民主管理两个方面作了规定。一，农民专业合作社成员大会是本社的权力机构，农民专业合作社必须设理事长，也可以根据自身需要设成员代表大会（需要成员150人以上）、理事会、执行监事或者监事会；二，成员可以通过民主程序直接控制本社的生产经营活动。

5.盈余主要按照成员与农民专业合作社的交易量（额）比例返还

盈余分配方式的不同是农民专业合作社与其他经济组织的重要区别。为了体现盈余，主要按照成员与农民专业合作社的交易量（额）比例返还的基本原则，保护一般成员和出资较多成员两个方面的积极性，可分配盈余中按成员与本社的交易量（额）比例返还的总额不得低于可分配盈余的60%，其余部分可以依法以分红的方式按成员在合作社财产中相应的比例分配给成员。

（二）农民专业合作社的建立程序

1.发起筹备

首先，明确发起人。发起人就是发起并创办农民专业合作社的创始人。其次，进行可行性分析论证。可行性分析论证是指组建农民专业合作社的基础性工作，发起人要对本地区、本行业农民群众专业合作的需求状况、专业生产现状、市场前景、竞争对手等进行认真调查研究，确定所要组建合作社的活动和经营范围。最后，由合作社的领办人组织吸收合作社社员，一般最少5人，农民成员不得少于80%，法人成员不得超过总量的5%，生产性合作社中从事生产的社员占社员总数的一半以上。

2.确定合作社信息

确定合作社信息包括确定名称，制定章程，确定办公场所，召开设立大会，并由社员对合作社章程进行表决签字，并根据合作社入社人员规模确定合作社领导机构。

3.召开设立大会

设立时自愿成为该社成员的人为设立人。设立大会是合作社尚未成立时设立人的议事机构。

4.依法登记

依法登记是农民专业合作社开展生产经营活动并获得法律保护的重要依据。合作社的设立人申请登记时应当向登记机关（工商局）提供以下文件和资料。

（1）登记申请书。

（2）全体设立人签名、盖章（团体成员）的设立大会纪要。

（3）全体设立人签名、盖章（团体成员）的章程。

（4）法定代表人、理事的任职文书（全体设立人签字认可）及身份证明。

（5）全体出资成员签名盖章的出资清单，出资应明确具体是人民币出资还是以土地、房屋、技术等折价出资。

（6）全体成员的身份证复印件。

（7）住所使用证明。合作社以成员自有场所作为住所，应当提交该社有权使用的证明和场所的产权证明，租用他人场所应当提交租赁协议和场所产权证明，例如农村房屋没有产权证明的可由村委会出具证明。

（8）法定代表人签署的成员名册，指定代表或委托代理人证明及名称、预先核准通知书，以上工商登记部门均有空白表格直接填写即可。

（9）登记前置许可文件，主要是特定的行业业务范围涉及前置许可的必须提交。例如棉花加工，需发改部门颁发的棉花加工许可证。

5.备案

合作社经依法登记后，法人代表应将合作社营业执照复印件及相关材料（合作社简介、章程、会议纪要、理事任职文件、法人代表任职文件、监事任职文件、出资清单、租房协议、成员联系电话）报市农民专业合作社指导站（设在市农经管理中心）备案，并录入全国农民专业合作经济组织网。

6.办理其他相关证照

（1）组织机构代码证。法人代表持工商营业执照及法人代表身份证到市民服务中心质量技术监督局窗口办理。

（2）税务登记。法人代表持工商营业执照，组织机构代码证及法人代表身份证到市地税局办税服务大厅办理。

（3）银行开户许可证。法人代表持工商营业执照、税务登记证、机构代码证、法人代表身份证和准备开户所在银行（信用社）申请书到市人民银行办理。

三、农产品经纪人的含义与工作程序

（一）农产品经纪人的含义

农产品经纪人是指从事农产品收购、储运、销售及代理农产品销售、农业生产经营信息传递、农业销售服务等中介活动而获取佣金或利润的人员。结合当前农产品经纪人的从业构成，可以分为销售型经纪人、科技型经纪人、信息型经纪人、复合型经纪人等。

（二）农产品经纪人的作用

随着我国现阶段城乡经济的进一步繁荣和发展，农产品经纪人在促进地方经济发展、推动农业产业化进程、加快脱贫致富等多方面发挥着积极作用。

1.加快农产品商品化的速度，促进农村的资源优势快速转化为商品优势

农产品经纪人在农产品销售过程中起到沟通、中介作用，可以把本地的农产品资源介绍给市场，把市场需求和本地生产紧密连接起来。从而在本地形成强大的商品优势，使资源优势能快速转化为市场优势。

2.调整农业产业的结构，加快农业产业化经营

农产品经纪人的经纪活动可以促进农业产业结构合理化。一方面，农产品经纪人一边连接农民生产，一边连接市场需求，其作为生产和消费的桥梁， 让二者有机的结合起来，使农业的产业结构顺应市场发展趋势而逐渐的趋于合理。另一方面，农民经纪人是促成农民与他人交易的关键联结点，农产品经纪人掌握着农产品的供求状况，担负着农产品市场变化的信息传递任务，对农业生产起着一定的引导作用，而且可以把零散的农产品集中起来进行交易，从而加快农业产业化的经营。

3.更新农民生产经营观念，加强农民的市场意识

农产品经纪人依赖市场生存，应在具体经纪活动的过程中，懂经营、会管理、掌握市场的变化趋势，还应随着市场形式变化调整经营理念，从农产品的生产、包装、储运、销售等环节，农产品经纪人都可以了解到最新的符合时代要求的做法。农产品经纪人往往有着较强的市场经济意识，能够把新的信息，良好的理念传递给农民，培养和加强农民的市场意识，使农产品更快、更好地走向市场。

（三）农产品经纪人的工作程序

一般来说，农产品经纪人的工作程序大概可分为以下几步。

1.了解农产品

农产品经纪人了解自己代理的农产品是开展一切工作的基础。农产品经纪人既要充分了解所代理的农产品，还要学会鉴别它们。

2.农产品储运

在农产品没有送到客户手中之前，农产品经纪人需对其所经营的农产品的储藏和运输做好保障。

3.市场信息采集与分析

农产品经纪人可以通过广播、电视、专业杂志、互联网及相关专家等途径获取自己经营农产品的最新信息。

4.建立谈判关系

农产品经纪人在了解市场信息并对其做出分析后，通过这些信息来寻找适合

自己经营的农产品的客户。通过电话、微信、QQ等媒介与买卖双方客户谈判并签订销售合同。

5.核算与结算

农产品经纪人需要根据当年的生产状况、农产品的产量、品质、等级及客户的需求量等对农产品进行各方面的核算。在送货完成后，农产品经纪人按合同进行资金结算工作。农产品经纪人要根据本年度利润的多少对第二年度工作的进行安排，淘汰不适合市场的产品，引进和推广市场需要的农产品，争取做到利益最大化。

本章小结

在农产品买方市场和农产品市场国际化的背景下，农产品营销发展迅速，农产品市场已经从供给管理为导向的营销观念转向产品需求管理为导向的营销观念。在注重产品、定价和促销等营销策略的基础上，建立完善的适应市场需求的农产品营销渠道，将会给农产品营销提供强大的竞争优势。本章从农产品分销渠道的含义入手，介绍了农产品分销渠道的类型，阐述了农产品分销渠道成员之间的关系；介绍了农产品分销中间商的相关内容；讲述了农产品供应链管理的含义、构成和主要内容等。

思考题

1. 什么是农产品分销渠道？
2. 农产品分销渠道有哪些类型？
3. 阐述一下农产品批发商的含义与作用。
4. 说明农产品供应链管理的含义。
5. 说明直销渠道的优缺点。

案例分析

案例一　香飘“一带一路”引领乡村振兴

醉美四月，春光明媚。踏访地处八百里伏牛山腹地的河南西峡县，处处弥漫着菇香，一派紧张有序的香菇生产加工销售场面映入眼帘：勤劳的菇农们正在进行冬菇越夏管理，菇袋已整齐上架；四通八达的山乡公路上，一辆辆满载香菇的运输车辆穿行在村村寨寨；位于县城产业集聚区的香菇城，数十家香菇加工企业马力十足，香菇罐头、香菇脆片、干香菇等系列香菇制品从这里出口“一带一路”沿线国家……

1997年，西峡县抓住“南菇北移”的契机，在全县把香菇产业作为富民“一号工程”。20余年间，香菇作为当地的特色产业被呵护、被创新，不间断的扶持政策让西峡县先后成为全国最大的干香菇出口货源集散中心、信息交流中心和价格形成中心。

“一个产业”拓宽山区群 众“脱贫路”

在西峡县城北27公里，素有“伏牛明珠”之称的双龙镇是该县北部乡镇和三门峡卢氏、灵宝，洛阳栾川、嵩县等地南下的交通咽喉要道。“七十二步蛇尾街”是当地群众清晰的记忆，“蛇尾”也成为当时贫穷的代名词。自19世纪80年代末开始，在该县“药、果、菌”三大产业发展战略的指引下，双龙镇开始种植香菇，发展香菇产业。如今这里已成为国内最大的香菇生产销售市场、全国香菇行业的晴雨表和货源中心，也实现了从“蛇尾”到“双龙”的蝶变。

双龙镇不仅有标准化生产基地，香菇还可以在双龙镇直接装柜出口到30多个国家和地区。这里还集聚食用菌加工企业18家，规模以上香菇加工出口企业达10家。市场与城镇融为一体，800多家经营门店，常年从事香菇加工、分级、购销的人员有1万多人。随着电子商务的蓬勃发展，双龙镇也依托阿里巴巴、淘宝、大学闪讯商学院的技术优势，整合双龙镇香菇企业及上下游产业链，打造双龙镇香菇网络销售平台，推动淘宝村的建设和双龙镇香菇品牌的发展，开办网店百余家。

完整的产业链条，成熟的产业基础为双龙镇建设食用菌特色小镇奠定了坚实的基础。2017年6月9日，在全国食用菌特色小镇经验交流大会上，该镇被中国食用菌协会授予“全国食用菌特色小镇示范单位”，双龙镇荣膺南阳市首个“淘宝村”。

从深山中的贫困小镇到如今拥有集香菇培育、种植、加工、销售等一体化的产业体系，双龙镇无疑是西峡县依靠产业实现乡村振兴的一个缩影。在西峡县，像双龙镇一样，丁河镇、西坪镇等乡镇，借助香菇产业的基础，产业链条不断完善，实现一、二、三产业的融合发展，初步建立起完善的乡村产业发展体系，成为乡村振兴坚实的基础。

如今，西峡县香菇产量稳定在25万吨左右，直接产值近25亿元，综合产值150亿元以上，农民收入的60%以上来源于香菇产业。在脱贫攻坚中，已有1 202户进入食用菌产业链，实现脱贫致富，829名贫困户人员被安排到企业和基地就业，香菇成为伏牛山区名副其实的富民产业。

一个品牌实施标准种植“无盲区”

“在海外市场上，很多人不知道西峡在哪儿，但都知道西峡香菇。”“‘西峡香菇’已成为一张烫金的‘国际名牌’！”西峡县华邦食品有限公司副总经理乔颖说。乔颖的感慨，也是很多外国客商的共识。来自俄罗斯康德尔公司的贸易代表娜塔丽娅曾表示：西峡香菇是一种有很高营养价值的天然绿色产品，深受客户青睐，在国际上享有盛誉。西峡香菇早已被俄罗斯人民默认为免检产品。

“西峡香菇甲天下”是大自然的恩赐，也是西峡20万菇农的追求。地处北纬33° 附近的西峡县，是世界公认的香菇生产“黄金线”，76.8%的森林覆盖率，让西峡拥有了得天独厚的资源优势。

多年来，西峡县把香菇产业作为富民“一号工程”纳入县域经济结构调整的总体规划。1997年，西峡县成立了以县长为组长的食用菌工作领导小组和西峡县食用菌生产办公室；2005年，西峡县成立了香菇标准化生产领导小组，统揽全县食用菌规划、生产、技术、管理及项目建设等工作。西峡成为国内第一个大规模进行标准化栽培的基地县。

西峡还汇集国内专家制定了《西峡香菇标准化生产技术规程》，成为河南省唯一的香菇地方标准，从备料、装袋、灭菌、点种，到管理、采菇、保鲜、烘干、分级、包装、运输、外销等环节，全过程落实国际质量标准，形成了“流水线”的标准化管理。推动香菇生产由粗放型向集约化，传统型向标准化方向转变。全县每年投入2 000万元用于香菇标准化技术、服务、管理及奖惩，已建立香菇标准化生产基地173个，标准化生产率达90%以上。

标准化种植大幅度提升了西峡县的香菇生产规模，统一的标准化流程，也为西峡香菇赢得了口碑。在2018年11月举行的“2018中国食用菌行业丝路菇业优秀品牌行动暨西峡香菇国际贸易对接会”上，来自俄罗斯、意大利、加纳、韩国等世界各地的客商云集西峡，先后共有78家国内外客商与西峡香菇生产加工企业达成合作协议，签约总额达65亿元。在随后举行“2018中国好香菇”大赛上，西峡香菇凭借优良的品质、鲜明的地域特色、丰富的历史文化底蕴、较高的社会美誉度脱颖而出，荣膺“中国好香菇”品质大奖。

近20年，西峡香菇先后获得国家级荣誉24项、省级荣誉26项。其中，“国家地理标志保护产品”“生态原产地产品保护”“生态原产地产品保护示范区”“全国出口食品农产品质量安全示范区”“全国香菇标准化示范县”“西峡香菇甲天下”等称号，享誉全球。

“一个通道”畅销国际市场“无梗阻”

建设国际化的香菇交易、集散中心，是西峡延伸香菇产业链条的“大手笔”。2008年，西峡县设立了西峡香菇出口质量安全示范区建设指挥部，投资500万元建立了食用菌科研中心，配备国内最尖端的科研设备和20多名专业技术人员。原河南出入境检验检疫局在西峡设立了首个县级出入境检验检疫办事机构——南阳出入境检验检疫局西峡办事处，畅通了西峡香菇出口的绿色通道。

十几年来，西峡香菇在巩固内销河北、陕西、山东、广东、浙江、福建等30多个省份的基础上，积极扩大外销，香菇自营出口从2005年开始不足350万美元，到2018年达到11.8亿美元，13年增加了350倍，自营出口企业有40多家。产品出口东南亚地区和俄罗斯、美国、法国、德国等30多个国家，累计创汇52亿美元，占全国香菇出口额的30%左右。

随着河南省融入“一带一路”建设的步伐不断加快，西峡香菇产业迎来了发展的新机遇。

“河南省搭建起与‘一带一路’沿线国家和地区交流合作的桥梁，我们可以通过陆运方式出口香菇产品，运送周期可缩短到15天，成本大大降低。”西峡县华邦食品有限公司董事长薛小芹说，中欧班列（郑州）为企业带来了更大的市场空间。在原有的韩国、日本和东南亚等市场基础上，如今西峡香菇逐渐开始向俄罗斯、德国、乌克兰、哈萨克斯坦等国拓展，并尝试开展与非洲国家开展贸易合作。西峡香菇已经连续6年领跑河南农产品出口，成为名副其实的全国香菇出口第一县。

多年来，随着出口市场的多元化，西峡香菇的出口产品从单一的出口干菇发展到包含干菇、鲜菇、香菇酱、香菇罐头、香菇粉等多元化产品，西峡香菇品牌化、规模化、国际化的产业特征也愈发显现。在2013年北京亚洲品牌年会上，西峡香菇被评为亚洲生态原产地“知名品牌”；在2014年天津“达沃斯论坛”上，西峡香菇作为国家元首指定食材；在2015年郑州“上合组织峰会”上，西峡香菇成为特供食材。

2019年元旦，仲景食品股份有限公司首次直接对美国市场出货，1 400箱仲景香菇酱直接摆上了美国最大的连锁超市的货架上。该公司副总经理屈云鹏告诉笔者，随着中餐馆在国外流行，中国味、中国菜和中国调味品也逐渐受到国际市场的欢迎。然而国际市场对于进口产品有着严格的把控，尤其是美国更为严格谨慎，严苛的审核程序就足以让大部分调味品企业望而却步。仲景香菇酱以西峡香菇强大的产业后盾及良好的品牌效益，赢得了市场的“通行证”。“我们的目标是让中国味道像中国文化一样走出国门，让外国消费者爱上香菇酱。”屈云鹏表示，与之前在加拿大、温哥华等华人集聚区分销的模式相比，此次赢得连锁超市的信任，是对仲景香菇酱的认可，也是对西峡香菇品牌的认可。

早在2012年，西峡县就设立了西峡食用菌产业化集群建设领导小组。目前，西峡县正逐步完善西峡食用菌科研创新服务平台、香菇种植平台、香菇投入品生产服务平台、香菇外贸综合服务平台、香菇文化传播平台。

“要想让香菇产业持续成为西峡乡村振兴的支柱，我们需要不断开拓创新，寻找新的增长点。我们将致力于西峡香菇科研、种植、投入品生产、国际贸易服务、文化传播等五大平台建设，不断推动产品创新升级，让更多国家的消费者品尝到‘西峡味道’。”西峡县委书记、县长周华锋说。

来源：农青网

案例二 滨海边疆区代州长邀中企在远东建设乳品厂

滨海边疆区代州长安德烈·塔拉先科提议中国中鼎联合牧业股份有限公司在滨海边疆区建设乳品厂，以向中国、日本和韩国出口成品。

据滨海边疆区政府新闻服务处消息，该提议是2018年4月19日在哈巴罗夫斯克与中国中鼎联合牧业股份有限公司总裁孙国强进行工作会晤期间提出的。

安德烈·塔拉先科表示，“最好能加工产品，我们这个地区拥有很多奶制品厂和农场，因此我们建议在这里建造一个工厂。我确信乳制品在中国很受欢迎。日本和韩国也对乳制品表现出了浓厚的兴趣。”

据此前消息称，中鼎联合牧业股份有限公司投资3.02亿美元，在滨海边疆区“米哈伊罗夫斯基”超前发展区内开展畜牧综合体和牛奶加工。投资者已经在项目的初始阶段投资了1 830万美元。

据中鼎联合牧业股份有限公司总裁称，第一个畜牧综合体将建在普里卢卡村，能容纳5 000头牛。

目前，投资者正在制订项目文件，计划于2018年11月投入运营。

安德烈·塔拉先科还表示，滨海边疆区准备支持与中国合作伙伴建设牛肉生产厂。

滨海边疆区代州长说：“如今滨海边疆区牛肉短缺，如果能在这里建立一个牛饲养厂，那就太好了。现在的肉是从澳大利亚和加拿大进口的。我们会帮你选择更好的品种。现在让我们一起尝试在已有牛群的基础上引进新品种。”

中鼎联合牧业股份有限公司总裁表示愿意进一步讨论该项目。

中鼎联合牧业股份有限公司是中国五大牛奶生产商之一。截至2017年6月，该公司经营103家畜牧场，超过10万头牛。该公司开发自己的农场，并为其他小型奶牛场提供管理服务，包括采用现代技术集中管理采购系统、分销渠道和市场营销等。

超前发展区是一个具有特殊法律制度的区域，很多大型企业在这里开展活动。如今，远东联邦区已创建了18个超前发展区。

来源：黑龙江经济报

案例三　厉害！这个农产品经纪人一年销售水果近百万公斤

在台州，大多数人对“行贩”都不陌生。古时，“行贩”是指各个地区间往来贩卖、没有固定营业地点的商贩。后来“行贩”一词泛指从事商品交易的人。

改革开放后，农村经济逐渐发展，一大批具有专业性质的农产品基地逐渐形成。“行贩”在市场上变得更加活跃，而后逐步衍生为农产品经纪人这一职业。

2003年，农产品经纪人被正式列入《中华人民共和国职业分类大典》，泛指从事农产品收购、储运、销售及代理农产品销售、农业生产经营信息传递、农业销售服务等中介活动而获取佣金或利润的人员。

如今，农产品经纪人已成为激活农产品流通最重要的中介力量，是促进我市农业市场化和现代化，推动农村经济发展不可或缺的新型农业经营主体。

从“行贩”到农产品经纪人的身份转变

“文旦4元一斤，水分足很好吃的！”2018年2月12日上午，位于我市椒江区东环大道的中国农港城水果批发市场人流涌动。置办年货的市民像赶集似的来来往往，农产品经纪人郑国庆正忙着在自家水果摊前招呼往来的顾客。

郑国庆和妻子主要从事文旦和瓜类水果收购和销售，朝三晚六的工作作息于他们来说已是家常便饭。进货、卸货、收拾摊位、批发给水果店和商贩、做零售买卖……在外人看来格外辛苦的工作，两口子却做得十分专注，一干就是二十年。

“也没什么特别想法，既然做了就得坚持做好，所以我们在选水果的时候也不贪心，专心做好这两样。”工作中的每个环节，郑国庆都用心对待，大到合作社的选择，小到每个文旦的挑拣。这些年，他往来于椒江、路桥、温岭等地，与几十户农户建立了长期合作关系。

郑国庆觉得，要给农产品当好经纪人，光靠自己积累的那点经验可不够，还得与时俱进，多学点专业的东西，提高从业素质。几年前，得知市供销社开设农产品经纪人培训班，郑国庆报了名，获取了职业资格认证。

“文旦和瓜类水果如何分辨优劣，怎么鉴定等级，怎样包装、储藏、运输能最大程度保鲜，如何应用现代的营销技巧去扩大市场规模，这些都是通过培训授课学到的。”郑国庆告诉记者，专业性的学习帮了忙，也为他的职业发展提供了更大空间。

他说：“以前只是做买卖赚个中间差价，而现在更注重水果的品质，行业里的口碑，条件允许的话，也想打造自己的优质品牌。”

从起初被他人称为“行贩”的中间商，到如今水果年销售量近200万斤的农产品经纪人，郑国庆是我市无数发生身份转变的农产品经纪人的一个缩影。

据台州市供销社业务处负责人王准超介绍，我市的农产品经纪人职业发展始于2005年左右，从广义上理解，只要农产品买卖过程中，参与营销的都可称为农产品经纪人。据了解，我市农产品经纪人协会已有会员900多人。

“当下，我市市场上活跃的农产品经纪人主要分为两类，一类是集生产和销售于一体的农户，常见的是产地直供模式，另一类是单纯从事农产品的收购和集中销售，通过中间环节赚取中介费。和传统商贩不同，从业者大多接受过学习和培训，人数以第一类居多，因准入门槛低，人数不好统计。”王准超告诉记者。

农产品经纪人队伍日益壮大

记者了解到，市供销社农产品经纪人职业技能鉴定站自2008年起开展职业准入资格培训。2017年，国务院取消了该职业的资格许可和认定事项后，但我市从业者的热情不减反增。

“近年来国家特别重视发展农村经济，台州的农业发达，产品种类丰富，我觉得这是个商机。”路桥蓬街的李日贵年过半百，曾在嘉兴从事了十几年的电动车销售，三年前，他回到家乡，加入农产品经纪人队列。

李日贵观察到，在中国农港城的水果市场，鲜有草莓经营户，仅有的几家也因滞销和亏损而摒弃了草莓销售，于是他把目光瞄准了草莓，并且只做批发。

“卖草莓的原则在于每日新鲜的更替，我和别人最大的区别在于灵活变通，市场行情每天都在变化，我们的营销方式也得跟着变，滞销时低价格卖，畅销时多赚一点，虽然利润空间小，但能减少浪费和亏损。当然，现在消费升级，最重要的还是要有品质保证，才能把量做高。”凭着多年的生意经验，李日贵成了目前农港城水果市场里唯一幸存的草莓经营户，农户都争着把草莓往他那儿送。

“越来越多农产品经纪人的出现，对于农民来说必然是好事，他们盘活了农村的资源，打开了农产品的销路，帮助了农户创收。”近十年，王准超见证了台州农产品经纪人行业的逐步壮大。在他看来，从业者规模扩大，也带动了行业竞争，这激励着大家提高专业水准。

在国家政策的鼓励下，不少年轻人返乡创业时，也选择当农产品经纪人。

盛建高是椒江洪家街道人，今年28岁，高中毕业便外出打工。七年前，他回乡接手父母的耕地，投身于稻谷种植和深加工，并借助电子商务成为了小有名气的“稻谷经纪人”。

王准超认为，电商的出现，丰富了农产品经纪人的经营模式，对传统摊贩或许有一定冲击，但像活禽类农产品的交易还是要依托于线下市场进行。电商的快速发展很有可能使这个行业内部结构发生改变，但整个行业发展趋势必定是蒸蒸日上的。

“农业领域的职业需要传承，现在年轻人眼界广，思路宽，利用新的知识和技术能为行业注入更多活力。这一行虽然热门，但是想赚到钱，得先做好吃苦的准备。”李日贵说。

来源：台州日报

第七章　农产品促销

前导案例

全省1 195家新型农业经营主体携龙江优质大米、大豆、杂粮登台“打擂”　农产品创新营销促成400亿销售额

2018年1月7日，黑龙江省首届“农担杯”优质农产品营销大赛总决赛在哈尔滨市举行。全省共计1 195家农业企业、合作社、农村电商等新型农业经营主体报名参加此次营销大赛，其中农业企业617家、农民合作社387家、电商47家、家庭农场及个体工商户44家，仅大庆市参赛的各类新型经营主体就达到145家。通过参与比赛，评选出营销能手20名，各类参赛主体销售额突破400亿元。

为了全面加强农产品营销，进一步创新营销手段，黑龙江省农委认真贯彻全省农产品营销暨农民创业经验交流电视电话会议精神，2017年中旬，联合省电视台、省政府新闻办、省商务厅等举办了全省首届“农担杯”优质农产品营销大赛。本次大赛吸引了各类新型经营主体踊跃参赛，涵盖了在我省依法登记注册生产经营大米、大豆、杂粮、马铃薯、蔬菜、畜产品、水产品和山特产品8类农产品的农民合作社、农业企业、个体工商户及农业部门认定的家庭农场。

此次营销大赛推动我省农业营销提档升级，引导和鼓励广大农民转变观念，激发内生动力，积极投身农产品营销，提升价值链。通过举办农产品营销大赛，参赛主体闯市场意识明显增强，市场观念、闯市场能力得到加强，“抓销售、跑市场”意识和自觉行动正在形成，由生产型主体加快向生产经营型主体转变，实现了靠“卖得好”进入市场。参赛主体结构意识明显增强，瞄准消费需求，准备谋划调整种植结构，加快构建与市场消费导向相协调的种植结构，实现农产品供给由单一向多元、低端向中高端、大众化向个性化转变，实现了靠“卖得好”带动农业“种得好”。

此次营销大赛还实现了黑龙江优质农产品走出去、站得稳，从选拔赛中脱颖而出的12家农企代表黑龙江参加了全国农业创新大赛，黑龙江省也相继在上海、深圳、杭州、南京、广州举办了优质农产品推介展销会，成功探索出“一个主产市对接一个主销区、落地一个核心营销网点、发展一批直营店或代理商”的办展新模式。大赛主办方还联合哈尔滨工业大学建设农产品大赛官网，与大米网合作推动网络延展，将农企产品接入大米网综合门户。同时，借力大赛的宣传优势，已经有24位创业农民获得金融担保机构融资支持，融资金额1.5亿元。

来源：黑龙江经济报

知识要点

（1）农产品促销及其作用、农产品促销组合的基本方式和策略及农产品促销组合的主要影响因素；

（2）农产品人员销售的概念和形式、人员销售的特点和适宜因素和人员销售的任务和过程；

（3）农产品广告的含义及其特点和功能、农产品广告的目标和农产品广告媒体的选择；

（4）农产品营业推广及其作用、农产品营业推广的具体方式及农产品营业推广的决策；

（5）农产品公共关系的含义、作用、方法和危机公关。

第一节　农产品促销与促销组合

一、农产品促销及其作用

农产品经营企业市场营销活动的基本策略，即为农产品促销。它是企业采取行之有效的方法向目标市场传递目标信息、激发消费者对农产品的购买欲并实施购买行为的一系列活动，其中包括人员推销、广告、营业推广和公共关系等。

农产品促销的作用主要有以下几个方面。

（一）传播信息，加强销售

农产品经营企业通过广告等促销宣传，向消费者介绍农产品经营企业生产经营何种农产品、有何突出特点及在何处购买等信息，使他们加深对企业的了解，当选择农产品时，就会较为容易优先选择自己的产品。此外，消费者在购买商品的过程中，也会向企业反馈其满意度等信息，有效促进企业针对性改进，从而更好地提供满足消费者需求的农产品。

（二）突出特色，促进销售

在市场激烈竞争的情况下，同质的产品较多，可供选择的农产品更广泛，消费者难以辨别各种农产品之间的差异。此时农产品经营企业通过促销活动，向消费者进行宣传并突出自己农产品的特色，便于消费者理解本企业产品的优势所在，并使之相信购买本企业农产品能带来较大的利益，从而促进销售的提高。

（三）引导消费，扩大销售

消费者在市场中购买农产品具有一定的盲目性和从众性。在促销的过程中，农产品经营企业让消费者不仅了解产品的一般属性，还应进一步了解农产品的特殊属性。这在一定程度上对消费者起到了指导的作用，有利于刺激消费者购买欲望，吸引消费者大量购买或重复购买，发掘潜在需求。

（四）培养忠诚，稳定销售

消费者在购买农产品时，会选择品牌形象好的农产品经营企业产品。因此企业需要不断提升自己的市场地位，切忌产品销售波动过大。运用适当的促销方式，在消费者中塑造良好的形象，培养消费者的忠诚，同时在市场中留有良好口碑，能够提高农产品知名度，增加潜在消费者对本企业农产品的关注，树立和强化企业在市场上的形象，从而大大提高本企业农产品的竞争力和市场占有率。

二、农产品促销组合的基本方式和策略

伴随着经济发展速度的日益加快，农业的发展也步入了新的阶段，面临着更加严峻的挑战农产品促销组合是农产品经营企业根据促销的实际需要，对人员推销、广告、营业推广及公共关系这几种促销方式进行适当的选择和综合搭配，以期达到最佳农产品促销效果。

（一）农产品促销组合的基本方式

1.人员推销

该方式是指农产品经营企业派出推销人员向消费者介绍、推广和宣传农产品，以促进农产品的销售。其具体方式可以是面对面交谈，也可以通过电话、网络或者信函进行交流。推销人员的任务是完成额定的销售量，并及时发现消费需求，开拓新的市场。

2.广告

该方式是指农产品经营企业以付费的形式，通过电视、广播、网络、报纸、微信、QQ等媒介向目标市场的消费者传递农产品信息。现代广告不能局限于单

向沟通，而要把企业与消费者共同的关心点结合起来进行双向沟通，以此综合考虑广告的制作和传播。

3.营业推广

该方式是指由一系列强诱导性、强刺激性的战术促销方式所组成的，以求通过一些短期性、临时性的措施使消费者迅速产生购买行为。营业推广只是作为人员推销和广告的补充方式，不连续进行。

4.公共关系

该方式是指农产品经营企业树立良好形象，改善与社会公众特别是目标市场消费者的关系，促进消费者对企业的认识、理解及支持，从而影响消费者对企业及农产品的态度，促进农产品销售的一系列促销活动。通过长期的努力，农产品经营企业能够适应目标市场环境，获得消费者信任，从而促进农产品的销售。

（二）农产品促销组合的策略

1.推式策略

该策略是指农产品经营企业把农产品推销给批发商，批发商再把农产品推销给零售商，最后零售商把农产品推销给消费者的策略。

2.拉式策略

该策略是指农产品经营企业不直接向批发商和零售商做广告，而是将目标市场的消费者作为广告的受众，通过刺激消费者的购买欲望从而促使消费者主动寻找零售商购买。一旦购买者增加，零售商就会向上游寻找批发商，而批发商觉得有利可图，就会主动向生产者订购农产品。

3.推拉结合策略

通常情况下，农产品经营企业可以把“推”“拉”两种策略结合起来运用，如在向中间商进行大力促销的同时通过广告宣传来刺激市场需求推式和拉式策略都有农产品经营企业与消费者双方的能动作用，但前者重在推动，强调农产品的消费需求可以通过企业的积极促销而被创造出来；而后者重在拉动，强调消费者的需求是决定生产的根本原因。在实际促销过程中，要根据农产品市场需求状况和消费者实际购买指向综合考虑采取“推”“拉”组合的促销方式，各有侧重且有机结合。一般而言，对于需求比较集中、技术含量较高、销售批量大的农产品适宜采用“推”的策略；对于需求分散、销售批量较小的农产品，则适宜采用“拉”的策略。

（三）农产品促销活动的步骤

农产品经营企业进行促销活动的关键是成功把企业及农产品的有关信息传递

给目标消费群体，从而激发消费者的购买欲望。因此企业可从以下几个步骤进行促销活动。

1.确定受众群体

在促销筹划期，农产品经营企业需明确产品受众群体，是潜在消费者还是正在使用者，是老人还是儿童，是高收入者还是低收入者等问题。确定受众群体是促销活动得以进行的基础，它决定了农产品经营企业进行宣传的信息内容（传播什么）、信息结构和形式（怎么传播）、信息发布时间（何时传播）、传播媒体（通过什么传播）和信息来源（由谁传播）。

2.确定沟通目标

确定沟通目标就是确定向消费者传递农产品信息后所期望得到的反馈。消费者的购买过程一般包括以下六个阶段。

①知晓，即此时消费者并不了解农产品，企业需要以行动引起消费者的注意；

②认识，即当消费者已经知晓该企业的农产品但所知不多时，企业可以进一步宣传以加深消费者的认识；

③喜欢，即当消费者对农产品印象逐步加深时，企业应当侧重于宣传企业及其农产品的特点和优势以区别于同质产品；

④偏好，即消费者逐渐倾向于企业的农产品，但对企业品牌忠诚度还不足时，需要凸显企业及其产品的优越性；

⑤确信，即消费者已经对农产品形成偏好，但没有做出购买决策，企业需要让消费者明确其购买决策的正确性；

⑥购买，此时消费者已经做出购买决策，企业所需要做的是促进购买行为的发生。农产品经营企业应明确目标消费群体处于购买过程的哪个阶段，从而做出应对措施，促使消费者进入下一阶段作为沟通的目标。农产品经营企业在不同时期或者不同区域的经营目标各不相同，因此促销的目标也不同。促销组合和促销策略的制订一定要遵循企业的促销目标，没有目标的促销活动会是无效率且效果不够理想的。

3.设计促销信息

设计促销信息，即确定信息内容、信息结构、信息形式和信息来源。

（1）信息内容

其是信息所要表达的主体，目的是促使消费者做出有利于企业的良好反应。

（2）信息结构

促销过程是仅宣传农产品的优点还是优缺点均宣传；表达顺序，即沟通信息时把重要的理念放在开始抑或最终。

（3）信息形式

信息形式的选择成功与否决定了信息传播效果的好坏。例如在印刷广告中，农产品经营企业需要决定标题、插图、色彩及信息的版面位置等；例如通过广播媒体传达，农产品经营企业要充分考虑音质、音色和语调；如通过电视媒体传达，农产品经营企业除了要考虑广播媒体的因素外，还必须考虑服装、手势、发型等因素；若使用产品及包装传达，则特别要注意包装的质量、气味、色彩和大小等因素。

（4）信息来源

信息来源即由谁来传播信息，这对于信息的传播效果意义重大。如果想要消费者较快地对信息产生注意和信赖，信息传播时则最好通过消费者信赖甚至崇拜的对象，例如明星或该农产品领域的权威人物。

4.选择信息沟通渠道

信息沟通渠道通常分为两类，即人员沟通渠道与非人员沟通渠道。

人员沟通渠道是指包括两个或更多数量的人相互之间的直接沟通。人员沟通是一种双向沟通，可以通过面对面的交流，也可以通过电话、信件等方式进行，能较快得到对方的信息反馈，并能够与沟通对象进行情感渗透，效率较高。人员的影响在昂贵的农产品、风险较大或不常购买的农产品及具有显著的社会地位标志的农产品中的表现尤为突出。

人员沟通渠道可以分为倡导者渠道、专家渠道和社会渠道三种。倡导者渠道是由企业的销售人员直接在目标市场上寻找消费者；专家渠道是通过有一定专业知识和技能的人员的意见和行为影响目标消费者；社会渠道通过邻居、同事、朋友等影响目标消费者，从而形成一种口碑。目前，各种广告漫天传播，消费者对广告的信任度及广告的作用不断下降，但是人们对企业的口碑认可度逐渐上升。

非人员沟通渠道是指不通过人员接触而进行的一种信息交流的方式，也是一种单向沟通方式，主要包括公众媒体传播、气氛和事件等形式。公众媒体传播由于面对的是广大的消费者，传播范围较广；气氛是指设计良好的环境因素制造购买氛围，例如商品陈列、营业场所的布置等，引起消费者的购买欲望，并实现购买行为；事件是指为了吸引受众注意而采取的活动，例如展销会等。

5.制订促销预算

制订促销预算是农产品经营企业相对难以制订的决策之一。不同行业、不同企业之间的促销预算差异较大，农产品经营企业制订促销预算通畅采用以下几种方法。

（1）量入支出法，即农产品经营企业以自身所能支付的能力为基础，确定促销活动的费用，这是一种量力而行的方法。

（2）销售额百分比法，即按照销售额的一定百分比来制定促销预算。例如假设企业今年实现销售额100万元，若将今年销售额的10%作为明年的促销费用，则明年的促销费用就为10万元。

（3）目标任务法，即企业确定促销目标，然后确定达到目标所要完成的任务，最后估算完成这些任务所需的费用。

（4）竞争相对法，即依据竞争对手的促销费用来确定企业自身的促销预算。

6.确定促销组合

农产品经营企业在确定了促销费用后，还需要考虑如何将促销费用合理分配在四种促销方式的活动上。四种促销方式各有利弊，可以相互替代，也可以相互促进、相互补充。因此大多企业都综合运用四种方式以实现既定目标。这使企业的促销活动更具有弹性，提高了企业设计营销组合的复杂度，为促销活动的有效完成提供了保障。

三、农产品促销组合的主要影响因素

（一）农产品市场的特点

由于市场实际情况不同，因此采用的促销组合与促销策略也有所不同。从市场地理范围看，广告宣传在广阔而分散的目标市场能够发挥重要作用，如果目标市场窄且集中，使用人员推销方式也许更为有效。从市场类型看，消费者市场如果呈现多而分散的情况，则依靠广告等非人员推销形式；如果呈现用户少但购买量大、成交额大的生产者市场，则主要采用人员推销形式。在有竞争者的市场条件下，制订促销组合和促销策略还应考虑竞争者的促销形式和策略，要有针对性地不断变换自己的促销组合及促销策略。另外，目标市场的消费者收入、风俗习惯、消费者文化水平等对农产品促销组合也有不同程度的影响。

（二）企业促销预算

农产品经营企业开展促销活动，费用的支付是必不可少的。农产品经营企业促销预算的多少会对农产品促销组合产生重要影响，并且企业能够用于促销活动的费用也是有限的，企业预算少就不能采用费用高的促销组合。因此农产品经营企业需要在既定促销目标的前提下尽可能减少促销预算投入。在确定促销预算额时，为了避免盲目性，不仅要考虑营业额的大小，还应考虑到促销目标的要求、企业资本实力、市场营销目标、产品市场寿命等其他影响因素。

（三）农产品生命周期

农产品经营企业的市场营销目标与促销重点对于农产品所处的不同生命周期而不同，选择的促销组合也因此存在差异。在投入期，可以利用广告宣传与公共关系组合并配合营业推广和人员推销，通过鼓励试用来让消费者了解和认识新产品；在成长期，要继续利用广告和公共关系来扩大农产品的知名度和市场影响，同时用人员推销来降低促销成本；在成熟期，要充分采用广告宣传，及时介绍农产品的改进，并使用营业推广来增加销量；在衰退期，营业推广的作用显得愈加重要，同时配合少量的广告来强化消费者的记忆。

第二节　农产品人员推销

一、农产品人员销售的概念和形式

农产品人员推销是指农产品经营企业派遣推销员与消费者进行直接对话和沟通，传达农产品相关信息从而促使消费者购买。推销人员、推销对象和推销品是三个基本要素。推销人员在推销前可以选择具有一定购买意愿或计划的目标消费者进行有针对性的研究，拟定具有操作性的策略和技巧当面洽谈，此举有利于推销人员与消费者形成一种直接友好的氛围。通过交谈与观察，推销员可以较准确地把握消费者的态度和购买意愿，便于及时发现问题并给予解释，有针对性地宣传农产品特性、功能，以及采取其他必要的协调行动以打消消费者的疑虑，获得消费者的信任。通常有经验的推销员还会把单纯的买卖关系发展到建立深厚友谊的关系，从而推进营销工作的开展。

人员推销的具体方法越来越多，主要有以下几种。

（一）上门推销

该方法是销售人员携带样品、说明书、订单等走访消费者进行一对一的销售活动，是最为常见的人员推销形式。这种推销方式要求推销人员积极主动地出击，切实了解消费者的需求，并提供有效的服务，为消费者所广泛认同。其特点一是销售人员主动寻找消费者走访居民区、家庭住户或机关、学校、银行、医院等机构和组织，积极接近消费者；二是销售人员和消费者之间建立感情联系作为纽带。要激发消费者购买欲望，促成他们的购买行为，除取决于农产品本身外，相互之间的良好人际关系也十分重要。采用适宜的推销技巧给对方良好印象，可以促进销售，甚至建立长期固定的购销关系。而以感情为纽带巩固和维持这种关系不失为一个好方法，例如在一些节日、消费者的特殊纪念日送上贺卡或企业生产的特色农产品及农产品优惠券等。

（二）柜台推销

该方法又称门市推销，就是销售人员在销售点向消费者推销，可能面向单个消费者，也可以是消费者群体。这是非常普遍的推销形式，也就是面对面进行直接接触、交谈，直接介绍农产品，解答消费者提问。门市的营业员即推销人员，采用等待消费者上门的方式。柜台推销的特点一是消费者接近销售人员，消费者上门寻找需求的农产品；二是消费者直接面对种类、花色、款式、规格齐全的农产品，而且农产品摆放陈列会对消费者产生影响，这时一般消费者会产生购买需求，由于柜台的农产品种类繁多，能够从各方面满足消费者的需求，为消费者提供方便的购买环境，因此为消费者所喜闻乐见。

（三）农产品展销会

该方法是由一个或若干个单位举办，具有相应资格的若干经营者参加，在固定场所和一定期限内，用农产品展销的形式，以现货或者订货的方式销售农产品的集中交易活动，可同时向多个推销对象推销农产品。此时的成交额较大，推销效果较为明显。

（四）体验式营销

该方法是企业以满足消费者的体验需求为中心所开展的一切营销活动。

二、人员销售的特点和适宜因素

人员销售是一种最古老的沟通促销方式，也是现代企业中最重要的促销手段之一，与其广告等其他促销手段相比有以下优势。

（一）人员销售重视人际关系，利用双向的信息沟通，推广农产品，并与消费者建立友谊。双向信息沟通是人员销售区别于其他促销手段的重要标志，销售人员在销售活动中为企业担当了情报搜集的任务。一方面，销售人员向消费者介绍农产品和与农产品有关的信息，例如农产品质量、价格、功能及市场行情，流行趋势，从而实现吸引消费者、促进产品销售的目标；另一方面，销售人员通过与推销对象（消费者）接触，会了解到消费者对农产品的态度、对品牌的认知、市场占有率、需求变化动向等与农产品和企业的生产、设计、发展趋势等相关的信息。另外，双方的广泛沟通和情感交流中，销售人员代表企业利益，同时也代表消费者利益，会帮助消费者排疑解难，在交谈中除谈论农产品之外，还会涉及消费者喜好、家庭、社交等其他问题，长久接触有可能建立起友谊关系。这样不断地收集并反馈信息，为企业制订合理的营销策略提供了依据。

（二）人员销售针对性强，灵活机动。与广告相比，在人员销售中，消费者明确，销售人员可直达消费者，耗费无效劳动少。而且销售人员可以观察不同消费者的动机和特点，调整推销陈述和推销方法，以适合其情绪，心理的变化，帮助消费者明确需求，抓住机会，提出建议，最终完成交易。因此人员销售在大多数情况下能实现潜在交换，造成实际销售，有效性很高。

（三）人员销售经常用于竞争激烈的场合，也适用于推销价格昂贵、性能复杂的农产品。对于专业性、技术性能很强的农产品，例如有机、绿色农产品，仅有广告宣传，消费者也很难实现购买。而派出专业知识丰富的销售人员为消费者讲解、展示农产品，解答其疑问，才有可能达成销售。

（四）人员销售能实际提示农产品。与广告等促销手段相比，销售人员能当面向消费者提示农产品，使消费者确信农产品特征，提高推销成功率。

由于人员促销的绝对费用较高，在发达国家大致是广告的2～3倍。每个销售人员直接接触的消费者过多，销售面窄，如果在市场范围较大的情况下，推销人员的开支也会较大。加上对销售人员素质要求高，人员推销的效果与推销人员素质的高低密切相关，而且随着技术的不断发展，推销人员除了具备营销才能外，还需要熟悉新产品的特点、功能等。锻炼一支有战斗力的销售队伍很困难，因此人员销售的运用受到一定限制。

对于不同市场环境下的企业和不同行业的企业，人员销售的适用性不同，应用效果也有差异。什么样的企业适宜用人员销售，企业在什么范围、什么时间、何种程度上采用人员销售，需要考虑以下几种因素。

1.市场的集中度

由于人员销售活动中，销售人员与消费者要直接接触，其间存在着寻找成本。因此在目标市场明确，目标消费者集中的地区，人员销售更容易开展，成本会更低，效果更好。而在分散的市场上，其作用和适用性降低。

2.目标市场容量的大小

人员销售的目的之一就是卖出农产品，提高销售量。而消费者需求量的大小直接约束了人员销售的业绩，决定了采取人员销售和展开程度的经济可行性。

3.销售对象的特点

在消费品市场上，消费者的个人因素、社会文化背景等诸多因素都会影响购买决策。如果消费者数量众多，每个消费者的购买量不太大，人员销售就会付出大量促销成本。对生产企业来说，人员销售主要应用于中间商的推销会更有效。对专业性强、技术要求高的工业品，尤其是价值巨大，或购买量巨大的农产品更宜采用人员销售。

4.亲身体验的必要性

有的农产品需要在消费者进行品尝或亲身体验以后，消费者才能了解农产品的性能及特点，产生购买欲望，这时应用人员销售是有必要的。

5.服务的必要性

部分农产品需要在售前、售中、售后提供相应服务，此类农产品适宜运用人员销售。

三、人员销售的任务和过程

（一）人员销售的任务

人员销售的任务是通过销售人员运用推销技巧把农产品销售出去。随着市场经济的完善，购买决策过程复杂化，消费者的需求向个性化发展，企业越来越注重建立长期的客户关系。因此人员销售对销售人员的素质要求也越来越高，而且要求销售人员能为消费者提供尽可能多的服务，进而扩大企业农产品的市场，提高企业认可度。销售人员面临诸多任务，具体如下。

1.完成完整的销售活动

销售人员要积极寻找和发现更多的潜在消费者，把关于农产品相关信息传递给消费者，实施推销技巧，引起消费者注意和兴趣，激发消费者需求，促使其产生购买欲望和购买行为。

2.开拓任务

在沟通现有消费者和把握市场需求动向的同时，要努力寻找新的目标市场和发现潜在消费者，努力开拓市场。这要求销售人员定期走访老客户，发现其新需求，积极联系预期客户，广交朋友，经常进行市场调研，广开销路。

3.宣传任务

销售人员在推销中要代表企业形象，在完成信息传递和服务等客观工作的同时，要用自己的观念、认识、态度影响消费者，让消费者产生好感，从而提高品牌、商标的无形价值，建立美好商誉。

4.情报搜集任务

销售人员要有目的地了解目标市场情况，通过与消费者交流，了解消费者需求变化、竞争者动向、市场趋势，进行详细的市场调研和信息搜集，提出分析严密的调研报告，为企业管理者的决策提供依据。销售人员有时会被要求写出市场情况的调研报告书。

（二）人员销售的过程

人员销售的过程有四个阶段。

1.搜集和掌握所需的相关资料

在人员销售中，需要各种各样的信息资料，基础的信息资料应在销售人员培训过程中提供给他们。但针对某一次销售活动的个案资料则要求销售人员事前搜集。所需资料主要包括有关本企业的资料，包括企业历史、在农产品市场中的地位、营销战略、销售目标及策略、销售规章制度及优惠政策条款等；有关企业农产品的知识，包括农产品的特点、性状、主要用途、食用注意事项、相对于其他农产品的优势等；市场知识，包括竞争对手的农产品、功能、价格等；人际交往知识，主要提高销售人员的推销技巧。

2.确定推销计划

通过分析目标消费者的购买可能程度和潜在购买量，把目标消费者划分为不同等级，以明确重点销售对象。在正式接触前安排好与不同销售对象接触的时间先后、用时长短等问题，以使有限的交流时间，获得尽可能大的成功率。最后分析具体消费者的需要和兴趣点，拟定谈话内容。

3.实施推销活动

人员推销主要是以销售人员登门拜访，或以柜台推销等形式与消费者正式接触。这要求销售人员能在初步接触时，给消费者留下良好的第一印象，要求销售人员举止得体、语言恰当、态度友好，能够引起消费者的重视，为后面的农产品推介做好准备。在推销过程中，销售人员要引发消费者注意和兴趣，利用时机向他们介绍农产品，通过消费者的视、听、闻、触摸和品尝等向其传递农产品信息，要详细说明农产品的性状和带给消费者的好处，同时要善于倾听消费者的意见以判断其真实的购买欲望，最后达成交易。销售人员要善于观察分析，及时提出交易要求，减少消费者犹豫，促成他们迅速购买。

4.做好售后工作

达成农产品交易不是人员推销的结束，而是下一轮推销的起点。销售人员应建立消费者档案，如实记录消费者姓名、地址、购货品种、数量、意见反馈及推销中的心得经验等，以备查阅和使用。

第三节　农产品广告

一、农产品广告的含义及其特点和功能

（一）农产品广告的含义

广告一词来源于拉丁语，含有“注意”和“诱导”的意思。结合我国市场经济中广告的地位和作用，我们认为商业广告是广告主以付费方式利用大众传播媒介将产品或劳务信息、企业形象或经营理念等向目标市场消费者进行的沟通活动，最终达到盈利的目的。

（二）农产品广告的特点

1.传播面广

广告借助大众媒体传播农产品信息，能够在短时间内将相关信息告之目标消费者，而人员推销就难以做到。

2.传递速度快

由于大众传媒是一种迅捷的信息传播途径，因此广告推销就是一种极富效率的促销方式。

3.表现力强

广告可以借助各种艺术形式、手段与技巧将农产品经营企业及农产品感情化、性格化、戏剧化，从而大大增强其市场说服力与吸引力。

（三）农产品广告的功能

广告作为传播信息的一种基本形式和重要手段，是联接各种复杂经济关系的纽带。对于农产品经营企业、消费者和社会都具有十分重要的作用，具有多方面的功能。

1.广告的基本功能是商业功能

一，广告介绍了农产品，具有传播信息、沟通的功能，使消费者获取农产品信息，并诱导消费者需求，影响消费者心理，刺激消费者的购买欲望，促进试验性购买，开发新消费者，从而增进农产品销售，提高市场占有率。例如咯咯哒鸡蛋的“好山好水好鸡蛋”，在某种程度上促使消费者进行购买。二，广告为农产品流通的各环节的行为主体提供大量信息，减少了寻找成本和时间，有利于建立和改善生产商、批发商、零售商及消费者之间的关系，促进农产品流通更加顺畅，繁荣经济。三，广告宣传了农产品形象、企业形象，扩大了企业或品牌的知名度、美誉度，成为企业开发市场、巩固市场、扩大市场的重要手段，从而成为企业打造核心竞争力不可或缺的环节。例如知蜂堂蜂胶的广告，将蜂胶从蜂蜜采集到销售的过程展示给消费者，以增加企业的美誉度和消费者的信任度。

2.广告的教育功能

广告广泛的题材和多种表现的形式引导了人们消费观念和消费习惯的改进，其中渗透环保意识、民族精神、公民道德思想，广告能够引导消费潮流，促使消费者树立科学的消费观念，在丰富人们的物质文化生活的同时有利于提高人口素质。例如阻止消费者购买鱼翅的公益广告中“没有买卖，就没有杀害”引起了普遍消费者的共鸣，增强了消费者对稀有动物的保护意识。另外农产品广告也有助于新知识、新技术的普及，对促进公平竞争，加强科学管理等方面有不可替代的作用。

3.广告的美学功能

广告既是一门科学，又是一门艺术，通过语言、色彩、情节、视听效果等的创意策划，给人美的享受，陶冶情操，愉悦身心。例如某品牌的大米广告，蓝蓝的天空下，金灿灿的麦田，一幅和谐安逸的画面是种美的享受。

二、农产品广告的目标

农产品广告的目标，取决于农产品经营企业市场营销组合的整体战略要求。一般来说，农产品广告的决策目标有如下几个方面。

（一）以告知为目标

该目标是农产品经营企业向目标市场介绍一种新上市的产品，其目的在于让潜在消费者了解新产品，提高新产品的市场认知率，以此唤起初步的市场需求。

（二）以说服为目标

在农产品进入成长期时，农产品市场竞争比较激烈。消费者的需求是选择性需求，此时农产品经营企业广告的目标是不仅要让潜在消费者了解农产品的基本情况，而且要加深他们对农产品的了解，记住企业及农产品的特点，最终激发起潜在消费者的购买欲望。同时，鼓励其他品牌消费者消费习惯的转移，改变消费者对农产品属性的认识并乐于接受人员推销。

（三）以增加销售量为目标

除了详细介绍农产品的性状，广告还要有附图、价格、信贷和购买地点等方面的具体说明，消费者通过阅读即可决定是否购买及如何购买。

（四）以提醒为目标

当农产品进入成熟期之后，目标市场的消费者对其已经相当熟悉，此时只需要向消费者提醒销售地点和新的附加价值即可。

三、农产品广告媒体的选择

为了实现农产品广告的目标，必须正确地选择各种广告媒体。农产品经营企业在选择广告媒体之前，要对各种广告媒体的接触度、频率和实际效果做出评价。接触度是企业在一定时期内让多少人接触到广告；频率是企业在一定时间内平均使每人接触多少次广告；实际效果则是企业投放广告后收到的实际市场反应。

广告媒体的种类很多，主要包括报纸、电视、广播、网络、杂志和户外广告。各种广告媒体接触的受众不同，广告效果也有差异。为了实现农产品广告良好的接触度、频率和实际效果，农产品经营企业要综合评价各类广告媒体的优缺点，根据实际情况做出适合决策。对于农产品来说，需要根据农产品的特点选择适合的单一广告媒体或多种广告媒体的组合形式进行宣传。

（一）报纸广告

报纸是应用最广泛，也是最早发布的广告媒体。它的优点是传播面广、覆盖率高；传播速度快、及时，能够及时传递相关的经济信息；信息量大，读者不受时间限制；制作方便、费用低廉、刊出日程选择自由度大；在一定程度上可以借助报纸本身的威信。它的缺点是时效短且重复性不足，效果不够明显；报纸的内容较多，容易分散人们对广告的注意力；印刷不够精美，表现力有限，吸引力不够；接触时间相对较短，需多次刊登。因此报纸广告不适合多数农产品采用，只适合部分销售范围较小，产品面对最终消费者的农产品。

（二）杂志广告

杂志是仅次于报纸而较早出现的广告媒体，它分类明确，作为广告媒体的优点有读者稳定，可以存留翻阅，反复接触机会多，广告宣传的对象较为明确；信息量大，印刷精美，容易吸引消费者的注意力；保存时期长，可以反复查阅；发行面广，可利用专业刊物声望，尤其对行业内广告针对性强。它的缺点是发行时间较长，时效性差，信息传播不够及时，专业杂志广告接触不广泛。因此杂志广告不适合多数农产品的广告宣传，尤其是生鲜农产品。

（三）广播广告

广播作为广告媒体的优点有传播速度快，听众广泛，无论身在何地，只要打开收音机就可接收到，内容易变更，可多次播出；较高的灵活性，广播广告在安排播出的时间和调整时段上相对比较容易；制作简单，费用低廉。它的缺点是有声无形，只刺激听觉遗忘率高，难以记忆，无法存查，难以把握收听率。因此广播广告仅适宜有品牌需要进行品牌宣传的农产品或农产品的加工品。

（四）电视广告

电视是广告信息传播的理想工具，它的优点是集声、形、色于一体，广告内容较为生动形象，感染力较强；能综合利用各种艺术形式，宣传手法多样，艺术性较强；覆盖面广，注目率高，重复性较强。它的缺点是制作复杂，费用高；时效短，难以记忆；播放节目较多，容易分散消费者对广告的注意力。因此部分有品牌的农产品加工品适宜进行电视广告宣传。

（五）户外媒体广告

该广告媒体是指在露天或针对户外行动中的人传播广告信息的工具。一般可分为平面和立体两大类。平面的例如路牌广告、海报、条幅等；立体的例如农产品经营企业的发光二极管（light emitting diode，LED）、户外广告灯箱、高速公路边上的广告牌、霓虹灯广告牌等。其中包括销售现场广告媒体（例如橱窗、灯箱、现场演示）和非销售现场广告媒体（例如路牌、电脑显示牌、气球、招贴画等）。它的优点是长期固定在一定场所，反复诉求效果好，到达率高；可以做到色彩鲜艳，图文醒目，视觉冲击力强，媒体费用弹性大；可根据传播对象的特点和风俗习惯设置，表现形式丰富。它的缺点是覆盖面小，大多数户外广告的位置固定，宣传区域小；变更成本高；效果难以评价，因为人们接触户外广告通常只会注视较短的时间，难以统计人们对于该户外广告的接受率。因此部分面对终端消费者的农产品加工品适宜进行户外媒体广告。

（六）网络

网络广告的优点是传播范围广，不受时空限制，只要具备上网条件，任何人、任何地点均可接收；内容详尽，无时间约束，易于查存；广告效果易于统计，例如可以通过访客流量、点击量等进行系统精准统计，便于企业正确评价广告效果；广告制作周期短、费用较低，能够及时按照客户需求变更广告内容。它的缺点是网络广告覆盖率较低。

选择媒体时，农产品经营企业还应考虑如下因素。一，目标市场接触媒体的习惯，以青少年消费者来说，网络和电视广告的效果比较好；二，农产品种类，推广的农产品其适合什么样的媒体进行推广，选择合适的广告媒体；三，广告信息本身，对于复杂的技术信息，选择专业杂志和邮寄广告也许更好；四，广告的成本费用，通常电视广告成本很高，而广播、报纸相对就比较低。总之，要根据广告目标的要求，结合各广告媒体的优劣，综合考虑上述影响因素，尽可能地选择效果好、费用低的广告媒体。

第四节　农产品营业推广

一、农产品营业推广及其作用

农产品营业推广也称之为销售促进或销促。它是指农产品经营企业通过各种短期诱因说服消费者或中间商，激发他们的购买欲望，鼓励消费者购买的活动。农产品营业推广的对象可以是消费者或者中间商，通过营业推广，企业向他们提供特殊的优惠条件来引起他们的兴趣进而影响其购买决策，从而在短期内达成交易，可以将其细分为消费者促销和中间商促销。

在一定时期、一定任务目标的短期销售活动中，如果能够选择运用合理的促销手段，可以收到立竿见影的明显效应，商业广告、人员推销、公共关系都是常规的和长期的促销方式，而大多数营业推广的方式都是非正规的和非正常性的，一般作为一种补充促销方式，与其他方式相互配合使用。

农产品营业推广的作用有以下几点内容。

（一）加速新产品进入目标市场

当消费者对刚投放市场的新产品了解不足、反应缓慢时，企业可以通过营业推广措施在短期内打开市场局面。

（二）抵御竞争对手的促销活动

当竞争者大规模地发起促销活动时，企业可以采用减价赠券、减价包装、购货累计折扣和优待等多种营业推广方式来积极应对，以此稳定和扩大目标消费者。

（三）影响中间商特别是零售商的交易行为

与中间商保持良好关系对于农产品推广至关重要，生产者可以通过营业推广来促使中间商特别是零售商做出有利于农产品销售的经营决策。

尽管营业推广模式对于农产品促销效果上作用重大，但也有一些不足。例如营业推广的影响面较小，它只是广告、人员销售和公共关系的一种辅助促销方式，而且营业推广时效较短，只能作为企业创造声势获取消费者快速反应的一种短暂促销方式。另外，过分渲染或长期频繁使用营业推广也容易使消费者怀疑农产品品质及其价格的真实性。

二、农产品营业推广的具体方式

农产品营业推广的具体方式多种多样，农产品经营企业不可能全部使用，这就需要企业综合考虑各种方式的特点、促销目标、目标市场的类型等因素，从而选择适合本企业的营业推广方式。根据推广的对象，可以将推广区分为以下三大类。

（一）面向消费者的营业推广方式

这种方式的目的是鼓励现有消费者继续购买；诱导潜在消费者试用；动员消费者购买新品种农产品；引导习惯购买其他同类农产品的消费者改变购买习惯，以培养消费者对自己农产品的偏爱；强化广告和营销活动。具体方式有以下几种。

1.赠送样品

通过向消费者赠送农产品样品或专门提供品尝品，即可鼓励消费者购买，又可获取消费者对农产品的反馈信息。这是介绍农产品新品最为有效的方法，但费用颇高。赠送形式可以多种多样，例如赠送（购买某一农产品则可以免费获得相应的赠品）、批量赠送（只有购买达到一定数量或金额时才能得到赠品）等。例如在卖场销售的牛奶、香肠等农产品的加工品，企业有时候会赠送同品牌不同种类的样品，以提高消费者对新产品的认知和购买。

2.价格折扣

该方式可以是在商品标价不变的情况下，实际收款时按一定打折比例少收一部分款额，也可以是事先通过多种方式派送优惠券，使持有该券的消费者享受折扣价格，两者的区别是前者的优惠对所有消费者，后者只给与特定的消费人群。这种方式一般是在产品和市场成熟期用于吸引顾客、扩大销售量。例如某些大型超市所出售的农产品在下午或夜市时就进行打折促销等活动。

3.赠品印花

该方式是指当消费者购买某一农产品时，经销商赠送消费者交易印花，当购买者的印花积累到一定数量时，可以兑换现金或农产品。这种方式可以刺激消费者大量购买，但对小量消费者不具吸引力。

4.廉价包装

该方式又称折价包装，是指在农产品包装上标明价格折扣的数额或比例。廉价包装可以是一件农产品单独包装起来减价销售，也可以是组合廉价包装，即将若干农产品或几种用途相关的农产品并在一起减价销售。这种方式能诱发经济型消费者的需求，对刺激短期销售比较有效。

5.抽奖促销

消费者购买一定数量的农产品之后可参与抽奖，获得奖品或奖金。

6.现场演示

企业派促销人员在销售现场展示本企业的农产品，向消费者介绍其特性、功能和食用方法等。

7.联合推广

企业与零售商开展联合促销，将农产品放在超市或农贸市场集中展销，从而突出企业优势和农产品。

8.参与促销

通过技能竞赛、知识比赛等让消费者参与各种农产品促销活动。

9.展销会

通过展销会的形式，使消费者了解到大量农产品，增加销售的机会。常用的展销形式包括季节性农产品展销会、名优农产品展销会、新品展销会，以及各种博览会等。

此外，针对消费者的销售促进活动还有服务促销、消费者免费培训、讲座、邀请消费者参与的竞赛活动等。

（二）面向中间商的营业推广方式

这种方式是生产企业对中间商，或上一级中间商对下一级中间商的推广方式，其目的是促使中间商更加努力地推销自己的农产品、改善与中间商的关系。其主要采用的方式有以下几种。

1.购买折扣

为刺激中间商购买并大批量的购买本企业农产品，对第一次购买的中间商和达到购买一定数量的中间商给予价格折扣，购买数量越大，折扣越多，以此争取他们多购进本企业的农产品。

2.现金折扣

该方式是指在商业信用和消费信贷普遍使用的市场上某企业为了鼓励消费者用现金购货给予的一种折扣。

3.派送赠品

该方式是指对中间商购货达到一定数额，或对特定农产品进货齐全或达到一定数额时，给中间商派送赠品。

4.资助

该方式是指企业为中间商提供陈列商品、支付部分广告费用和部分运费等补贴或津贴，以鼓励中间商增加销售额。

此外，对中间商的营业推广活动还有召开业务会议和展览会、开展销售店之间的竞争、代培销售人员等。

（三）面向推销人员的营业推广方式

这种方式的目的是明确销售重点，提高销售人员对农产品的认识，使他们了解推广计划，调动他们的销售热情，鼓励他们积极开拓新市场、热情推销农产品，从而有效地开展推广活动。该方式可采用的方法主要有销售竞赛、免费培训、技术指导等。

三、农产品营业推广的决策

农产品经营企业营业推广的决策包括明确销售促进目标、选择销促方式、制定订案、实施和控制及评价结果等内容。

（一）明确营业推广活动的具体目标

具体推广活动针对不同的目标市场而有所差异。

1.针对消费者的营业推广活动

通常要达到以下的目的。鼓励消费者大量购买；争取未使用者试用；改进和树立企业及农产品的品牌形象；吸引竞争品牌的使用者；打击排挤竞争对手；增强其他推广方式的效力等。

2.针对中间商的推广活动

通常要达到以下的目的。吸引中间商进货，促进零售商购买新的农产品和提高销售量，提高市场铺货率，使中间商维持较高存货水平；促使中间商积极开展或配合制造商开展广告、宣传或其他推广活动；提高中间商的销售能力；使中间商建立品牌忠诚度，抵制竞争品牌等。

3.针对推销人员的推广活动

通常要达到以下的目的。重视新农产品或新式样、新型号，鼓励其推销，提高销售业绩等。

营业推广的目标要与促销组合的其他方面结合起来考虑，相互协调配合，制订具体的测度指标。

（二）选择营业推广方式

营业推广方式多种多样，各有其特点和适用条件。农产品经营企业在选择营业推广方式时要考虑如下因素。

1.市场类型

营业推广方式必须与农产品经营企业所在的市场类型及其特点相适应。

2.营业推广目标

不同的营业推广目标对促销方式的选择有不同的条件要求和制约。

3.竞争条件与环境

该方式主要是指企业的实力、基础、优劣势，以及竞争者的数量、实力和策略选择等。

4.促销预算分配

总的促销预算，以及营业推广的份额也影响着营业推广方式的选择。

当然，统一推广目标可采用多种推广方式综合实现， 推广方式并不是单一形式存在的。

（三）制定营业推广方案

一个完整的推广方案是营业推广活动开展的指导性文件，包括推广的指导思想和具体实施的各个细节及出现紧急问题时的处理意见等。

1.确定适宜的刺激程度

农产品营业推广需要一定程度上针对消费者的刺激性措施。刺激程度与销售反应正相关，但这种效应存在边际递减的规律。因此农产品经营结合新的市场环境和以往经验综合分析，确定最适当的刺激程度和开支。

2.参与者的必要条件

确定营业推广面向目标市场的具体对象和控制范围。目标对象选择适当与否直接影响到营业推广的最终效果。一般必须是购买农产品的消费者。例如参加抽奖的消费者一般是持购物发票抽奖，未购买农产品的人则不能参加，而数量折扣只给购货量达到一定限度的消费者。

3.选择推广媒体

确定以什么方式将推广方案向目标市场贯彻。例如如何分发优惠券，如何宣传抽奖活动等。如果选择赠券作为营业推广方式，那么就要确定分别放在包装、邮寄、杂志及报纸等广告媒介中的数量。不同媒体的有效性不同，而且成本不同。一般可以利用广告宣传、店内广播、随农产品包装附送等方式进行。

4.推广时机的选择

推广时机选择的恰当与否直接影响推广活动的开展效果。持续时间过短，消费者无法重复购买，预期目标难以实现；而持续时间过长，容易导致开支过大和损失刺激效果。选择推广时机可以利用季节性，农产品导入期、成熟期的转折点及品牌成熟度来决定。销售部门要根据对整个市场的考察分析和与总体营销战略的配合来确定适宜的推广时机。

5.推广时间的长短

太短的推广时间可能会使消费者无法充分利用推广机会购买农产品。太长的推广时间，一方面使推广手段鼓励消费者购买的效用减少，另一方面可能会影响企业的利润，甚至如果降价时间太长，会使农产品质量受到怀疑，反而影响品牌的忠诚度。有研究表明，每个季度做三次左右的营业推广活动最为适宜，每次的持续时间以平均购买周期的长度为限。

6.推广活动经费的总预算

要综合考虑农产品生命周期阶段各种营业推广的费用在预算中加以平衡和确定。这里要注意，安排预算一定要比较成本与效益，不能简单地主观判断，而且推广活动经费要与广告支出分开预算。推广预算一般包括销促活动的管理成本（例如人员经费、宣传材料费等）和销促诱因成本（例如赠奖、折扣等）。

（四）预试推广方案

农产品营业推广方案是在实践经验的基础上确定的，但仍然有必要在正式实施前采取询问消费者、填调研表、小范围试行方案等办法进行试验，从而检验推广方式及其刺激程度是否恰当。如果试验同预期相符，则可进入实施阶段。对制订的推广方案在小的市场范围内进行测试，或请消费者对几种不同的推广方案做出评价，选用最优者。预试的目的是确认所选的推广工具是否恰当，刺激性措施是否最佳，实施的途径效果如何。

（五）评价推广活动结果

对推广活动结果的评价可以有多种方法。一是比较推广前后销售量的变化，这里分为推广前、推广期间和推广活动结束后三个阶段。通过三个阶段的比较可以得出推广活动期间的效果，且可通过数据预测出推广活动对消费者长期影响情况。另外还可以用销售额与规划目标对比进行评估。二是观察消费者对推广活动的反映或抽样调查一组消费者来评估推广活动效果，可以是定性评估，也可以结合定量分析，例如统计消费者对推广活动的记忆程度，消费者对农产品或服务的满意度，推广对消费者今后的购买行为的影响等。

第五节　农产品公共关系

一、农产品公共关系的含义

从市场营销学的角度来讲，公共关系是指企业为了使社会广大公众对本企业或自己的农产品建立好感、树立企业形象、品牌形象，而利用各种传播手段，向企业内部、外部公众展开的一系列有计划、有组织、有目的的活动。搞好公共关系，可以为企业树立良好形象，赢得社会公众特别是目标市场消费者的信任和支持，有利于企业扩大销售。公共关系的主体是各类社会组织，客体是与各社会组织密切相关的各类社会公众，公共关系的主要手段是双向信息沟通。

二、企业公共关系的作用

（一）建立和维护良好企业形象，树立声誉

市场经济条件下，竞争日趋激烈，虽然优质农产品和优质服务是在竞争中取胜的基础，但企业要扩大知名度，宣传农产品形象，企业形象也至关重要。

（二）建立企业与公共对象之间信息沟通的渠道

在当今市场经济大环境下，信息是企业生存的关键，企业需要掌握各种各样的信息，作为其制订发展规划和战略的依据，包括来自市场的信息，例如价格、需求量、竞争对手情况等；来自公众的信息，例如消费者的反馈信息，新闻媒体舆论导向、社区公众的意见、建议等。

（三）公共关系有利于传播正确信息，排除公众误解，争取谅解。这里一方面是澄清一些社会上传播不真实的、容易引起公众误解的、损害企业形象的信息；另一方面是当企业与公众发生纠纷，或矛盾激化时，进行的危机公共活动。

三、农产品公共关系的方法

（一）利用新闻媒体

新闻媒体提供的农产品宣传报道对农产品经营企业而言是一种高效的免费广

告，它能给企业带来许多好处。一是能够比广告创造更大的新闻价值，而且能极大地鼓舞企业内部的士气和信心；二是宣传报道比广告更具有可信性，消费者容易在心理上感到客观和真实。

（二）参与社会活动

农产品经营企业在从事农产品的生产经营时，还应积极参与社会活动，这不仅能够让企业在其中体现自身的社会责任，而且较易结交社会各界朋友，建立广泛和良好的人际关系，从而获得社会公众特别是目标消费者的理解和信任。

（三）组织宣传展览

农产品经营企业可以印发各种宣传资料，例如介绍企业的小册子、业务通信、图片画册和音像资料等，还可以举办各种农产品展览会、新产品报告会及有奖竞赛等。通过这些活动使社会公众加深对企业发展历史、经营业绩、名优产品和发展前景的认识，从而达到树立企业形象的目的。

（四）咨询和游说

咨询主要是向管理人员提供社会公众意见，主要是农产品定位与企业形象等方面的建议，也包括消费者的质询、抱怨甚至投诉。游说的对象主要是立法机构和政府官员，企业游说的目的是防止不利于本企业及其农产品的法令、法规的颁布实施，抑或是促使有利于本企业及其农产品的法令、法规的颁布实施。

（五）导入企业识别系统

企业识别系统，通过改变农产品经营企业形象来吸引外界的注意，进而改进经营业绩和达到预期销售目标。

四、危机公关

现代企业经营随时面临环境的不确定性，陷于各种危机之中，直至威胁到企业的生存。所谓危机公关，是指企业在遭遇这类突发事件或重大事故，其正常的生产经营活动受到影响，特别是原有良好的企业形象受到破坏时，应采取的应急公关策略，旨在最大限度地减少危机对企业的负面影响，使消费者对企业的做法认同，转危为安。

危机公关应采取的主要措施有以下几种。

（一）第一时间原则，也称为“24小时”原则。企业在出现危机公关时，应在第一时间分析危机类型，启动相应危机预案；第一时间调查事件真相；第一时间按照最坏原则切断危机的扩散通道，采取积极的补救措施，尽量消除危机已经造成的不良影响；第一时间安抚被危机波及的直接受害者和潜在受害者，大事化小，小事化了；第一时间主动和媒体进行信息交流沟通，将掌握的咨询和组织采取的措施随时告知公众。以上内容企业必须立刻进行，最大程度上稳住公众情绪，减少企业损失。

（二）要搞好内部公关，要本着负责的态度面对员工、股东，与之进行有效的沟通，本着诚信原则陈述事件真实情况，让员工有知情权，争取得到他们的理解和支持。在危机面前，企业领导层要充分发挥其感召力，凝聚企业全体员工的力量，形成团队精神，同舟共济，共渡难关。

（三）面对危机事件，应当建立高效畅通的危机沟通管道，其对象主要针对受害者、媒体、内部员工、上级部门和关联组织，使对象之间沟通畅通。

（四）对危机影响的弱势群体和受害者主动承担责任，尽最大努力补救过失，以挽回不良局面，引导舆论向好的方向发展。

（五）切实做好与媒体的沟通工作。媒体是引导社会舆论的强有力工具，在危机面前，企业更要以积极态度与媒体沟通，争取媒体的理解与支持，并尽可能地通过媒体与消费者和社会公众进行沟通，力求转变其对企业不利的舆论和态度，缓和矛盾，使危机事件解决得更好、更完美。

（六）在内部、外部措施尽快实施以后，还应持续紧密的进行危机善后工作，进行内部危机总结，总结经验和汲取教训，以便今后发展。

本章小结

农产品促销是农产品经营企业市场营销活动的基本策略之一，是企业采取行之有效的方法向目标市场传递有关信息，以激发消费者对农产品的购买欲望和购买行为的一系列活动，其中包括人员推销、广告、营业推广和公共关系等。农产品促销的本质是农产品经营企业与目标市场之间的信息沟通，是企业作为行为主体发出刺激物的信息，传递到消费者进而刺激、影响消费者的态度和行为，使其贯彻企业意图，并产生企业所期待的行动的有效过程。

本章从农产品促销及其作用入手，阐述了农产品促销组合的方式和策略；介绍了农产品人员推销及其任务和步骤；讲述了农产品广告相关内容；学习了农产品营业推广；介绍了农产品公共关系和其本质特征及方法和步骤。

思 考 题

1. 什么是农产品促销，它有什么作用?

2. 农产品促销活动的步骤有哪些？
3. 农产品人员推销的任务有哪些方面？
4. 农产品广告的目标有什么？
5. 说明农产品营业推广的具体方式。

案例分析

案例一　广告扶贫助力农产品走向市场

据中国乡村之声《三农中国》报道，最近一段时间，出现了一个新事物，无论打开电视还是在路上听广播，总会听到一些策划新颖、文案感人的关于贫困地区土特产品的宣传，例如湘西州的古丈毛尖茶、怀化市麻阳的冰糖橙、永州市的江永香柚等，这就是新闻媒体领域围绕脱贫攻坚推出的广告扶贫计划。

很多广播电视频道都拿出广告资源来免费做这个事情，中央广播电视总台也在黄金时段，为一些贫困地区在做不遗余力的宣传。广告扶贫肯定会提升当地特色产品的知名度和影响力，那么如何借助广告扶贫进一步推动贫困地区农特产品销售、促进贫困群众增产增收呢？

中国乡村之声特约评论员认为，广告扶贫非常好，因为它首先抓住了贫困地区农产品上行的痛点。贫困地区，穷山恶水，这是过去的看法，现在看来贫困地区往往就是自然生态比较好的地方，甚至本身就是绿水青山，有许多的特色农产品非常好，却卖出不去，因为没有名气。

魏延安曾经写过一篇文章《贫困地区农产品上行的八种状态》，这种状态经常见到的就是“养在深闺人未识”。

第一，广告扶贫利用强大的媒体资源，对贫困地区的特色农产品进行了前所未有的宣传，这种广告资源和资源所对等的价值是一般贫困县没有也买不起的。这是脱贫攻坚的一个创新举措，与其给县上几十万几百万，可能都不如在大型媒体对这个县的特产集中进行宣传，促进特色产业发展更有意义。

广告扶贫有利于贫困地区主导产业的进一步做大。我们现在有许多贫困县陷入一个误区，想着把所有的农产品都能够通过网上卖出去，或者是通过其他什么渠道“走”出去，这在现实中几乎是不可能的。

第二，一个县的特色产品可能“走”出去的，往往既要有一定的知名度和特殊品质，还要有一定的生产量，例如县里的羊肉、小米好吃。所以一个县就应集中精力进行当家特色产品的宣传，有利于主导产业扩大规模、提升质量，对未来发展是有好处的。

第三，广告扶贫有利于促进电商扶贫和消费扶贫。虽然是互联网时代，但是传统媒体的力量依然十分强大，运用好这些媒体资源进行宣传，有利于当地的农产品更快“走”出去。

“酒好也怕巷子深”，这种吆喝是十分有意义的。例如说在2016年的“双11”当天，我们曾经把一位搞电商创业的小伙子推上了中央广播电视总台经济频道的直播栏目，直播结束后他的淘宝店铺流量涨了50倍。

《舌尖上的中国》系列播出以后，总是能带动一批原来可能还不为所知的农产品的或者特色手工艺品的迅速爆发，像《舌尖上的中国3》播出以后，一向是冷门的章丘铁锅迅速走红，积压了多少年的产品一夜之间卖光，这就是宣传的力量。

当然广告扶贫还有完善的空间。比如说我们现在只宣传了公共品牌，却没有宣传相应的企业市场品牌，这会导致一个后果，消费者在网上选购的时候，到处都写的正宗，然而谁是正宗的，消费者根本无法辨别，谁能赋予消费者一双慧眼呢？很有可能的结局是，李鬼在中间挣了钱，而李逵却受了伤。所以广告扶贫虽然要避免商业行为，但还是应该把靠谱的地域品牌龙头企业相应做一些宣传，以便于精准宣传营销。同时，也应该加强广告扶贫与消费扶贫和电商扶贫的联动，各种媒体资源一起上，相应的电商平台同步给流量，这样协同起来，效果才更好一些。

来源：央广网

案例二　高向秋：黑土地上的“辣椒王”

黑龙江省海伦市是全国有名的产粮大县，大豆、玉米是农民的当家品种，在这个家家种粮的地方却有一位农民把辣椒“种明白”了，还把乡亲们带上了致富路。她就是海伦市海兴镇农民、向秋蔬菜种植农民专业合作社理事长高向秋。

2004年，高向秋结婚后，把丈夫分得的3亩半地全种上了辣椒，可收获的时候却犯了难，找不到销路，卖不出去。无奈之下，听说山东寿光是蔬菜销售集结地，她就跟人合伙装了一挂车辣椒运到寿光去卖，正赶上市场辣椒脱销，辣椒刚到寿光就以每公斤1.6元的价格卖出，这是她种辣椒挣到的第一笔钱。

卖辣椒的过程中，高向秋认识了一位山东的收购商，他的公司正要大量收购辣椒。可当高向秋计划与村里人合伙供货时，村民却都不愿意冒险把辣椒运到那么远的地方去卖。高向秋铁了心想试一试，村民不干她就自己干！她千辛万苦收购了一车辣椒，不仅价格提到了每公斤1.74元，还让东北青椒在山东市场上“一战成名”，多家青椒收购商主动寻求合作。

海伦青椒成了俏货，订单源源不断，高向秋又陆续往山东莒县发出十几挂车辣椒，那一年她挣了40多万元。从那以后，她年年与莒县的3家公司合作，每年的收购量达六七十万吨，利润可观。

2015年，高向秋做了一个大胆的决定，成立了向秋蔬菜种植农民专业合作社，注册资金300万元。合作社通过流转土地扩大蔬菜种植面积，采取无公害优质蔬菜生产新技术，搞好收购、销售、加工、运输、贮藏、包装及与农业生产经营有关的技术培训和信息咨询等服务，带动周边村屯种植辣椒1 500多亩，由合作社统一回收，带动富余劳动力1万余人就业增收。那一年，合作社成功与莒县昌太食品有限公司、瑞丰食品有限公司签订订单，为两家公司供应北方蔬菜，实现了“北菜南销”。几年间，海伦青椒在国内外赢得了大量的“粉丝”，加工制品远销日本、韩国等地。

随着产业的扩大、订单的增多，高向秋不忘带动身边的贫困户共同致富。2017年，合作社建设了多个选种育苗大棚，向农户提供优良的青椒苗，传授种植经验，并且鼓励带动周边170户村民种植辣椒，其中贫困户35户，户均增收2万元。2018年合作社种植面积达到7 000亩，带动12户建档立卡贫困户增收。

高向秋没有停下追逐梦想的脚步，她紧紧抓住“寒地黑土”“海伦富硒”品牌影响力，在工商管理局注册了“海硒星源”商标。随着合作社经营规模的扩大，带动了大量的农民务工，地里采摘青椒的工人最多的时候可达200多人，挑拣、装箱、运输的工人可达100多人。高向秋还优先雇用贫困户，平均每人一年可以赚到1万元以上。对于贫困家庭来说，种植青椒虽然收益高，但前期需要投入一定资金，为鼓励妇女增收致富，海伦市妇联为合作社向全国妇联申请母亲创业循环金40万元，扶持合作社发展壮大，带动20户贫困妇女利用循环金种植青椒，人均增收2万余元。

如今，“向秋蔬菜产业”已经成为海兴镇农民脱贫致富的支柱产业，也被海伦市确定为脱贫攻坚十大产业之一，更多的农民跟随高向秋通过种植辣椒走上了致富路。2018年，高向秋当选为全国人大代表，并获得黑龙江省“辣椒王”称号及黑龙江省新典型创业农民称号。

来源：农民日报

第八章　农产品市场营销

前导案例

东宁黑木耳产业绿色发展之路越走越宽

日前，海峡两岸媒体参访团走进东宁市北河沿国家级黑木耳标准化栽培示范园区，深入了解独具特色的黑龙江特色产品。

据介绍，目前东宁市已成功创建15万亩标准化生产基地，年均栽培黑木耳12亿袋，产量5.8万吨，约占全国年均总产量的1/6。该园区培育了全国最大的批发市场，年均交易黑木耳20万吨，交易额120亿元，交易量占全国年均交易总量的2/3，被农业部批准为国家级木耳批发市场。该园区创建了全国闻名的产业品牌，东宁黑木耳成功通过国家级地理标志农产品认证并率先打造国家级地理标志农产品示范样板，成功注册国家级地理标志商标并荣获中国百强地标产品区域公共品牌，以433.14亿元品牌价值成功跻身中国品牌价值排行榜前十。该园区研发了全国领先的栽培技术，培育了黑山、德金、草优等系列优质菌种，独创了棚室挂待、春耳秋管、越冬耳栽培等20余项产业新技术。该园区发展了节本增效的循环经济，坚持不懈地推进了废弃菌袋的综合开发利用，使全县80%的黑木耳废弃菌包得到回收利用。同时该园区创造全国一流的富民效果，黑木耳产业链逐渐发展成东宁农村第一富民支柱产业，并自2009年始连续9年拉动东宁农民人均纯收入稳居龙江榜首，全国前列。

台湾媒体团成员纷纷表示："在台湾也知道黑龙江木耳很出名，这次来到产业园看到示范基地，更是让我们感到震撼。政府对于黑木耳产业的扶持很大，科技不断创新，良好的市场建设、优秀的品牌宣传都是值得我们学习的。"

采访现场，示范园区内独特的白木耳也让台湾媒体采访团耳目一新。一行人不停地打量这独特的品种，同工作人员仔细交流。东宁供销联社产业综合办主任刘志栋说："白木耳与黑木耳在营养成分上相差不多，但是白木耳中钙含量更高，口感上也会偏脆一点。现在已经在市场上销售，虽然价格比黑木耳贵，但很受消费者欢迎。"

刘志栋说，今后东宁市将大力推进标准化建设，保证质量安全；推进集约化生产，转变发展方式；提升科技化水平，提高研发能力；推进工厂化生产，转变生产模式；推进品牌化经营，提升品牌影响；提升组织化水平，壮大发展主体；推进质量安全体系建设，确保舌尖安全；推进物流体系建设，完善物流网路；推进大数据平台建设，主力科学决策；推进销售平台建设，提升市场占比；推进金融平台建设，改善金融服务。

来源：黑龙江经济报

知识要点

（1）了解大豆市场营销、稻谷市场营销及玉米市场营销，

（2）掌握畜牧类农产品营销概述及奶产品市场营销；

（3）了解推荐阅读。

第一节　谷物类农产品营销

谷物主要包括稻谷、小麦、玉米、大豆、高粱和谷子等及其他杂粮，主要是植物种子和果实，是许多亚洲人的传统主食。

2018年12月14日，国家统计局公布的全国粮食生产数据显示，2018年全国粮食总产量65 789万吨，尽管比2017年减少371万吨，但减幅只有0.6%，仍处于高位水平，属于丰收年景。全国粮食作物单产375公斤/亩，每亩产量比上年提高0.9公斤，增长0.2%。其中，谷物单产增长0.3%，豆类单产增长2.7%，薯类单产增长2.0%。因单产提高，粮食增产33亿斤。

一、大豆市场营销

我国作为大豆原产国，以黑龙江大豆最为著名，亦广泛栽培于世界各地。黑龙江是全国的农业大省，是中国的大豆之乡，农业资产耕地面积和人均占有量均居全国首位。农业，特别是粮食生产在全国占有战略地位。农产品品质优良，是

全国绿色食品生产最早和规模最大的省。被习近平总书记誉为维护国家粮食安全的压舱石，成为中华第一大省。

黑龙江省大豆种植面积约占中国的60%，而黑龙江大豆主产区就在九三区域，区域内大豆种植面积在1 000万亩以上，年产量达到150万吨，占全国的11%左右。九三垦区是黑龙江省大豆主产区，被国家标准化委员会授予“国家高油高蛋白大豆种植标准化示范区”。2010年1月，被中国绿色食品协会授予“中国绿色大豆之都”； 2013年4月24日，原国家质检总局批准对“黑龙江大豆”实施地理标志产品保护；2016年，“九三大豆”成功获得农业部农产品地理标志；成功入选“2017年中国百强农产品区域公用品牌”。

2018年黑龙江省大豆产量为131.6亿斤，占全国总产量一半以上。黑龙江大豆质量优势特别突出：粗蛋白质含量平均水平约为40%、脂肪含量平均约为21%，色黄、粒大、味香、营养丰富，特别适于食品和蛋白饲料的消费领域。2019年1～10月，该省实际加工大豆27.4亿斤，同比增加9.2亿斤。作为非转基因大豆生产基地，黑龙江省已被列入国家大豆重要农产品保护区建设重大战略规划。

（一）大豆的分类及其商品特点

1.大豆的分类

大豆按种皮的颜色和粒形分为以下五类。

（1）黄大豆：种皮为黄色，按粒形又分东北黄大豆和一般黄大豆两类；

（2）青大豆：种皮为青色；

（3）黑大色：种皮为黑色；

（4）其他色大豆：种皮为褐色、棕色、赤色等单一颜色大豆；

（5）饲料豆：也称秣食豆。

2.大豆的商品特点

（1）营养价值高

大豆富含植物蛋白，可以增强机体的抗病能力，还有减肥的功效，并能补充人体所需要的热量，可以治疗便秘，极适宜老年人食用，还可以增强机体免疫功能。大豆含有丰富的蛋白质，含有多种人体必需的氨基酸，防止血管硬化；大豆中的卵磷脂可除掉附在血管壁上的胆固醇，防止血管硬化，预防心血管疾病，保护心脏。

（2）利用价值高

大豆可以加工豆腐、豆浆、腐竹等豆制品，还可以提炼大豆异黄酮。其中，发酵豆制品包括腐乳、臭豆腐、豆瓣酱、酱油、豆豉、纳豆等。而非发酵豆制品包括水豆腐、干豆腐（百叶）、豆芽、卤制豆制品、油炸豆制品、熏制豆制品、炸卤豆制品、冷冻豆制品、干燥豆制品等。另外，豆粉则是代替肉类的高蛋白食物，可制成多种食品，包括婴儿食品。由大豆加工生产的豆油是重要的食用油之一，属半干性油，是一种良好的植物油，它是人体不饱和脂肪酸的重要来源。从大豆中提取食用油之后，所剩副产品就是大豆饼粕，是优质的蛋白饲料。对于鸡、猪及奶牛、肉牛等家畜来说，它们是优质的蛋白质饲料。

（3）市场化程度高

国内大豆的供需状况将继续受制于主要大豆生产国在新年度的大豆产量。大豆成了各国的农业之首，使其农业经济迅速发展并支撑起强大的工业体系，从而能引发粮食安全问题。大豆既是粮食作物，又是经济作物，也是工业原料，其产业链长，发展前景广阔，有望成为新的经济增长点。它作为非常重要的植物蛋白质和食用油资源，是一种潜力大、功能全的作物，有很高的研究开发价值。

（4）生产地域性较强

根据中国大豆气候区划，除了热量不足的高海拔、高纬度地区的年降水量在250毫米以下，又无灌溉条件的地区以外；一般均有大豆种植。中国大豆的集中产区在东北平原、黄淮平原、长江三角洲和江汉平原。根据大豆品种特性和耕作制度的不同，中国大豆生产分为五个主要产区：东北三省为主的春大豆区，黄淮流域的夏大豆区，长江流域的春、夏大豆区，江南各省南部的秋作大豆区，两广、云南南部的大豆多熟区。其中，东北春播大豆和黄淮海夏播大豆是中国大豆种植面积最大、产量最高的两个地区。

（二）国内大豆的生产情况

据国家粮油信息中心预估，2017年黑龙江省大豆种植面积预计为4 950万亩左右，较去年同期增加675.4万亩，占全国的41.77%。大豆产量预计在590万吨以上，较去年同期增加85万吨左右，占全国的41%。

表8-1　2013—2017年黑龙江省大豆生产情况统计表

年份	播种面积（万元）	总产量（万吨）	亩产（万吨）	商品量（斤/亩）
2013	3 644.7	386.5	212.2	261.5
2014	3 815.1	454	238	304
2015	3 600.9	428.5	237.9	328.5
2016	4 325.8	503.5	232.8	378.5
2017	4 950	590	238.4	437

注：2013—2016年为国家统计局数据；2017年为国家粮油信息中心预测数据

（三）大豆的市场需求

近年来，国外资本越来越多地参股、控股国内油脂龙头企业，国内大豆加工业几乎全部被跨国企业垄断，大豆加工业“拉美化”现象日益明显。伴随而来的是，我国大豆产区豆价低迷，农民种豆效益下降，许多地方出现了“弃豆”的趋势。业内人士综合分析认为，由于下游的油脂加工业大部分被外资控制，国产油用大豆的市场发展空间已经很小。但作为大豆的故乡，我国仍然占有非转基因大豆的优势，而且北方仍有数百万农民不得不以种植大豆为主要生计，因此建议国家在政策支持和引导上做出调整，在我国大豆主产区重点发展高蛋白大豆，避开国际大豆商的锋芒，实施“差异化”战略应对国际资本对我国大豆产业的冲击。

国产大豆的低迷主要来自于进口大豆的冲击。外资企业自2004—2005年间大规模进入中国大豆压榨行业后，目前已控制了70%以上的压榨能力。更重要的是，这些跨国粮商逐步垄断了我国大豆的进口，使国外大豆源源不断进入我国，而将我国本土大豆逐渐排挤出油脂企业的采购单。在外资的强大攻势下，过去一直作为大豆加工业主要原料的国产大豆处境艰难。国产大豆遭受市场打压，不排除“洋大豆”心存排除异己垄断市场的用意，如果现在不保护，一旦地产大豆没了，后果不堪设想。

在东北及黑龙江油用大豆竞争力弱小的同时，我国食用大豆消费却呈现逐年稳步增加的趋势。大豆蛋白因其安全性和环保性，除应用于食品领域外，已在医药、纺织、化工等领域越来越多地受到关注，国内外市场需求量迅速增加。这一形势直接拉动了市场对高蛋白大豆的需求。

全球大豆蛋白产量也已呈现出高增长的态势，我国食用大豆消费也呈现逐年稳步增加的趋势。国家粮油信息中心关于全国大豆平衡分析预计，也反映出我国食用大豆消费量在逐年稳步增加。按照有关专家预计，2005—2006年度我国大豆蛋白工业原料需求约100万吨，而且今后几年将以每年15万吨的速度增长。全国城乡居民食用及食品消费如按3%增长计算，每年也应增加30万吨以上。目前，黑龙江等地区食用大豆的外销量已经超过油用大豆。

由于我国农民大豆种植分散，受种植意识、出售习惯、流通环节复杂、信息不对称等因素影响，农民种植大豆很难卖上高价，而且短期内改变这种状况也很难。因此建议政府应加大宣传力度并给予政策上的扶持，引导我国豆农用“差异化”战略应对国际资本对我国大豆产业的冲击。

（四）大豆的营销策略

1.新品种策略

中国大豆主要是非转基因大豆，而进口大豆以转基因大豆为主，中国大豆的栽培历史已有5 000多年，素有“大豆故乡”之称。为何进口转基因大豆进来之后却能够在中国大行其道呢？根本原因就是出油率比国产大豆高5%左右，能带来更多的经济效益；美国等大豆主产国，对豆农有可观的农业补贴，这让豆农在出卖大豆时有廉价出售的“本钱”，提高了价格竞争力；进口转基因大豆运输成本低，到货时间准。而国产大豆的主产区集中在东北三省，要通过铁路南下。国产大豆不但运输成本高、耗时长，到货时间难以操控。因此我国应以提高大豆出油量高蛋白为目的，改良大豆新品种。

2.调整种植结构策略

东北地区应调整种植结构，重点发展高蛋白大豆种植。为保证东北高蛋白大豆种植快速、健康发展，国家应在东北大豆主产区对扶持大豆产业发展的政策做出适当调整，把东北地区列为高蛋白大豆发展区，加大种子培育等科研投入，适量发放种子补贴，加大宣传和指导力度，确保我国大豆种植业在进口高油大豆的强大冲击下继续保持健康发展。

尽快建立非转基因大豆保护区，强化大豆食品安全。建立非转基因大豆保护区，是保护我国大豆及其制品最有效的绿色盾牌。要控制转基因大豆品种进入生产领域，对转基因大豆及其制品实行强制性标识管理。通过生产非转基因的绿色、有机和无公害的安全的高油、高蛋白大豆及产品，以提高国内和国际市场的知名度和竞争力。

3.品牌策略

我省是东北大豆主产区，具有不逊于国外大豆主产国生产大豆的优良自然条件。但在国际市场竞争中，我国却由大豆出口国变为大豆进口国，以至于让美国、阿根廷等国的大豆长驱直入，国产大豆节节后退，导致国内大豆市场及大豆加工产业基本受制于人。分析其原因尽管有诸多因素，但我省大豆营销工作品牌的缺失是其中原因之一。结合现实国内外大豆形势，以提升黑龙江省大豆国际竞争力为目的，通过研究大豆品牌营销的意义，分析大豆市场营销的特征和营销的环境，培育黑龙江省的名牌大豆产品，实施品牌营销，既有利于在竞争激烈的国际市场中区隔产品，细分市场，满足消费者多样化需求，又有利于扩大大豆出口，将大豆优势变为经济优势，最终实现农民的增产增收。

九三集团是我省粮油知名品牌。始终坚持“放眼世界，实业报国”的企业宗旨，一贯奉行“诚信为本，责任至上”的企业理念，九三集团四次入围中国企业500强，五次入围中国制造业500强，位列黑龙江省工业企业前10强，“九三牌”注册商标被国家工商总局认定为“中国驰名商标”，被商务部评为“最具市场竞争力品牌”。

4.产品深加工策略

广阔前景的大豆蛋白质及大豆深加工产品食品行业是永不衰退的朝阳产业，人们的消费需求从以动物蛋白为主向植物蛋白转变，大豆含有极丰富的蛋白质。大豆其他深加工产品：异黄酮、皂甙、低聚糖、多肽等也有很好的营养保健功能和广泛的应用领域，市场前景远大。

大豆加工上主要用来做食用油，分为浸出法和压榨法。提取植物油后副产品由于蛋白含量较高，浸出法提取油脂后的产品叫豆粕，分为高温粕和低温粕。高温粕主要用于饲料行业，低温粕主要用于食品加工行业，例如制作素食产品，酿造酱油等；压榨法提取植物油后，剩余的产品叫豆饼，可以进一步加工制成饲料或食用。提取后的植物油叫作毛油，经过脱胶、脱酸、脱色、脱臭、脱蜡等步骤精炼成成品油，各精炼步骤中的下脚料可以提取出磷脂、色素、维生素E、甾醇等副产物，可以有效提高大豆综合利用率，增加大豆产品附加值。合理布局大豆加工产业，优化产业结构，加强大豆制品精深加工、就地加工，是黑龙江省乃至全国今后一定时期内工作的重中之重。

二、稻谷市场的营销

（一）我国稻谷的生产与消费

1.我国稻谷的生产

稻谷是我国最主要的粮食产品之一，其播种面积约占我国粮食作物总播种面积的1/4，产量约占全国粮食总产量的2/5。目前，我国的稻谷需求主要包括口粮需求、饲料需求、工业需求、种用需求等四项。近年来，我国稻谷需求总量稳步增长，需求结构呈现口粮需求下降（占85%左右），饲料和工业需求增加的趋势。普通栽培稻谷可分为籼稻和粳稻两个品种；根据其生长期长短的不同，可以分为早稻、中稻和晚稻三类；根据栽种地区土壤水分的不同，可分为水稻和陆稻。

稻谷产区重要分布在长江中下游的湖南、湖北、江西、安徽、江苏；华南的广东、广西、福建以及东北三省，形成明显的南方稻区和北方稻区；其中湖南、广西、江西、广东及湖北和安徽，是全国稻谷种植面积最大的六个省区，产量都在1 000万吨以上，其播种面积和产量占全国的2/3左右，决定着全国稻谷生产的大局。

2018年黑龙江不仅粮食再获大丰收，而且全省先后建立612个绿色有机水稻“互联网+”高标准示范基地，集中连片，渠系配套，设施完善，全省近200万亩水稻实现生产全程可视，提高了产品的标准化品牌化水平，为农民增收创造了新的空间。2018 年黑龙江水稻生产受春旱秋涝影响较小 ，水稻种植面积约 400万亩，稻谷产量达2 685万吨。

2.我国稻谷的消费

稻谷是中国第一大粮食品种。据统计，从1980年到2000年里，我国稻谷、小麦、玉米三大主粮中，稻谷的种植面积、总产量、总消费量和人均消费量，均居首位。近年来，虽然中国人口出生率呈下降趋势，但由于人口基数大，每年人口增加量依然为 1 000 万左右，消费量呈上升趋势，其中食用占比大约为 85%; 其他消费在个别年份有小幅波动，但总体上呈稳定态势。

（二）我国稻谷的市场需求

1.需求结构

目前我国稻谷消费主要包括口粮消费、饲料消费、工业消费、种用消费等四项。近年来，我国稻谷消费总量稳步增长，需求结构呈现口粮消费下降、饲料和工业消费增加的趋势。

（1）口粮消费

稻谷是我国城乡居民主要的口粮作物。目前用作城乡居民主食消费的稻谷口粮消费量占到了稻谷消费总量的85%，稻谷消费量占谷物口粮消费量的60%。稻谷口粮消费需求的增长也更多地表现为伴随人口增长的刚性增加，增速相对趋缓。

（2）饲料消费

用作饲料的稻谷量是除用于口粮外的第二大消费量，目前用做饲料的稻谷消费量正呈上升趋势。

（3）工业消费

稻谷也是重要的工业原料，主要用于淀粉、酿酒、制约、调味品等生产加工领域，稻谷的工业需求和消费用量也逐年增长，呈现快速上升趋势。

（4）种用消费

稻谷的种用消费是稻谷需求的组成部分之一，其消费量由稻谷的单位面积播种量和播种面积两方面的因素决定，稻谷用粮占整个稻谷消费的比例很小，对稻谷需求结构影响不大。

2.消费品种状况

籼稻和粳稻是我国的重要品种，目前籼稻消费量仍占较大比重。随着居民生活水平的提高，人们对粳米的消费量偏好增加，粳稻消费比重快速增加。这种稻谷消费需求的变化反映在稻谷生产上，使得籼稻和粳稻的种植结构发生了变化。20世纪80年代我国稻谷种植基本上是籼稻。进入20世纪90年代后，粳稻的种植区域进一步扩大，面积和产量不断增加。从1980—2008年，我国粳米产量在稻米总产量中所占比例由10.8%增至28.7，籼米产量所占比例由89.2降至71.3%。

3.市场供应情况

从全国供需形势看，国内粳稻种植面积、产量均呈上涨趋势。 中华粮网数据显示，2018年全国稻谷播种面积约0.299亿亩。其中，粳稻播种面积约0.09亿亩，同比增2.94万亩，增幅0.32%；全国稻谷总产量约2.049亿吨，其中，粳稻产量为7 955万吨，同比增25万吨，增幅0.36%；国内稻谷消费量约1.95亿吨，同比增30万吨；口粮消费、饲料用粮、工业用粮分别达1.644亿吨、1 540万吨、1 155万吨，口粮消费同比增11万吨，饲料用粮、工业用粮分别同比减25万吨、30万吨。综合分析，2018年我国稻谷总供给量约2.089亿吨，总需求量约1.973亿吨，年度结余1 165万吨，市场供需继续维持宽松格局。

（三）稻谷的营销

1.稻谷的营销渠道

我国稻谷的营销渠道包括收购渠道和销售渠道。除国有粮食企业外，工业用粮企业、经工商部门批准的各类粮食经营企业，都可直接到农村参与粮食收购。批发市场是我国省际间商品粮食流通的重要渠道，也是各类粮食企业经营的主要渠道。目前在谷物零售渠道中，经营灵活、适应性强的集体和个体私营企业已成为大米、面粉零售中的主渠道。

（1）收购渠道

①国有粮食企业收储

目前，在我国主要的具有稻谷生产优势的区域，政府都发布了粮食最低收购价政策，以此保护农民利益，保持粮食市场价格合理水平，调动农民种粮积极性，进一步促进粮食生产稳定发展。

②中储粮总公司的收购、贮备和轮换

稻谷易于储藏，价格较低，是主产区稻谷储备的主要品种，稻谷的数量占有很大的比例。长江以南地区稻谷的储存年限通常为3年（个别省份为2年），每年轮换1/3。轮换出的稻谷主要用作工业用粮。

③经营性收购

其主体包括作为最低收购价委托收储库点的国有和国有控股粮食企业，在预案启动前和终止后参与市场自主收购；非委托收储库点的其他国有和国有控股粮食企业入市收购，发挥主渠道作用；各类粮食经营、加工企业和民营、个体粮商也参与收购。

（2）销售渠道

①按照保护价收购

国有粮食企业以保护价收购的粮食，或由县粮库和国家储备库储存，或直接通过县级批发市场出售。现粮库储存的粮食，由粮食公司或经由批发市场，由零售环节销售给消费者，或者通过进出口企业出口到其他国家。国家储备库的粮食，经过本省或外省的省级批发市场，由粮食公司、零售商销售给消费者或出口。

②农村集贸市场和批发市场

除国有粮食企业和各类粮食经营企业、用粮企业外，农民也可以直接通过集贸市场出售自产的粮食，并且不受数量限制。

③零售

稻谷是以大米的形式出售给消费者，大米的营销机构主要有国有或民营粮食加工企业、超市零售商，农贸市场中的个体和私营经营者等。

2.稻谷的营销模式

粮食产业化的经营模式，始终按照“产业链中各市场主体一体化运作”模式进行操作，经过不断探索，主要有以下三个类型。

（1）“公司+基地”型

粮食经营企业通过直接租种等方式获得农田经营权，按照市场需求调整种植市场结构，生产适销对路的粮食。

（2）“公司+相关组织+农户”型

龙头企业依靠地方政府、粮食行政主管部门、粮食协会、农技站（所）等相关机构推动粮食生产基地建设。

（3）“龙头企业+购销企业+农户”型

龙头企业利用资金、加工设备、品牌、技术等优势，与基层购销企业开展加工、购销合作。这样可使龙头企业规避订单履约率的风险，降低运输、保管成本，提高经营效益，购销企业也可从中获利。

（四）稻谷市场价格

1.稻谷市场价格的含义

稻谷市场价格是指反映稻谷价值，由稻谷市场供求决定的价格。当市场供给大于需求时，市场价格就低于价值；当市场供给小于需求时，市场价格就高于价值。但从较长时期来看，市场价格与市场价值是趋于一致的。

2.稻谷市场价格的特征

稻谷市场价格具有灵活性、自发性及波动性的特征。稻谷的市场价格随着稻谷价值量和市场供求关系变化而变化，完全受价值规律和供求关系支配，具有较大的灵活性和自发性，同时稻谷的市场价格受各种因素的影响，其波动性较大，同一品种相同质量的稻谷在同一地点不同时间价格也可能差异较大，由于稻谷生产具有周期性，一旦产生波动，其波动的趋势在一定时期内将会加强。目前我国稻谷价格基本上由市场供求关系所决定，但在市场价格机制不完善的情况下需要政府的政策调控纠正市场机制的偏差。

（五）黑龙江大米营销

1.基于物联网打造优质大米

在大米生长的不同阶段，物联网传感技术的应用可以实现农业生产数据的实时采集、储存和远程定时报送，运用物联网控制技术建立专业智能化的生产系统。从大米的播种、发芽、施肥、灌溉等角度全程监控，以符合标准控制要求。

2.政府加大品牌推广支持力度

对于区域品牌的推广和宣传，政府的助力至关重要。首先，政府需建立品牌管理运行体制，设立专门机构和专业人员对品牌认定、品牌运维、区域品牌的使用等工作进行全面监管；其次，政府须从更加宏观的层面对区域品牌宣传进行推波助澜，例如组织当地大米加工企业或种植大户到目标市场开展会或推介会等；最后，政府需搭建大米品牌发展的公共服务平台，为想做品牌又不具备相应能力的企业或生产经营主体提供关于品牌建设的咨询服务。

3.促进企业品牌与区域品牌协同发展

在农产品区域品牌管理的过程中，尽管区域内企业可以共享品牌溢出效应，可降低企业对品牌维护与运行的成本，但是很多企业却并不愿意规范自己，将企业品牌与区域品牌结合起来共同维护。为此各地区应建立互动机制。一方面借助区域品牌的发展带动企业品牌走向成熟，加强企业品牌塑造；另一方面，通过企业品牌的成功进一步提升农产品区域品牌的形象，从而带动区域品牌的市场影响力和美誉度。

4.发挥大米协会或商会的作用

行业协会或商会作为非营利性组织，发挥着政府、企业、生产商与经营者之间的纽带作用，既可以在技术改进、信息服务、品牌运营等方面提供服务，又可以作为参与方之间的沟通媒介。因此可以通过发挥大米协会或商会的作用来促进大米加工企业品牌和区域品牌的良性发展。

三、玉米市场营销

玉米也是我国主要粮食作物，其产量仅次于稻谷和小麦。我国玉米生产主要分布在从东北平原起，经黄淮海平原、黄土高原东部地区、两湖西部山地丘陵，直至西南地区的狭长地带上。我国对玉米的市场需求主要包括饲料需求、工业需求和口粮需求，三者所占比例由高到低。随着生活水平的提高，玉米的口粮需求逐步下降，饲料需求逐步增长。

（一）玉米的分类及其商品特点

1.玉米的分类

（1）按品质分

①常规玉米：最普通种植的玉米。

②特用玉米：指的是除常规玉米以外的各种类型玉米。

a．甜玉米：通常分为普通甜玉米、加强甜玉米和超甜玉米。

b．糯玉米：糯玉米除鲜食外，还是淀粉加工业的重要原料。

c．高油玉米：含油量较高，特别是其中亚油酸和油酸等不饱和脂肪酸的含量达到80%。

d．优质蛋白玉米（高赖氨酸玉米）：产量不低于普通玉米，而全籽粒赖氨酸含量比普通玉米高80～100%。

e．紫玉米：是一种非常珍稀的玉米品种，因颗粒形似珍珠，有“黑珍珠”之称。

（2）按形态结构和颖壳分

①硬粒型：也称燧石型。籽粒多为方圆形，顶部及四周胚乳都是角质，仅中心近胚部分为粉质，故外表半透明有光泽、坚硬饱满。

②马齿形：也称马牙型。籽粒扁平呈长方形，由于粉质的顶部比两侧角质干燥得快，因此顶部的中间下凹，形似马齿。

③半马齿型：也称中间型。它是由硬粒型和马齿玉米而来。

④粉质型：也称软质型。胚乳全部为粉质，籽粒乳白色，无光泽。

⑤甜质型：胚乳多为角质，含糖分多，含淀粉较低

⑥甜粉型：籽粒上半部为角质胚乳，下半部为粉质胚乳。

⑦蜡质型：也称糯质型。籽粒胚乳全部为角质，但不透明，而且呈蜡状，胚乳几乎由支链淀粉所组成。

⑧爆裂型：籽粒较小，米粒形或珍珠形，胚乳几乎是角质，质地坚硬透明，种皮多为白色或红色 。

⑨有稃型：籽粒被较长的稃壳包裹，子粒坚硬，难脱粒，是一种原始类型，无栽培价值。

2.玉米的商品特点

（1）营养价值高

据研究测定，每100克玉米含热量106千卡，纤维素2.9克，蛋白质4.0克，脂肪1.2克，碳水化合物22.8克，另含矿物质元素和维生素等。玉米中含有较多的粗纤维，比精米、精面高4～10倍。玉米中还含有大量镁，镁可加强肠壁蠕动，促进机体废物的排泄。食后可消除肥胖人的饥饿感，但食后含热量很低，也是减肥的代用品之一。

（2）产品需求量大

中国改革开放以来，随着畜牧业的大发展，人民生活水平的提高，玉米工业的发展，玉米已成为粮食、饲料、工业原料和出口商品的多用途作物。中国的玉米消费在90年代，口粮比例占48%，消费玉米3 690万吨，饲料用玉米占52%（工业饲料和传统饲料）。在农村中，主要是把玉米直接作饲料喂饲大牲畜、猪和家禽。据专家估计，这种传统的饲喂方式每年估计消耗玉米3 000万吨左右，占玉米总产量的68%。

（3）作物生长的地域性和季节性

玉米原产于中美洲，是主要的粮食作物，喜高温，十六世纪明朝时传入中国。玉米在中国的播种面积很大，分布也很广，是中国北方和西南山区及其他旱谷地区人民的主要粮食之一。山东省为玉米的重要产区之一，玉米质量非常高。全球有两大著名的玉米黄金带，分别位于美国和中国。由于近几年异常天气较多。玉米生产也是多灾多难。玉米是喜温短日照作物。从种子萌动发芽到新种子成熟，全生育期需90～150天。一般晚熟品种，因播种期早，生长前期温度偏低，生育期偏长；反之则短。早熟品种生育期90～100天，多春播（4月份）。春播玉米抽穗期在7月中下旬；夏播玉米在8月中下旬，依品种、地区、播种期和栽培条件的不同而异。在南半球，玉米多在11～12月份开始播种，收割则从次年3月就陆续开始，一直持续到7月底结束，而高峰期就是从4月中下旬到5月底。

（4）价格变动性

玉米作物冬季价格低迷，而夏季价格则高些。年底与年初，玉米收获后大批上市，现货供应充足，而同期的玉米饲料消费则处于低谷，因此造成阶段性的供大于求，市场价格较低；6～8月，玉米的需求一般处于一年里最旺盛的时期，而供给也相对旺盛，加工企业基本无须备库，因此价格表现一般；到9月下旬以后，加工企业无法直接从市场获得充足的玉米，而只能从种植者或者贸易商手中高价买入玉米备库，因此价格持续走强。

2016年，农业供给侧结构性改革以来，中国政府终止玉米临储收购，我国玉米播种面积连续两年大幅减少，包括贸易商、饲料厂、加工厂在内的多元市场主体对玉米市场价格的预期均处于“无底”的状态，即不知道玉米市场价格会降到何种价位，该年度东北部分地区甚至出现玉米潮粮“一元三斤”的价位。

饲料行业玉米“反替代”规模加大，深加工企业利润增加，加工产能急剧扩张，玉米饲料、加工需求呈现“双增”态势。

（二）我国玉米的生产与消费

玉米是重要的工业原料，也可加工成精制的玉米食品。中国目前用于工业原料和食品工业的玉米大约占玉米总产量的5%左右，年消耗玉米250万吨左右。中国1990—1994年平均出口玉米820万吨，占玉米总产量的8%左右。1995年之后又转向大量进口玉米。近10年来，中国玉米消费趋势是用于生产配合饲料的玉米数量猛增，用于口粮的玉米逐年减少，用作工业原料和食品加工的玉米增长缓慢，从玉米出口国变为玉米进口国家。

由于2016年国家取消玉米临储制度，按照现行国家统计局发布的数据，2016年玉米产量下降508万吨，2017年产量继续下降366万吨，两年玉米产量下降874万吨。但在东北玉米上市前后，市场预计2017年玉米产量降幅在1 000万吨左右。合理布局玉米种植、储藏、加工产业布局，与市场需求挂钩，是我国现阶段玉米产业亟待解决的问题。

（三）玉米的销售策略

1.提升品质策略

随着人们生活水平的不断提高，对粮食品质的要求也越来越高。玉米作为人们日常生活中必不可少的粗粮食品，对玉米品质的要求也相应提高，优种优种，可以以品种分类，将平时在粮库常见的玉米搬进超市，以高品质创高效益，例如比较火热的水果玉米，再提升品质的同时就能拓宽销路，最终为大家接受并争相购买。

2.玉米加工化策略

玉米加工是指以玉米初加工产品为原料或直接以玉米为原料，利用生物酶制剂催化转化技术、微生物发酵技术等现代生物工程技术并辅以物理、化学方法，进一步加工转化的工业。2005年以后，伴随着国际市场上以石油为代表的能源价格的飞速上涨，在世界范围内出现了寻求替代能源的热潮，刺激了我国玉米深加工业的快速发展。

3.新品种策略

玉米新品种的推广活动有其自身的特殊性，鉴考察引进地区与原产地的生态条度，差异越小越容易成功，具体包括气温、湿度、土壤、植被、降水分布及栽培技术水平等。同时熟悉品种的生育期、所需有效积温、抗病虫及抗逆性等自身的特性，拟种植地区的气候特点、环境条件能否满足新品种的基本需求，当地农民的栽培习惯，以及农民的主观喜好也都是要考察的范围。总之按营销学市场调研要求，充分搞好市场调研，是确立目标市场的重要前提。

4.品牌策略

准确把握并全力维护玉米作物品牌的核心价值，随着玉米供求矛盾的缓解和消费者对粮食品质要求的日益提高，从粮食行业品牌核心价值的归属及发展趋势来看，与其他行业明显的区别在于优质、绿色、生态、营养、健康等方面，这是我们提炼塑造粮食品牌核心价值必须把握的几个共同特征，但作为一个具体的品牌，还要在此基础上，认真分析竞争对手的特点，努力使本企业品牌的核心价值与之有所区别，表现出自己鲜明的个性。

第二节　畜牧类农产品营销

一、畜牧类农产品营销概述

（一）畜牧类农产品的概念

畜牧类农产品是指生产动物性产品，将已经被人类驯化的动物，例如猪、牛、羊、马、骡、驴、鸡、鸭、鹅、兔、蜂、骆驼等各种禽畜，通过人工饲养、繁殖，利用其生理机能，将植物性产品转化为肉、蛋、奶、毛、绒、皮、丝、蜜等动物性产品。

（二）畜牧类农产品的特征

畜牧类农产品市场作为整个国民社会的经济组成部分，其除了具备普通的市场特征之外，还具备自己的特征。

1.关系国计民生的重要性

畜牧业经过30余年的发展已成为我国农业和农村经济中的一个重要的支柱产业，有效地带动了种植业、农产品加工业等相关产业的发展，促进了农业向深度、广度进军，加快了农业结构战略性调整的步伐。畜牧业的大力发展为更多的吸纳农业富余劳动力、增加农民就业机会、促进农民增收、合理配置农业资源开辟了重要途径。

2.较强的永续需求性

畜产品消费在中国居民生活消费中占有重要地位。一个国家、一个地区的居民每日摄入的热量、蛋白质和脂肪来自畜产品比重的大小，是衡量该地区的居民消费水平的重要标志，随着我国经济的快速发展，人们的生活水平有了一个较大的提升。但目前，我国居民收入水平和消费水平仍比较低。虽然中国目前的畜产品市场已处于暂时性的相对饱和状态，但从人口的增长、城乡消费水平比较、畜产品消费结构和动态发展的观点来看，随着经济的进一步发展，人民生活水平的提高及购买力的增强，我国畜产品消费市场仍然蕴藏着巨大的潜力。

3.较高的风险性

畜牧不同于其他行业，不仅要面临市场风险，还要面临疫病风险。市场风险是指由市场带来的、由于产品价格不好、销路不畅或是养殖户资金短缺等原因造成的经营风险。由于现代物流的发展和经营管理技术的进步，畜禽产品的流通范围逐步的扩大，养殖户之间的竞争进一步加剧，市场风险也进一步增加。疫病风险主要是由自然因素造成的。畜牧业是禽畜生活习性、适应能力与社会经济环境的统一，这就决定了畜牧业生产经营活动对自然环境有着特殊的依赖性。

4.较高的专业性和技术性

首先，从国际畜牧业的发展形势来看，随着全球经济一体化步伐加快，畜牧业发展将面临更加开放的市场环境和更加激烈的市场竞争。一方面，国外资本和产品大量进入我国畜牧市场。发达国家借助技术、资本方面的优势，不断在畜禽种质资源、畜产品销售等领域抢占发展制高点和市场。另一方面，我国畜禽产品出口难度越来越大。欧美、日韩等国际市场对畜产品要求标准和监控程序越来越复杂。

（三）畜牧类农产品营销的概念

畜牧类农产品营销是市场营销的一个重要分支。畜牧类农产品营销是指畜牧或是畜牧相关经营企业开展的创造性的适应动态变化的畜牧市场的活动，以及由这些活动综合形成的畜牧商品、服务和信息从经营者流向畜产品或是相关服务消费者的社会活动和管理过程。

（四）畜牧类农产品营销的特点

信息时代和网络社会的21世纪，引发市场营销继工业社会诞生以来最深刻的变革，畜牧类农产品营销形成了新特点，其主要表现为以下几点。

1.专业性

畜牧类农产品营销需要非常熟悉专业知识的营销人员，对于产品的适应症、配伍禁忌、不良反应、药代动力学、半衰期、体内分布、用法用量等专业因素需要认真地掌握。它不像一般消费品营销，任何人只要掌握一定的营销知识、营销技能便可开展，畜牧类农产品营销人员必须是专业人士，这是由对消费者的社会责任感和生命价值所要求的。

2.复杂性

由于区域的整体消费水平，消费观念，生活习惯，社会风气的不同，导致区域养殖的品种，数量、分布、发表方式的差异，加上兽药生产企业的局部分布情况等，都直接影响到兽药的销售。

当前大陆的养鸡市场主要分布在山东、河北、河南、江苏、辽宁、黑龙江、四川、广东、广西、福建、北京和上海；养猪主要集中在湖南、湖北、四川、河南、江西等地。山东、河南、辽宁养鸡量大且技术比较成熟，四川、新疆、云南等地养鸡业处于发展时期。国内兽药企业2 000余家，其中鸡猪药几乎各占一半，生产鸡药为主的厂家主要分布在山东、河北、广东等。生产猪药为主的厂家以四川、广西、云南居多。厂家规模大小不一，管理也比较混乱。同类产品价格差别大，销售策略也千差万别，假冒伪劣产品到处都是，市场竞争混乱无序。

综上所述，市场情况是非常复杂的，同时需求对象包含以下几个方面。经销商、代理商、企业、养殖户等。由于受到产品类别的不同、兽药从业人员习惯的不同、终端客户消费习惯的不同和养殖产品病情的不同，也使得畜牧营销变得越来越复杂。

3.风险性

进入新世纪，随着国家对重大疫病的公开化和农产品贸易竞争的加剧，畜牧业的自然和贸易风险不断加大，且多种风险交织在一起，相伴而生。重大疫病的发生，引起畜禽及产品国内流通受阻、消费需求下降、出口遭遇封关，导致产品价格下跌、库存积压、生产效益下滑，畜牧业无法往复循环，生产力遭受极大冲击。

4.差异性

过去的几年里，大量的兽药饲料“新产品”，例如市场型新产品，产品实体的主体和本质没有变化，只是改变了色泽、规格、含量、性状、包装等；技术型新产品，技术进步而发明的全新产品，无论功能、质量都有根本的变化。

5.激烈性

厂家市场竞争的加剧、国标带来的产品高度同质化、企业之间资源整合态势的凸显、经销商两级分化趋势的渐现、市场环境的进一步净化、利润空间的进一步压缩、产品研发和差异化被提升日程、营销模式和手段多样化的趋势、与国际的接轨、从业人素质的提升等导致了畜牧营销的竞争激烈性。

三、奶产品市场营销

（一）奶产品市场的供给

据前瞻产业研究院发布《中国乳制品行业市场需求预测与投资战略规划分析报告》统计数据显示，2018年1～3季度全国乳制品产量呈小幅度增长，增长幅度有所减缓。2018年4季度全国乳制品产量回落。2018年12月全国乳制品产量为232.8万吨，同比增长7.6%。2018年1～12月全国乳制品产量为2 687.1万吨，同比增长4.4%。2019年1～2月全国乳制品产量为436.2万吨，同比增长8.5%。

在乳制品市场销售收入方面，《2019中国乳业（奶制品）营销发展白皮书》显示，2018年乳制品行业销售总额约3 700亿元，同比增长3%，近五年来复合增长率为5%，行业增速放缓趋势明显。

2019年中央一号文件明确提出要“实施奶业振兴行动”。根据农业农村部等九部门2018年12月联合印发的《关于进一步促进奶业振兴的若干意见》，力争到2025年全国奶类产量达到4 500万吨。

蒙牛表示，全行业正全力实现奶业振兴目标，预期新政策将进一步提高奶业发展质量、效益和竞争力，推动奶业现代化。奶业供给侧改革的成效将进一步显现，乳制品市场消费正迎来快速增长的时期，乳业迈入良性发展周期。2019年原奶成本将稳中有升，行业结构持续升级。

伊利也认为，符合“高品质、健康、方便”需求的食品品类，市场发展空间较大，乳品消费将持续升级;与此同时，产品品类的迭代创新周期也越来越短，市场呈细分趋势，新品类成为行业增长的重要动因。

（二）奶产品消费需求

中国奶产品消费中存在的问题主要表现为以下几个方面。

1.中国奶类消费市场不均衡，城镇、农村奶类消费水平相差悬殊

在我国，奶业是个新兴产业，真正得到快速发展也就是在最近十几年。2000年，我国人均奶制品消费量仅7公斤，2017年达36.9公斤，平均每天100克。尽管如此，其远未达到《中国居民膳食指南》推荐的每天300克标准，不足亚洲乳品平均消费水平的一半和发达国家平均水平的三分之一，尤其是占全国人口一半的农村居民还很少或没有喝上牛奶，奶类消费增长蕴含着巨大潜力。

2.全国人均奶类消费水平低，奶类食品消费支出占食品消费总支出的比例低

中国液态奶消费水平相比奶业发达国家差距较大，2008年中国人均液态奶消费量仅为10公斤／人左右，而发达国家，例如爱尔兰人均液态奶消费量为130.7公斤／人、荷兰人均消费量为119.4公斤／人、挪威人均消费量为116.2公斤／人、澳大利亚人均消费量为107.2公斤／人。中国干酪、奶油等深加工奶产品消费量很少，消费总量几乎可以忽略，而奶业发达国家，例如法国干酪人均消费量为24.6公斤／人、瑞士干酪人均消费量为22.7公斤／人、意大利干酪人均消费量为21.4公斤／人；法国奶油人均消费量为7.8公斤／人、德国奶油人均消费量为6.2公斤／人、瑞士奶油人均消费量为5.7公斤／人。中国奶及奶产品消费支出仅占消费总支出的4.5%，城市居民人均奶及奶产品支出占消费支出的1.6%，占食品消费支出的4.38%。

3.近几年中国奶类消费增长趋于平缓

中国奶产品消费量在经历快速增长后，近几年增长速度明显回落，奶类消费趋于低水平饱和。中国城镇居民液态奶的消费基本趋于饱和，而其他奶产品，例如干酪、黄油、奶油消费量又很少，不像奶业发达国家奶产品消费结构中液态奶消费量约占奶类消费总量的1/3，其他奶产品约占2/3，其中干酪、黄油、奶油占其他奶产品消费总量的绝大多数。中国奶产品消费结构的不合理严重制约了中国奶产品消费市场的发展。中国农村乳品消费市场发展缓慢，主要是受农村居民生活习惯的束缚，农村居民一般把奶产品视为老人、婴幼儿等弱势群体的营养品，而非日常生活必需品，致使农村奶产品消费市场很难快速打开，提升中国农村居民奶产品消费水平非常困难。

4.中国奶产品质量问题严重

中国近几年奶产品频频被报出质量问题，例如2004安徽阜阳“劣质奶粉”，2005年雀巢奶粉“碘超标”，2006年光明“过期奶”事件，2008年“三聚氰胺”事件。中国奶产品市场出现了严重的信任危机，品牌不再值得信任，导致奶产品消费陷入低谷，全国处于“谈奶色变”的尴尬境地，这种情况严重制约了中国奶产品消费市场的发展。2010年 4 月22日国家公布的《生乳》新国标规定生乳中蛋白质含量由原来的2.95% 降到了2.8%（100 g 生乳含2.8 g 蛋白质），最高容许的菌落总数由50万CFU/ML放宽到200万CFU/mL，引起了社会的轩然大波，一些奶业专业、教授抨击中国奶业“一夜退回25年前”“全球最差”等，中国居民消费者彻底对国产奶产品失去信任，奶产品消费市场也陷入了冰谷，进一步发展举步维艰。

（三）奶产品流通状况

1.零售业态

快速消费品，销售渠道必须依赖零售渠道，即便利店、连锁超市、大卖场、网络销售 。液体奶、酸奶和奶酪，依托连锁超市和便利店。奶粉目前越来越集中在大卖场和大型连锁超市。

婴幼儿奶粉还有两个渠道的发展也是值得关注的，那就是我们所指的新兴渠道，一个是婴幼儿用品专卖店，一个是网络销售。

在互联网+大环境下，利用互联网，例如淘宝、京东、微信等公众平台销售奶产品，销售形式多样，消费群体广泛，销售情况较好。

2.城市级别

一线城市（例如北京、上海、广州、成都），渠道渗透相对饱和，基本上呈现出“无处不在”的地步 ，是高端产品的沃土，它们在这里生根发芽，茁壮成的。

二线城市（例如武汉、福州、深圳、青岛），则表现出“阵地”风范，以其庞大的市场容量和相对较强的消费者购买力，成为乳制品市场的核心市场。

三线城市（例如县、地级市、城乡结合部），相对比较复杂的“未来主战场”。农村市场是山寨品牌，以及假冒品牌猖獗的地方。

（四）未来中国奶制品市场预测

未来中国乳制品消费将逐渐提高，消费者的选择将更加多元化与个性化，因此应针对不同人群和需求设计健康产品，以可持续性发展保证行业领先。据国际经济奶业学会（IFCN）预测，全球奶类供需年均增长率为2.3%；按照宏观数据预测，5年后中国奶类消费量将增长15%～20%，中国乳制品市场将迎来结构性增长机会。2011—2017年常温酸奶保持较高的增长速度（124 %），市场将逐渐饱和，预计未来低温牛奶、酸奶特别是功能性酸奶，以及奶粉和奶酪等固体乳制品增长前景广阔，其中低温市场未来年增长率将超过 8%，功能性酸奶和有机牛奶将超过10%，奶酪将超过20%。预计2017—2023年，中国乳制品产品结构仍以液态奶为主，但份额会下降；2023年液态奶产量将达到3 200万吨，奶粉产量达到160万吨。

第三节　推荐阅读

一、黑龙江省特色农产品：马铃薯、木耳的市场营销

（一）黑龙江省马铃薯产业的现状与营销

黑龙江省充分利用当地马铃薯上市早的时间差优势，启动“马铃薯营销专列”，迅速打入销区，占领市场，在马铃薯销售上主动出击。黑龙江省将马铃薯产业作为一个切入点，以工业化思路谋划农业产业，用市场化思维经营农业产品，迈出了把大农业建成大产业的坚实一步。“马铃薯营销专列”标志着黑龙江省农业发展在思想上的一次转变，它不仅仅是实现马铃薯产销对接的专列，还是农民寻找致富之路的专列，更是黑龙江奔向现代化大农业的专列。

黑龙江省马铃薯产业最人的问题是与市场连接不紧密，出现丰产不丰收、甚至烂在地里的现象。与市场不对接的一个直接原因是全省马铃薯销售大户和经纪人队伍还没有壮大起来，农民只能坐等客户上门收购；收购多少，以什么价格收购，都由别人说了算，不掌握市场主动权，没有定价权，受制于人，进而导致利润流失。从另一个角度来看，这也反映出不少领导仍然习惯于用计划经济的老

思路、老办法来抓农业，重视产品产量多、研究市场销售少，跑田间地头多、了解终端市场少，甚至不知道了解和研究终端市场，对供求关系和市场价格变化心中无数。因此集中力量，启动专列着力解决马铃薯销售问题，具有着眼全局的重大意义。

马铃薯产业面临的问题，在农业生产的其他领域也不同程度的存在。如果将马铃薯产业做大做强，增强市场意识，积累实践经验，就可以举一反三，以点带面，加快推动例如玉米、水稻、大豆、北药、苜蓿、烤烟等其他农作物的产业化进程，为引领农民抓产业、闯市场、促营销、增效益提供典型示范和有益借鉴，进而有力地推动全省转变农业发展方式，调整优化农业结构，把大农业做成大品牌、建成大产业，从根本上增加农民收入，实现全省农业的科学发展。

通过对马铃薯产业“解剖麻雀”，获得一个重要启示——黑龙江省农产品“种强销弱、量大链短、质优价不优”的局面必须改变。所谓“种强销弱”，是指农产品种植水平很高，市场营销水平却不高，基本上还是“提篮小卖”；“量大链短”是指虽然产能产量很大，但产业链延伸不够，精深加工水平还比较低;“质优价不优”是指尽管产品质量很好，但好东西却卖不上好价钱。

要解决这些问题，做足农业这篇大文章，首先要研究和开拓市场。要按照“反弹琵琶”的思路，先研究市场端头再研究田间地头，由终端消费入手，倒排市场，认真研究农产品生产、销售的各个环节，跟踪价格，计算利润，直至研究到生产者，通过各种渠道和方式，将产区与销区直接对接，减少中间环节，把更多的利润留给农民。其次要培育壮大龙头企业，延伸产业链条，提高综合效益。规模化、产业化必须有龙头企业带动，才能促进精深加工，形成产业链条，提高综合效益水平。同时要树立精品意识，实施品牌战略，依托寒地黑土、绿色有机优势，引导企业做大做强一批龙头产品，做精做专一批优势产品，打造一批全省、全国乃至世界叫得响的品牌。再次要加快物流市场建设，提高储藏和均衡上市水平。既要种得好，增加产量;还要运得出，增加销量;更要储得下，增加储量。根据市场变化，按照农产品产能、产量，充分利用各种窖藏设施，淡能储、旺能吐，错开销售高峰，实现均衡上市，逐步形成和完善灵活多样的销售方式。广泛联络国内外知名企业，进一步把黑龙江省打造成农产品的加工地、集散地。最后要强化科技支撑，全面提高农产品生产水平。科技是产业发展的根本动力。黑龙江省农业科研实力比较雄厚，但科技应用水平还有待提高。要坚持走标准化、规模化、集约化的路子，不断增强自主创新能力，在良种改造繁育、提高单产等方面实现突破，推动农业科研成果向现实生产力转化。

（二）东宁黑木耳产业的品牌建立与网络营销

一个品牌的建立要考虑多方面的因素，例如政策、产品等。首先政策上，去年黑龙江省政府新闻发布会上，在农业领域，省政府出台了《黑龙江省“互联网+农业”行动计划》《黑龙江省“互联网+粮食”行动计划》等一系列对木耳产业利好的政策。那么在这么利好的政策下，如何推动木耳产业的发展呢?

品牌是为了更好地销售产品，提升产品的价值。利好的政策支持可以提升胜算，但重要的还是产品。

第一步确定产品，通过三个单词来完成这步：What、How、Why。What，即什么，即产品是木耳；How，即怎样，木耳的品质非常好；Why，即为什么，既然产品好，那为什么好呢? 地势好，九山半水半分田的地貌，适宜的气候条件，肥沃的土壤，茂密的森林，丰沛的水源，使本地黑木耳朵大、肉厚、口感滑润，质量一级等。解决上面三个问题便跨出品牌建设的第一步。

第二步定位品牌，木耳本身单价较高，为了更好的去提升价值，将其定位中高端市场，才能更好的产生产品溢价。无论定位什么市场，都要明确这个市场的卖点在哪里，也许低端市场讲求的是性价比，显然在中高端市场以这个点为突破口就不能取胜。要取胜，就要做充足的准备工作。

首先，明确消费者的欲望在哪里、痛点在哪里。消费者的决策往往就是一瞬间能不能满足他，而那一瞬间就是他最想得到的。例如希望包装非常上档次、产品品质极高等，这需要进行深层次的市场调研。其次，明确自己的优劣。要看到在消费者眼中自己有什么优势，又有哪些做得还不够好，并且去完善自己。再次，就是整合优势、剔除劣势、结合消费者欲望定位产品卖点。这样定位出的品牌才能迅速打开市场、扩散口碑、赢得市场、取得品牌声誉、形成品牌价值。

定位完成之后，就要进入最关键的一步——描述“一幅画”。简言之，就是消费者对品牌的认识，包括品牌的名称、标识、宣传语等。这就好比一幅画，有特有的题目、颜色、内容。好比人们一提到星空就能想起梵高，一提到梵高就知道星空这幅画。如果品牌名称能达到这种效果，那么这个品牌就成功了。可是该如何描述呢? 如果你的品牌定位经过调查分析结合消费者需求得出的，那只需用品牌定位来指导，就可得到非常棒的“一幅画”，想让人记不住都难。

现今社会，营销活动离不开互联网，巧妙地利用互联网进行营销会事半功倍。

移动互联网时代，商业模式随着技术的改变、消费群体的改变，以及消费行为的改变，在无时不刻地重构和迭代。我们先明白网络营销的原理，即网络营销的原理即可以理解为网络营销信息的传递原理。简单来说就是一个完整的网络营销信息传递系统包括信息源、信息播载体和传播渠道、信息接收渠道、信息接收者、噪声和屏障等基本要素。与一般信息传递系统不同的是，网络营销中的信息传递是双向的，即网络营销的交互性，其实质在于企业更容易向用户传递信息，同时用户也可以更方便地获取有效的信息。网络营销信息传递的一般原则为网络营销有效的基础是提供详尽的信息源，建立有效的信息传播渠道，为促成信息的双向传递创造条件。

黑木耳品牌的网络营销推广可以借鉴“小饭围”品牌的网络推广方式。其巧妙利用了微博的众筹平台，收到很好效果。除了这种众筹的方式，还可以利用很多其他方式。企业立足市场靠的是品牌的响应，任何一个初建的企业第一步就是打响企业品牌，让消费者知道你的存在。网络用户数量庞大，信息流通极快，我们采取以下方式可以迅速产生知名度。

第一，软文广告推广。将软文广告发布在用户量大的平台，例如微信、微博、QQ、视频广告等。从传递信息效率的角度来看，这种方式最看重的应该是网络的传播速度及一个好的广告创意，可以说一夜之间，好的创意可以一夜传遍大江南北，好的企业宣传方案短时间内一夜之间关键词可以在搜索引擎排名前几，这就是传递信息的高效率。评论、转发就是最好的传播方式。结合木耳特性，软文推广应侧重在其珍贵性、保健性。

第二，举办网络赛事。网络营销传递信息是多样化的，对于单纯的硬性广告，大众已经极度疲劳，甚至产生抵触情绪，多数的弹窗广告都被用户屏蔽。那么就需要采取多样的传播手段——软植入。网站和企业合作举办活动来推广宣传是目前常见的形式。例如xx 品牌的推广活动， 其先在网上举办“爆笑 MV”大赛，吸引大批网友参与，后主办方帮助参与者成为网红，之后又邀请这些网红齐聚一堂，召开新闻发布会。那媒体就会不请自来的报道这次网络红人参加新闻发布会的情况。虽然不是直接做广告，但众多媒体报道此次网红大聚会一定会提到是 xx 品牌举办的，这样就给企业做了侧面的宣传推广。类似这种软植入往往会有更好的效果。

第三，产品上架电子商务平台（例如京东、淘宝等），并合作推出推广活动。此举最为看中的便是这些平台的影响力，同时依托于这些平台的大数据，可以精准的将产品优惠信息推送给目标客户群，转化率相对其他推广方式往往会很高，特别是京东平台，近年来一些品牌厂商打新均取得较好的效果。

第四，策划网络营销活动，制造热点事件。通过事件的炒作和推广，达到自己企业品牌推广的目的。炒作，简单来说就是，制造事件吸引大众的关注。但由于网络言论的自由性，即使我们自身操作一部分枪手，但难免有大量的传播者的态度与我们不符，其言论不受控制，因此事态发展往往比较难掌控，所以这种方式是最有难度的企业推广方式。这些营销事件的传播平台最好是用户量大的论坛类、社交类平台，例如微博、朋友圈等。例如持久热门的雾霾问题，就可以结合木耳去除肚子里灰尘的这个点加以策划，制造热点。

本章小结

2018年，黑龙江省粮食产量7 506.8万吨，比上年增长1.3%，连续8年位列全国第一。其中水稻、玉米和大豆分别为2 685.5万吨、3 982.2万吨和657.8万吨。黑龙江地处“中国东北玉米带”，与美国玉米带、乌克兰玉米带并称世界“三大黄金玉米带”，优质的玉米为养殖业带来了丰富的饲料。本章介绍黑龙江省主要农产品的营销。

我国农产品市场发展迅速，类别繁多，包括粮油市场、蔬菜市场、水产品市场、肉食禽蛋市场、干鲜果品市场等。农产品市场数目基本稳定，交易额稳步上升，这主要是因为我国农产品交易市场在经历了几十年高速增长和规模扩张后，现正逐步实现从数量扩张向质量提升，流通规模上台阶，市场硬件设施明显改善，商品档次日益提高，市场运行质量日趋看好。

本章主要介绍了与黑龙江省密切相关的谷物类、园艺类、畜牧类，以及特色农产品马铃薯和黑木耳等农产品的市场营销。从市场特征入手，结合销售渠道，市场发展等情况进行介绍。

思考题

1. 稻谷市场的消费特点是什么？
2. 玉米的销售策略有哪些？
3. 哪几个因素会营销大豆的销售？
4. 谈一谈你家乡的特产与营销方式。
5. 议一议新时代背景下主要农产品营销的利与弊。
6. 讨论政府在农产品营销中的重要性。

案例分析

案例一　快手赋能黑龙江克山县　达成战略合作　助力农产品销售

“你快来看看，这个土豆真是好，个儿又大又饱满。”2018年9月29日上午，在“北国冰城”黑龙江省哈尔滨市最繁华的中央大街，一场黑龙江克山县农产品展销会吸引了络绎不绝的哈尔滨市民驻足围观，甜玉米、大豆等特色农产品不一而足。

上午10点，就在这座市集中央，快手联合克山县举办了一场别开生面的户外新闻发布会。克山县县委书记刘国文、快手科技副总裁宋婷婷、快手克山县马铃薯种植用户吴云涛及现场的哈尔滨广大市民共同见证了双方战略合作的开启。

发布会现场，宋婷婷宣布将克山县纳入快手幸福乡村“5亿流量“计划及带头人计划，充分发挥技术和传播优势，通过资源扶持、流量支持等方式加强与克山的深度合作，持续赋能特色农产品销售，让快手为当地百姓和广大用户带来更多实惠和获得感，顺利实现脱贫。

据悉，这是继内蒙古锡林郭勒盟、湖南张家界、云南永胜县、河南鹤壁等地区后，快手与又一地区达成的合作项目，亦是快手打破地域隔阂，实现人与人的精准连接、人与内容的精准匹配，进一步赋能贫困地区的又一次全新探索。

“黑土明珠”快手政务号开创东北县级传播新玩儿法

齐齐哈尔克山县位于黑龙江省西部，是中国重点商品粮、大豆出口和马铃薯基地，素有“北国粮仓”“大豆之乡”等美誉。克山县还是国家农业示范区、国家农村改革试验区、国家有机产品认证示范创建区，其机械化、现代化的作业使得“克山模式”声名远扬，尤其是当地优质马铃薯已形成全链条发展格局，成为克山县的最强王牌。

29日的发布会现场，刘国文上台致辞。他称，随着互联网技术的飞速发展，人们传播信息和接受信息的方式不断发生变化，尤其是快手的出现，其易操作、好传播的特点，迅速俘获了互联网的的庞大流量。目前，快手在克山有着良好的传播基础。据数据统计，全县累计用户将近10万，日活人数近6万。在此基础上，克山与快手达成战略合作，采用短视频形式对克山浓厚的人文历史、便捷的区位优势、丰富的自然资源和特色的农副产品进行全方位、立体式的推介宣传。

刘国文介绍，克山县政府已在快手开通“黑土明珠克山”政务号，努力将其打造成为一个展示克山形象的重要媒体窗口，这在东北地区县级层面尚属首创。目前“黑土明珠克山”政务号发布的“克山土豆宴”等视频吸引了众多网友评论点赞。

快手“幸福乡村”战略赋能克山，助力农品销售随后，宋婷婷介绍了本次合作的渊源及愿景。她表示，得益于得天独厚的气候、优质的地下矿泉水等优势，克山马铃薯营养丰富、品质上乘。但农村经济长期隔绝于城市、尤其是互联网的现实让消费者很难切实感知农作物的品质。为此快手根据自身平台优势，为克山县制订了针对性的脱贫帮扶计划，包括将克山县纳入快手幸福乡村“5亿流量“计划。快手将在未来三年内拿出价值5亿元流量资源支持，在重要位置长期展示和推广包括克山县在内的数百个贫困县特产专题页，将物美价廉的特产对接到大市场，挖掘乡村潜力，保护和传承地方特色，实现农户可持续脱贫致富。

此外，克山县政府正在与快手积极沟通推荐当地经济带头人参加幸福乡村带头人计划。克山县带头人将到北京参加快手举办的创业学院，学习系统性的商业管理知识和品牌营销理念。通过该项目，快手将帮助克山培养土豆等农产品种植和销售方面的行家能手，进一步带动当地农村经济发展和农民脱贫致富。

宋婷婷称，目前，克山县政府、多位克山马铃薯种植农户已入驻快手。在这里，种植用户通过短视频真实记录马铃薯生长的环境和过程，分享种植心得和经验;而政府和相关食品企业发布的视频，则展示了农产品生产、销售全产业链。由此快手不仅可以在生产者和消费者之间建立起连接，提升品牌价值和消费体验，还可以让商品生产的全流程都能被消费者实时看到，这对生产者既是一种监督，也是一个广告。马铃薯等农作物在这里自带视频演示和商品说明，可以让人们发现需求，刺激消费，更让克山优质马铃薯与普通马铃薯区隔开来。通过快手，深藏在马铃薯背后的辛勤劳作和专业化生产得以充分呈现。

特级厨师现场制作美食 10万在线网友“带克山飞”

发布会结束后，“克山土豆美食品鉴会”在不远处的中央大街马迭尔宾馆举行。国家元老级烹饪大师张汝才、李振荣，国家餐饮业一级评委孟宪泽在马迭尔宾馆内现场制作了三道以克山马铃薯为原材料的菜肴。纯天然的紫色、黄色、黑色克山马铃薯在厨师们的烹饪下变成了美味的薯球、土豆沙拉……在场品尝美食的嘉宾们连称“比肯德基的好吃太多”！

在马迭尔现场，来自黑龙江的三位正能量主播“一点一点学厨艺”“猫妹妹”“东北姐姐”在三位特级厨师的指导下进行了烹饪体验，并现场直播。同时，快手官方账号“快手视界”也对此活动进行直播。据数据统计，有超过10万名网友同时在线观看了这场克山土豆的美食品鉴会，全程共有近100万名网友观看。网友在直播间里纷纷点赞留言刷屏：“克山人来报道!没想到在猫妹妹直播间里看到了克山”；“克山土豆确实好，水好土好”；“在哪里才能买到？”；“别拦我，我要去马迭尔吃土豆!”

张汝才称，他做厨师几十年，这么多人同时观看他现场做饭“真的是头一次，互联网真厉害啊，欢迎大家来马迭尔吃克山土豆”。

事实上，2018年9月28日晚，在快手哈尔滨同城页，“中央大街#快手与克山土豆的约会#”已成为哈尔滨的城市热点，“吃克山土豆”一时间成了中央大街的潮流。

据悉，此次与克山达成的战略合作是“打开快手，发现美丽中国”的重要一站;而户外+厨艺展示+网红互动的发布会形势是快手地区合作的一次全新探索，更是快手赋能贫困地区、用户及特色农产品的积极尝试。

在未来，相信快手将凭借技术和传播优势，以更多更创新的合作方式，持续打造出更多城市合作爆款，赋能地区，赋能用户。

来源：人民网

案例二　黑龙江省培植农产品营销新模式、新业态、新动能

过去一年，我省以引导推动农民面向市场，同时把农产品以高于国家最低收购价卖给市场的种植、养殖、加工、销售等各种活动为主要抓手，全力推动农业由“种得好”向“卖得好”转变，靠“卖得好”倒逼带动“种得更好”；通过培植农产品营销新模式、新业态、新动能，破解农业“种强销弱”问题，助推农业供给侧结构性改革，取得了激发活力、挖掘潜力、培育新动能的多重实效。

1.着力强化农产品营销

省政府提出农产品营销十六条、少卖水稻多卖大米“四条路径”和农民创业“八条路径”，利用农民创业等多个载体，推广应用点对点、全生产过程展示、集团或个人定制营销和众筹、拍卖等新业态新商业模式，大力拓展农产品增值空

间。2017年全省农民创业人数达150万人，创业纯收入320亿元，农村电商线上交易额超过120亿元。通过举办首届农产品营销大赛，引导全省农民进市场，搞营销。大赛从1 195家参赛主体中评出20名全省农业产品营销能手，甄选20家优质农产品参赛主体的500种产品进行展示。大赛不仅带动农产品销售400多亿元，更有效地促进了农民的思想观念和经营方式发生重大改变——由过去种粮交国库，变成现在面向市场调结构、对接市场搞营销。

2.广泛开展展会营销

省农委与各市农业部门联合，通过参加全国活动、举办省级和地方特色展会等多种形式开展优质农产品对接和推介活动，打造黑龙江优质绿色农产品“永不落幕”的展会。先后组织新型农业经营主体参加各类博览会、展销会、推介会14次。省农委相继在上海、深圳、杭州、南京、广州举办了优质农产品推介展销会。5次推介展销会，累计有1 517家农业新型经营主体参展，签订合约、意向性协议974笔，金额突破100亿元。

龙江优质农产品“五下江南”集中推介，成功探索出“一个主产市对接一个主销区、落地一个核心营销网点、发展一批直营店或代理商”的办展新模式。哈尔滨在广州、大庆在杭州、绥化在上海、齐齐哈尔在南京、双鸭山在深圳，分别建立黑龙江省优质农产品物流集散交易中心，完美兑现了“今天您看到的，明天就能够买到”的办展宣言。目前5家交易中心所属直营店有208家，有供货代销合作的门店多达2 481家，已有333个我省新型农业经营主体入驻，入驻产品种类123个。佳木斯市通过举办首届“佳木斯稻米节”，使农产品营销从单纯产品销售向品牌文化上延伸。齐齐哈尔市通过举办第十七届绿色食品博览会和首届果蔬产销对接会，收获总签约和交易额109.2亿元。通过展会营销，合作社、农业企业、种养大户等参展主体闯市场、调结构、育品牌及创新营销模式的意识明显增强。

3.大力发展互联网营销

抢抓农产品电子商务产业加快发展的历史机遇，把农产品营销与互联网、物联网、大数据和云计算深度融合，集成最优势生产力要素资源，推进农产品电商产业发展。2016年4月份以来，省农委牵头建设了黑龙江大米网，并作为全省标志性农产品电商平台，将全省市县农产品电商平台和已建成的行政村益农信息社全部接入大米网，打造覆盖全省的农产品“1+N”电商产业集群，创新了“一键点全省、一网卖全国”的农产品电商新模式。省政府出台了《黑龙江省加快电子商务平台建设促进电子商务加快发展的实施方案》，省财政列出专项资金鼓励自建农产品电商平台，支持农产品电商集群发展。

据介绍，黑龙江大米网运营第一年交易额就达22.8亿元，并在B2C基本交易功能基础上，在全国率先试水农产品网上拍卖，全年累计组织41场拍卖活动，交易农产品10万吨，交易额11亿元，拍卖为企业提高卖价和降低营销成本增收1.5亿元；成功创新稻米大宗交易新模式，借鉴“粮食银行”交易形式，创建大米网大宗交易平台黑龙江稻米交易中心，为合作社、农民与用粮企业提供网上农产品交易服务和金融支持。目前，稻米交易中心已整合年储10万吨以上粮食仓储企业56家，注册会员436家；推出众筹、集团订制、私人订制等互联网营销项目497个，实现销售金额60.6亿元。

4.积极开展品牌营销

近年来我省从顶层设计、标准提升、品牌规范、宣传推介和品牌保护等五方面入手，通过股权重组、特许、合约等多种方式培育，打造出一批具有较高知名度、美誉度和较强市场竞争力的农产品品牌；并组织各地集中宣传、集中推介，以品牌营销促进“卖得好”。目前，全省共有农产品区域公用品牌247个，其中获中国驰名商标农产品42个，中国名牌农产品19个。在2017年最受消费者喜爱的农产品区域公用品牌评选活动中，我省14个品牌获奖；五常大米、庆安大米、九三大豆、东宁黑木耳等均获此殊荣。依托品牌，萝北县九里庄蜜蜂养殖农民专业合作社用小蜜蜂“酿造”出增收的大未来。他们抢注了“九里庄”品牌商标，培育“九里庄”品牌，开发蜂蜜、蜂胶、蜂花粉、蜂王浆、蜂制酒、礼盒等系列蜂产品20余种，以专营店、展会营销融合微店、网店等线上线下营销形式，2017年共销售蜂产品40 000公斤，销售收入达到120多万元，入社农民户均增收5万元。

来源：黑龙江日报

参考文献

[1]孙强，关银龙，谢宇．农业一般服务支持政策的国际比较分析[J]．经济问题，2019（04）：106-116.

[2]刘福江，孙立新，毛世平．农业支持政策结构变迁的国际比较分析[J]．中国农业资源与区划，2018，39（02）：34-41.

[3]王莉婷，李太平．农产品含义与分类的国际比较[J]．世界农业，2017（01）：137-141.

[4]赵晓琴．无公害农产品质量安全监管制度研究[J]．农家参谋，2018（23）：6.

[5]王蕴琦．绿色食品“三产”融合发展路径研究[J]．农产品质量与安全，2019（04）：3-8.

[6]王宇琦，丁磊妹．我国绿色食品认证现状和省际发展差异分析[J]．广西质量监督导报，2019（05）：157-158.

[7]李显军．理解绿色食品、有机食品和无公害食品[J]．中国食物与营养，2004（03）：59-61.

[8]闫慧玲．山西省生鲜农产品消费者网购意愿影响因素研究[D]．晋中：山西农业大学，2017.

[9]支宇晴．中国有机食品出口对策研究[J]．中国市场，2018（01）：16-18.

[10]蒋霞．杨凌示范区农产品连锁经营营销模式研究[D]．杨凌：西北农林科技大学，2011.

[11]朱丽红．大商所：充分发挥期货市场功能服务中国大豆产业振兴[J]．黑龙江粮食，2018（09）：34.

[12]魏小林．中国玉米期货市场功能效率研究[D]．沈阳：辽宁大学，2018.

[13]周权驹，许桂莲．我国农产品批发市场发展形势及对策建议[J]．现代园艺，2019（05）：48-50.

[14]梁瑞华．农产品批发市场持续发展能力研究[J]．现代商贸工业，2019，40（09）：137-138.

[15]安晓汇，张灿，宣荣欢等．推进农产品零售市场公益性建设的几点建议[J]．农村经济与科技，2018，29（09）：163-164.

[16]王丹．黑龙江省农产品市场细分研究[J]．经贸实践，2018（14）：226.

[17]付明辉．中国与“一带一路”国家农产品出口市场细分：贸易连续体理念与方法[D]．武汉：华中农业大学，2017.

[18]王丹，张俊娥，李平等．绥化市寒地黑土农产品市场细分及定位研究[J]．科技经济导刊，2019，27（05）：199-200.

[19]罗梓益. 农产品市场细分步骤与方法[J]. 西部皮革，2016，38（08）：148.
[20]赵璐，邵娜，窦晓博，等. 2018年中国农产品市场分析及2019年展望[J]. 农业展望，2019，15（01）：4-7，15.
[21]臧佳微. 黑龙江省消费者绿色食品消费行为研究[D]. 大庆：黑龙江八一农垦大学，2019.
[22]冯洪斌. 有机农产品消费者购买意愿及影响因素研究[D]. 青岛：中国海洋大学，2013.
[23]杨欧阳，唐熠坤，陈晨. 北京市安全农产品消费者购买行为研究[J]. 经济研究导刊，2009（20）：201-202，213.
[24]王凤云. 网购背景下农产品消费者行为研究[J]. 时代经贸，2018（26）：84-85.
[25]张蓓. O2O电子商务模式下生鲜农产品消费者购买决策研究[J]. 江苏农业科学，2018，46（22）：376-382.
[26]杨丹. 农产品消费者满意度影响因素研究[D]. 哈尔滨：东北农业大学，2018.
[27]田淑波. 黑龙江省农产品销售调研与网络营销模式探讨[J]. 商业经济，2018（11）：8-9，28.
[28]赵艳，赵晓玲. 寒地黑土农产品品牌竞争力提升模型和策略研究[J]. 黑龙江畜牧兽医，2019（12）：7-10.
[29]高聪，王楠，徐金琳，等. 浅谈农产品小包装设计[J]. 对外经贸，2017（10）：104-105.
[30]刘志娟. 内蒙古绿色农产品生产行为、农户收入效应及消费驱动研究[D]. 呼和浩特：内蒙古农业大学，2018.
[31]黄小庆. 互联网平台下赣南农产品组合销售可行性浅析[J]. 农家参谋，2018（16）：216.
[32]赵鸭桥. 加强农产品及服务品牌建设[J]. 社会主义论坛，2019（03）：17-18.
[33]张宇. 现代网络条件下的农产品包装设计研究[J]. 科技经济市场，2019（01）：123-125.
[34]贺敏. 寒地黑土农产品包装品牌化设计研究[J]. 绥化学院学报，2019，39（02）：61-62.
[35]陈立民，苟潇冉. 新零售市场中农产品包装设计研究[J]. 工业设计，2019（04）：90-91.
[36]谭潜. "半山小镇"生态农产品品牌形象塑造与包装创意设计研究[D]. 北京：北京印刷学院，2019.
[37]熊爱华，韩召，张涵. 消费者的农产品品牌认知与情感对品牌忠诚度的影响研究[J]. 山东财经大学学报，2019，31（01）：62-72.
[38]王岱，杨琛. 乡村振兴背景下农产品品牌战略研究[J]. 价格理论与实践，2018（04）：134-137.
[39]刘悦. "五常葵花阳光"品牌价值提升策略研究[D]. 兰州：兰州理工大学，2019.
[40]丁声俊. 发挥优势，高扬品牌，坚守优质：海伦市非转基因优质大豆之乡巡礼[J]. 黑龙江粮食，2019，188（01）：21-24.
[41]吴奕. 营口地区主要农产品成本构成及降低措施[J]. 辽宁农业职业技术学院学报，2019，

21（01）：17–19.
[42]王艳玲. 农产品价格上涨的原因与流通改革的思路探析[J]. 中国商论，2017（13）：1–2.
[43]肖开红，贠策. 可追溯农产品最优定价策略研究：基于收益共享理论的分析[J]. 价格理论与实践，2018（09）：123–126.
[44]付娜. 国内外农产品供应链管理研究综述及展望[J]. 农业展望，2019，15（01）：113–116.
[45]徐璟璟. 新媒体背景下甘肃省特色农产品营销策略研究[J]. 对外经贸，2018（05）：96–98.
[46]卢智慧. 山东省农产品分销渠道发展障碍和对策研究[J]. 商业经济，2018（12）：101–102，116.
[47]丁敏. 河南省生鲜农产品分销渠道现状及优化措施研究[J]. 市场论坛，2018（09）：75–77.
[48]李美羽，王成敏. "互联网+"背景下鲜活农产品流通渠道模式优化研究[J]. 北京交通大学学报（社会科学版），2019，18（01）：102–114.
[49]麦津龙. 我国绿色农产品营销渠道演变与未来发展研究[J]. 湖北农机化，2019（08）：8–9.
[50]李雪梅. 农产品合作组织流通渠道模式对渠道绩效的影响机制[J]. 商业经济研究，2018（09）：133–135.
[51]张超，王洋. "互联网+"时代农产品供应链的发展趋势与完善措施[J]. 农业经济，2019（02）：121–123.
[52]张超，汪邵赟. 微信广告在农产品销售中的作用：以舟山渔业产品销售为例[J]. 农村经济与科技，2019，30（10）：80，101.
[53]陈瑜鑫. 农产品品牌营销广告传播分析：以茶叶品牌营销广告为例[J]. 商场现代化，2019（12）：44–45.
[54]张胜男. 地理标志农产品品牌与广告诉求的交互作用对农产品品牌忠诚的影响[D]. 武汉：华中农业大学，2018.
[55]苏啸霄，周梦竹. 电商精准扶贫下的农产品广告研究：以四川广安龙安柚广告为例[J]. 声屏世界，2018（11）：46–47.
[56]顾志星. 新疆农产品品牌营销策略探析[J]. 北方经贸，2019（01）：70–71.
[57]胡悦. 原产地农产品预售促销对消费者冲动性购买行为的影响研究[D]. 大连：东北财经大学，2018.
[58]阳璇. FN公司农产品营销策略研究[D]. 济南：山东大学，2018.
[59]赵一，刘宇会. "互联网+"背景下三江平原绿色农产品营销策略[J]. 现代商业，2019（12）：9–10.

[60]齐则一．互联网渠道营销人员销售业绩的影响因素研究[D]．北京：对外经济贸易大学，2018.

[61]伞学龙．2017年黑龙江大豆市场分析报告[J]．黑龙江粮食，2018，179（05）：13-16.

[62] 唐庆春，杜宇，赵立欣．2018年黑龙江省水稻市场形势分析及后市展望[J]．农业展望，2019，15（02）：6-9.

[63] 孙鸿雁，张宇，王敬元，等．黑龙江省大米品牌化发展现状与实现路径[J]．农业展望，2018，14（12）：86-88.

[64] 矫江，孙鸿雁，王泽胤，等．哈尔滨市绿色食品产业发展对策研究[J]．黑龙江农业科学，2016（9）：107-111.

[65] 王敬元，孙鸿雁，张宇，等．黑龙江水稻产业体系发展现状与思考[J]．中国市场，2018（2）：84-85.

[66] 赵璞，王金楠，时兴，等．浅析黑龙江省大米的营销策略[J]．北方水稻，2017，47(06)：51-53，58.

[67] 卢浩洁，孙志毅，张新榕，等．物联网视角下黑龙江省大米营销模式创新[J]．商业经济，2018，504（08）：11-13.

[68] 李圣军．2017/2018年度玉米市场回顾及2018/2019年度展望[J]．黑龙江粮食，2018，182（08）：41-46.

[69] 郑本艳．未来5年中国奶业将会发生什么变化？[J]．中国畜牧杂志，2019，55（01）：162-163.

[72]张西华．农产品营销[M]．浙江：浙江工商大学出版社，2012.

[73]张国庆．农产品市场营销[M]．北京：中国林业出版社，2017.

[74]王图展．农产品市场营销理论与策略[M]．北京：科学出版社，2015.